智课程　智课堂　智评价

融合创新，回归本质
——高职院校课堂革命

邓志革　著

北京理工大学出版社
BEIJING INSTITUTE OF TECHNOLOGY PRESS

内 容 简 介

本书在广泛参考借鉴各方经验的基础上，基于高职教育典型特征，厘清了高职院校课堂革命的背景及内涵，从高职院校教学观念革命、教学内容革命、教学方法革命、教学技术革命、教学管理革命五个方面探讨高职院校课堂"为什么要革命""革命哪些内容""如何革命"，并以湖南汽车工程职业学院的具体实践作为典型案例开展分析，形成了既有普遍推广价值，又有湖汽特色的课堂革命方案，以期为高职院校教育教学研究者和实践者提供参考。

版权专有　侵权必究

图书在版编目（CIP）数据

融合创新，回归本质：高职院校课堂革命 / 邓志革著. —北京：北京理工大学出版社，2021.8
ISBN 978-7-5763-0108-3

Ⅰ．①融… Ⅱ．①邓… Ⅲ．①高等职业教育–课堂教学–教学改革–研究　Ⅳ．①G718.5

中国版本图书馆 CIP 数据核字（2021）第 148373 号

出版发行 /	北京理工大学出版社有限责任公司
社　　址 /	北京市海淀区中关村南大街 5 号
邮　　编 /	100081
电　　话 /	（010）68914775（总编室）
	（010）82562903（教材售后服务热线）
	（010）68944723（其他图书服务热线）
网　　址 /	http://www.bitpress.com.cn
经　　销 /	全国各地新华书店
印　　刷 /	三河市华骏印务包装有限公司
开　　本 /	710 毫米 × 1000 毫米　1/16
印　　张 /	15.75	责任编辑 / 徐艳君
字　　数 /	274 千字	文案编辑 / 徐艳君
版　　次 /	2021 年 8 月第 1 版　2021 年 8 月第 1 次印刷	责任校对 / 周瑞红
定　　价 /	79.00 元	责任印制 / 李志强

图书出现印装质量问题，请拨打售后服务热线，本社负责调换

前 言

2017年，时任教育部部长陈宝生在《人民日报》撰文，提出"坚持内涵发展，掀起'课堂革命'"的号召，开启了以课堂教学改革为核心的教育改革新思路，吹响了"课堂革命"的号角。高职院校推进"课堂革命"，是落实习近平总书记提出的"培养什么样的人、如何培养人以及为谁培养人"的具体举措，也是促进教学改革的重要内容。

课堂革命是高职院校教学改革的深化，是教学改革从教学工作外围进入核心的表现，是人才培养适应新时代经济社会发展与变革要求的反映。就高职教育而言，正确理解和把握课堂革命的本质，是推进高职课堂革命的前提条件。高职课堂革命是指以高职院校教师为主体、以高职院校办学过程中所遇到的教育现象和亟待解决的教育问题为研究对象、以课堂教学改革为突破口和表征所展开的创造性的认识活动。

高职院校课堂革命的主体是教师，要系统推进课堂革命，工作重心必须放在教师身上。高职院校课堂革命首要任务是对高职院校教师教学观念进行深度革命，这主要包括四类教学观念，即价值观、师生观、学习观和评价观，其外在体现为坚持立德树人、坚持学生本位、坚持教师主导、坚持以学定教、坚持发展性评价。

随着人工智能、工业4.0及"互联网+"的不断发展，传统高职院校教学内容很难满足学生未来岗位、职业发展的需要，高职院校教学内容革命势在必行。要以生产技术为依据选择教学内容，以工作任务为载体组织教学内容，以教材、资源、课程开发为内容，与新岗位、新技术、新技能无缝对接。

高职院校课堂革命的主要目标是完善人才培养规格和提高人才培养质量。当前，高职学生存在着知识基础、学习兴趣、学习动机等薄弱，高职教育的社会认同度不高等发展性问题，因此需要依托调动学生学习积极性推进课堂革命，实现智课程、智课堂、智评价。一是要积极推进高职课堂教学方法的改革与创新，提升教与据、云计算、人工智能、区块链等新一代信息技术，提升教与学的效率；三是要不断推进教学管理、教学治理和教学文化建设，为高职院校课堂革命提供肥沃的土壤。

课堂革命，就是要去松散疏管之弊、兴立德树人之利，就是要破传统时空之拘囿，立开放共享之新态，掀起一场向课堂要质量的革命，打造与产业发展同频共振的课堂，与信息技术深度融合的课堂，教师乐教、学生乐学、教学相长的课堂，使课堂成为有激情、有温度、有智慧的人才培养主战场。

在本书出版之际，衷心感谢所有提供帮助的各界领导、朋友。同时，本书参考了大量参考文献，对参考文献作者，表示诚挚的谢意！

著　者

2021 年 6 月

目 录

第一章 高职院校课堂革命背景 ··· 1
一、高职课堂革命的历程与趋势 ··· 1
二、高职课堂革命的应然与实然 ··· 6
三、高职课堂革命的障碍与影响 ··· 10
四、本章小结 ··· 19

第二章 高职院校课堂革命内涵 ··· 21
一、高职课堂革命的定义与任务 ··· 21
二、高职课堂革命的特征与意蕴 ··· 24
三、高职课堂革命的原则与策略 ··· 36
四、本章小结 ··· 40

第三章 高职院校教学观念革命 ··· 41
一、坚持立德树人 ··· 43
二、坚持学生本位 ··· 50
三、坚持教师主导 ··· 59
四、坚持以学定教 ··· 63
五、坚持发展性评价 ··· 68
六、本章小结 ··· 74

第四章 高职院校教学内容革命 ··· 76
一、教学内容设计 ··· 76
二、教学资源开发 ··· 101

  三、课程开发 ··· 115
  四、本章小结 ··· 123

第五章　高职院校教学方法革命 ··· 124
  一、教学方法革命的定义 ··· 124
  二、教学方法革命的理性认识 ··· 125
  三、教学方法革命的实施路径 ··· 126

第六章　高职院校教学技术革命 ··· 141
  一、课堂教学对信息技术的需求 ··· 141
  二、信息技术与教育信息化 ··· 148
  三、信息技术与教学改革 ··· 153
  四、信息技术在教学中的典型应用 ··· 168
  五、本章小结 ··· 176

第七章　高职院校教学管理革命 ··· 178
  一、教学管理机制 ··· 178
  二、教学治理体系 ··· 188
  三、教学管理文化 ··· 192
  四、典型案例 ··· 200

第八章　高职院校课堂革命实践——以湖南汽车工程职业学院为例 ·········· 210
  一、实践背景 ··· 210
  二、实践过程 ··· 211
  三、具体举措 ··· 224
  四、实践效果 ··· 240
  五、实践反思 ··· 243

第一章

高职院校课堂革命背景

高职院校推进"课堂革命",是落实习近平总书记提出的"培养什么样的人、如何培养人以及为谁培养人"的具体举措,也是促进教学改革的重要内容。近年来,高职教育的外部环境和生源等发生了重大变化,作为人才培养质量"策源地"和"主战场"的课堂,自然要因势而为,在推进教学改革的道路上再出发。

一、高职课堂革命的历程与趋势

教学和教学改革都是社会实践活动,其效果关系到教学水平和人才培养质量。回顾高职教学改革历程,探讨其未来发展趋势,对于推进"课堂革命"有重要意义和价值。

（一）高职教学改革的历史演进

我国高等职业教育起步于20世纪80年代的短期职业大学,教学改革一直是焦点,一直在探索,总体上可以分成模仿借鉴、探索发展、改革创新、繁荣发展四个阶段,取得了很多成果,也有很多教训。

1. 模仿借鉴阶段

改革开放后,为适应东部地区和东南沿海地区（如南京、深圳等）相对发达地区的经济改革需要,批准设立的金陵职业大学等7所职业大学[①],是新中国最早成

[①] 周光礼. 国家工业化与现代职业教育——高等教育与社会经济的耦合分析[J]. 高等工程教育研究,2014(3):55-61.

立的一批高等职业教育院校，主要培养地方急需的高层次实用技术人才[①]，为后来高职教育的发展积累了一定的思想基础，对高职教育教学改革产生了一定的影响。职工大学引入了加拿大基于能力的教育（Competency Based Education，简称 CBE）的 DACUM（Developing A Curriculum）课程开发方法，调整了课程结构，增加了实践课程，改变了改革开放前我国职业教育教学形成的重视理论知识的学科化课程体系，削弱了理论知识教学，有些学校实践课程达到教学计划的 1/3 或 1/4[②]，对改变我国高等教育的学科本位课程、形成能力本位人才培养模式以及高职教育思想解放都产生了很大影响。例如：邢台职业技术学院最早采用系统分析方法编制技能分析表，调整课程总体设计，形成了由公共课、专业理论课和实践课组成的课程体系，在我国高职教育界引发了针对传统学科系统化课程的革命[③]。

2. 探索发展阶段

经过 20 年的前期探索，我国初步建立了高等职业教育，但并没有明确发展定位，只是参照和沿用普通高等教育的学科型教育模式，因此在教育质量提高上成效不明显。

高教司在 1999 年 11 月召开了第一次全国高职高专教学工作会议，提出了此后 5 年高职教学的工作目标和思路。工作目标主要是"抓规范、促建设……抓改革、出特色"，基本思路是"以教育思想、观念改革为先导，以教学改革为核心、以教学基本建设为重点，注重提高质量、努力办出特色"[④]。《教育部关于加强高职高专人才培养工作的意见》（2000 年）、《国务院关于大力推进职业教育改革与发展的决定》（2002 年）[⑤]等文件逐渐提出高等职业教育的目标是培养适应生产、建设、管理、服务第一线的高等技术应用型专门人才，提出将素质教育贯穿高职高专教育人才培养工作的始终，探索建立高职院校独立的实践教学体系。经过一段时间的改革与建设，2003 年教育部启动高职高专院校评估工作，有力地推动了办学条件建设和教学改革目标的落实。《教育部关于以就业为导向，深化高等职业教育改革的若干意见》（2004 年），提出"产学研结合"是高等职业教育发展的必由之路[⑥]，解决了高等职业教育的办学定位问题，提出德技并修、工学结合、手脑并用的模式。《国务院关

---

① 郭俊朝. 高职人才培养目标的演进与重构 [J]. 职教通讯，2014（7）：1.
② 中国职业大学教育研究会课题研究组. 建设有中国特色的职业大学 [J]. 高等教育学报，1987（6）：49.
③ 郭俊朝. 邢台职业技术学院三十年 [J]. 邢台职业技术学院学报，2009（5）：28.
④ 教育部高等教育司. 高职高专教育改革与建设——1999 年高职高专教育文件资料汇编 [M]. 北京：高等教育出版社，2000：56-151.
⑤ 王卓，沈小碚. 改革开放以来我国职业教育政策制定的梳理及其思考 [J]. 苏州市职业大学学报，2019，30（2）：64-71.
⑥ 杨金土. 30 年重大变革——中国 1979—2008 年职业教育要事概览 [M]. 北京：教育科学出版社，2011：7-39.

于大力发展职业教育的决定》（2005 年）提出高职院校教育以就业为导向，大力推行工学结合、校企合作的培养模式[①]，决定实施职业教育示范性院校建设计划，建设 100 所示范性高等职业院校。

在这一阶段，高职教育教学，尤其是实践教学有了很大的发展，探索出了许多实践教学的方式和方法。比如案例教学、课堂讨论、小组合作、实验、课程设计，技能实训、生产实习、模拟环境实训，创新制作等。同时，借鉴英国"三明治"教学方式，探索企业界和高等院校有机融合的新的实践教学模式，让学生真正进入企业工作和学习，最大限度缩短学生从学校到企业之间的适应期，同时让企业分享高等教育的成果，实现学校和企业的双赢，从而使高职教育更加适应当前社会经济的发展要求。

3. 改革创新阶段

为落实"国家示范性高等职业院校建设计划"，2006 年到 2014 年间，我国制定了一系列方针政策，通过示范改革不断推进高等职业教育发展，这是我国高职教育观的改革示范期[②]。《教育部财政部关于实施国家示范性高等职业院校建设计划加快高等职业教育改革与发展的意见》和《教育部关于全面提高高等职业教育教学质量的若干意见》（2006 年 14 号文和 16 号文），要求推动高职教育走向高质量内涵式发展；2006 年 11 月，正式启动"百所示范性高等职业院校工程"，从 2006 年至 2010 年重点建设了 100 所示范性高职院校；《教育部、财政部关于进一步推进"国家示范性高等职业院校建设计划"实施工作的通知》（2010 年）提出新增 100 所左右国家骨干高职院校，于 2015 年完成全部项目验收工作，进一步推进了"国家示范性高等职业院校建设计划"的实施。2014 年，国务院印发《关于加快发展现代职业教育的决定》（2014 年）和《现代职业教育体系建设规划（2014—2020 年）》；同年，在全国职业教育工作会议上，习近平总书记强调要努力建设中国特色职业教育体系，为实现"两个一百年"奋斗目标和中华民族伟大复兴的中国梦提供坚实人才保障；李克强总理指出，职业教育要实现培养职业技能和培养职业精神高度融合，打造具有鲜明职教特点，走校企结合、产教融合，突出实战和应用的办学之路。这一时期，国家通过示范性高等职业院校建设，重点关注高职院校的内涵质量建设，实现高职院校整体管理水平和办学水平的提高。

4. 繁荣发展阶段

在完成全部国家示范性高等职业院校建设的验收工作之后，2015 年我国初步形

---

① 曾庆琪. 改革开放以来我国高职教育发展回顾与展望 [J]. 职业技术教育, 2014, 35 (19): 22-26.
② 王钰亮. 改革开放 40 年中国高职教育观的发展历程与指导意义 [J]. 四川职业技术学院学报, 2019, 29 (5): 119-123.

成现代职业教育体系框架，并继续深入机制体制改革，加快构建并完善中国特色职业教育体系，开启高职教育发展的新时代。

2015年以来，国家相继出台《教育部关于深入推进职业教育集团化办学的意见》《高等职业教育创新发展行动计划（2015—2018年）》《职业院校管理水平提升行动计划（2015—2018年）》《职业教育东西协作行动计划（2016—2020年）》等政策文件，实现职业教育制度创新，建立职业教育质量保障体系、人才衔接培养体系、专业课程体系、教师培养培训体系、法律体系和标准体系，形成开放型高职教育体系，推动现代职业教育体系日臻完善，计划到2020年，基本建成中国特色现代职业教育体系。2019年国务院印发《国家职业教育改革实施方案的通知》[①]（简称"职教20条"）指出：通过健全国家职业教育制度框架、推进高等职业教育发展质量、完善高层次应用型人才培养体系，构建职业教育的国家标准。2019年4月《李克强总理在全国深化职业教育改革电视电话会议上作出的重要批示》中指出：进一步改革完善职业教育制度体系，完善人才评价激励机制，以提升职业教育质量为主线，发展现代职业教育。

高职教育教学改革，依赖"名师出高徒"，必须建设理实兼通的双师型教师队伍；对新技术、新材料、新工艺、新规范的反应最为灵敏，应把信息技术创新应用作为赋能职业教育的关键基础和战略支撑，充分运用信息化技术开展虚拟仿真教学，促进教学模式改革；要立德树人，又要提升学生就业创业能力，必须实行书证融通的评价体系；将标准化建设作为统领职业教育发展的突破口，通过办学标准、专业标准、课程标准、双师型教师标准、大赛示范、教学成果奖激励、水平评估等措施形成统一规范；技术标准和技能人才培养最具国际流通性，跨境培养和全球就业是职教资源和人力资源丰富国家的必由之路，必须互学互鉴，共建共享。

（二）高职教学改革的趋势研判

高职院校教学改革真正树立崭新的教育观、学生观、教师观、课堂观和教学价值观，遵循学生人性发展的需要，遵循学生身心发展规律，探索有效的教学模式，提倡解放学生、发展学生、以生为本、以学为本、师生共进的教育观，以及目标导学、先学后教、自主探究的教学观，以学定教、以学评教、以学助教的教学评价观，尊重学生美好天性、激发学生精神动力，努力让课堂迸发魅力，让学生感知快乐的

---

① 国务院关于印发国家职业教育改革实施方案的通知 [EB/OL]. (2019-02-13). http://www.gov.cn/zhengce/content/2019-02/13/content_5365341.htm.

心理体验，成为推动学生自主学习、主动发展、创新发展的魅力课堂，高效率、高效益与高效果的高效课堂，以及师生生命成长体验的生命课堂。

1."有用"课堂

教学内容的选择是高职院校教学改革的第一关，其本质要求在于如何处理理论与实践的关系问题。按照构建"行动导向型"教学体系的要求，高职院校应以实践为逻辑起点展开所有的教学活动。当前，高职院校的课程体系基本按照基础课、专业基础课、专业课"三段式"安排，中间虽穿插一些实验、实训，但总体未有大的变化。然而，人的职业能力发展是按照"新手—生手—熟手—能手"这一基本规律来实现的。为此，如何把已经开发的具有高职特色的课程模式"落地"是课堂革命的应有之义，课程改革的成效最终要体现在课堂层面的行动。简言之，就是教学内容要围绕"用"来编排和组织实施。我国工程教育家茅以升教授对此曾有过精辟的论述："学的对象是理论，习的对象是实践，因此，在学习里应求其统一。这里主张的是先习实践课程，后学理论课程，由'知其然'达到'知其所以然'，是'学而时习之'的大翻身。"[①]要体现"有用"，则需要教师根据高职学生的智能特点，站在学生的角度编写教材，按照先感性后理性、先实践后理论、先知其然后知其所以然的要求对教学内容进行重新编排。因此，课程体系可以分为模拟练习、实际体验、能力提升三个模块，达到"以用导学"的目的。在课堂层面抓好课改的校本化实施，这是高职院校课堂革命的前提。

2."有景"课堂

英国教育家、哲学家怀特海认为，在脱离情境脉络的条件下获得的知识，经常是呆滞的和不具备实践作用的[②]。作为支持和促进学习的环境，在高职教学中起着举足轻重的作用。为配合以"做"为主线的教学，需要创设各种学习情境，实现知识和场景的"联结"。这主要体现在三个方面：首先，让学生到企业参观和体验。开阔学生的专业视野，在学习的不同阶段，把到企业、展会参观作为专业教育的重要内容，这也是提升课堂教学活力的有效措施。其次，工作场景再现。加强理实一体化专业教室的建设，在实训室开辟"学习岛"，中间布置课桌椅，四周为教学设施和设备。最后，专业教学资源建设。充分发挥网络优势，突破时空限制和课堂边界，充分使用虚拟工厂、虚拟车间、虚拟工艺、虚拟实验等现代技术手段，线上线下有机结合，为学生提供虚实融合的学习体验，提高教学效果。

---

① 徐国庆. 技术的本质与职业技术教育课程理论 [J]. 职业技术教育（教科版），2002（1）：14-17.
② 张鼎昆. 行动学习 [M]. 北京：机械工业出版社，2005：39.

3. "有趣"课堂

美国著名专家切尔瑞·富勒把学生分为听觉式学习者、视觉式学习者、运动式学习者、接触式学习者、混合和组合式学习者等①。因此，高职院校的教师要善于发现并判断学生独特的兴趣爱好，在课堂教学中，开发适合学生的学习方式，使课堂变得有趣。首先，将书本知识"任务化"，按照"新手—生手—熟手—能手"这一职业能力发展的基本规律来实施教学，将书本知识进行"二次分配"，由易到难设计多种任务和项目来进行教学，融教、学、做为一体，充分激发学生的学习兴趣和积极性；其次，将生产生活中的鲜活案例引进课堂，与教学内容有机融合，促进书本知识的"案例化"；再次，为"特长生"搭建平台，充分利用学生的这些优势，可以跨学院、跨专业组建各类研究小组，让学生在研究探索中享受学习的乐趣，并以此作为课堂教学的补充和延伸，满足不同学生群体的需求。

4. "有效"课堂

衡量教学是否有效是推进课堂革命成功与否的重要标准。课堂革命的核心要义在于教育教学质量的提升。衡量课堂革命是否有效，可以从四大维度来观测。一是到课率。在当前高职院校还处于利用行政手段管理课堂的情况下，学生的到课率是衡量课堂革命最显性的指标。二是参与度。人在课堂，心也在课堂。学生的教学参与度是课堂革命的重要参考，可以从课堂投入、师生互动、同学互动、服务学习、课外活动、住宿教育、校园兼职等方面加以考量②。三是有效性。如果说到课、参与是教学过程的话，那么知识和技能的掌握、过程方法的习得、情感态度价值观的提升，才是教学的结果，这是课堂革命的终极目标之一。四是满意度。用人单位对毕业生的满意度是对高职院校课堂教学质量的综合评价，主要观测毕业生专业与职业的吻合度、知识和技能的满足度、能力与岗位的匹配度，主要体现在毕业生的薪酬水平、职业稳定性、职业素养和职业发展前景等方面。

二、高职课堂革命的应然与实然

高职教育的外部环境和生源等发生了重大变化，作为人才培养质量"策源地"和"主战场"的课堂，自然要因势而为，在推进教学改革的道路上再出发。高职课堂革命是一项系统工程，是思想解放运动，要解决模糊认识，认识应然追求和现实困境，以期找到解决方法路径。

---

① 切尔瑞·富勒. 激发孩子的学习潜能 [M]. 姚宝宇, 译. 北京: 知识产权出版社, 1998: 13.
② 徐波. 高校学生投入: 从理论到实践 [J]. 教育研究, 2013 (7): 148–151.

（一）高职课堂革命的应然追求

1. 课堂大于天

课堂大于天，尊重课堂、敬畏课堂，保证正常的教学秩序，保证立德树人落到实处，具体表现为教师关注课堂、关爱学生、德能兼修，学生主动学习、学风优良，学校服务教学的意识不断增强、水平不断提高[①]。

习近平总书记强调，教师要有理想信念、有道德情操、有扎实知识、有仁爱之心。这是对教师的要求，也是对教师的挑战。教师要热爱职业，尊重教育教学规律，尊重个体差异及其发展价值，致力于建立平等互助的对话关系，强调遵循共有规则的秩序保障；在教学中，创设基于教学主题的学习情境，鼓励和引导学生参与到课堂教学互动实践中，凝聚学习共识，让学生体验到学习乐趣和成就感；同时将民主协商、平等交流的契约文化内嵌于课堂教学共同体的交往行动之中，促进学生形成自律的行为规范。

学校通过课程标准、教学规范、讲课大赛标准的修订和课程教学设计示例、教学示范课等活动，着力构建师生共同努力和相互学习的课堂学习共同体，引导学生积极参与、共同完成，从而互相感受到尊重与信任，践行"课堂大于天"。

同时，学校各职能部门协同构建以学生发展为中心的教师教学发展"目标、评价、绩效"制度体系，引导教师关注课堂、投入课堂教学，注重智慧教室等条件保障，构建新型的、适合全面互动的学习环境；搭建教师教学发展培训交流平台，强化教学基层组织建设，明确教学能力提升与教学学术成长目标，有针对性地培训和科学地评价课堂教学。

2. 课堂主权归还学生

课堂是学生思维训练和技能获得的主要场所，学生是课堂理所当然的主体。学校以学生为中心，以学生学习成效作为最终的落脚点，即学生学到了什么、学会了什么。以学为中心的课堂教学改革正是回归教学本质的诉求，主要包含学生和学习两个重要维度，即课堂教学须关注学生的发展和学生的学习过程及学业成就[②]。

课堂属于学生，强化学生评教在课堂评价中的占比，在学生评教指标方面，不再从专家视角，而是从学生学习体验视角来描述评价标准，让学生能理解、能快速把握，将"教学思路清晰，知识点阐述清楚、教学内容所含信息质量高"等指标改为"我具有较多机会参与课堂讨论""课后我能够找到教师并获得指导和帮助""我

[①] 郑锋. 基于教学改革实践的课堂革命[J]. 中国大学教学，2020（10）：17-20.
[②] 盛倩，杨宝忠. 学生的学习主权：课堂教学变革的新基点[J]. 太原学院学报（社会科学版），2020，21（3）：89-93.

已经学习、理解并可以应用这门课程知识"等，从学生学习主体需求出发，以师生互动、学生之间交流合作、学生参与问题讨论和项目研究等过程活动，以及学生收获专业知识、掌握实践技能、学习环境质量、学习质量等方面进行全面监测和评估，以促进学生发展。加强新时代学生学习行为特征习惯、学习成果数据研究，有针对性地将提升学习效果的关键要素和课堂教学活动中存在问题和对应原因反馈给教师，实现教师课堂教学质量提升的良性循环。

3. 教师尊严源于课堂

具有很好的知识储备和优秀的教学技能是教师获得学生认可的基础，但获得学生的尊重与爱主要源于课堂上教师对学生的爱的付出，源于育人和立德树人。教师要真正把教学作为自己的第一工作，把上课作为自己的第一责任，培养职业认同和归属感，在课堂教学中真正实现教书育人的使命与责任。

教师是民族筑梦人，要饱含情怀，激励教师争做"四有"好老师。学校激励教师做有理想信念、道德情操、扎实学识、仁爱之心的"四有"好老师。教师要有对教书育人这一使命和责任的自我认同感，形成内在的职业归属感，秉承对学生的责任感，将教育作为全身心投入的事业。

课堂对教师而言，既是布道场，也是修道场，因此要心怀虔敬。对课堂心怀虔敬，不仅是对自己的虔敬，也是对课堂上所有学生的虔敬。教师每一个改进和自我提升都会以"微革命"的方式体现在下一次课堂实践中，教师要持续改进，用匠心守护课堂、打磨课堂，将一次次课堂教学打造成教育生命中的一颗颗珍珠，教师在提升自己课堂品质的同时，也提升了自己教育人生的品质。

教师的尊严源于师爱，通过师爱让教育向美而生。爱是师生关系中最不可或缺的元素，只有爱学生，才能深入了解学生的诉求、特点和变化，才能尊重学生的个体差异，发现学生的优秀品质，激发学生的潜能，才能成为学生"筑梦"道路上的明灯。

4. 打造优秀课堂文化

教学改革的目的是解放课堂，激发教师和学生的主动性、积极性，在校内形成以学为中心的持续改进、追求卓越的优良的课堂文化。

将思想政治理想信念融入课堂是新时代解放课堂的重要任务。思想政治教育不仅仅局限于思政课程的学习，更是一种价值引导，是潜在的隐性影响力。课堂是开展思想政治教育的主渠道，通过将教师的政治态度、政治认同融入专业课程教育教学中，寓价值观引导于知识传授之中，启发学生自觉认同，产生共鸣与升华，达到潜移默化的效果。在这样的课堂教学中，教师在专业知识的传授过程当中关注学生的情感反应，用自身的人格魅力与渊博学识活跃课堂气氛，让知识的传授更有温度，让思政教育更有力度。

打造优秀课堂文化是解放课堂的使命与应然途径和长效机制。课堂教学是师生精神相遇促进学生生成自身观点和思想的活动，是平等交流和学生自主构建知识的过程，因此，充满生命力的课堂教学是发挥学生主动性的基础。一方面，教师要致力于构建平等互助的课堂文化，尊重学生个体原有知识、经验的差异，并最大限度地满足每一个学生不同的学习需求，使学生愿意融入学习情境中，主动参与课堂的对话交流；另一方面，教师也要将基于民主协商、平等交流所生成的契约式学习制度要求内嵌于课堂活动之中，这种契约式学习制度要求课堂教学共同体中成员从内心认可，而不仅是一种纪律的约束和权威的控制，从而保证学生在课堂中思想自由、个性张扬的同时保有课堂学习共同体的科学性与有序性，并逐渐促进学生形成自律的行为规范。师生在此过程中互相尊重与信任，逐渐形成对团体的归属感，形成活泼生动上进的课堂文化，最终实现以文化人、以文育人，并在实现真正意义上的课堂解放的同时落实立德树人根本任务。

（二）高职课堂革命的现实困境

在时代变迁、技术扩散与教育变革的激荡中，高职院校课堂革命迎来了前所未有的机遇，在实际的变革进程中却又面临着一系列非常突出的问题。如教师教学理念传统、教学内容落后、教学方法古板、教学模式单一等现实困境，导致"老师讲，学生听，老师讲，学生记"的"教师一言堂"的教学现状仍然存在，这与个人的成长与成才、人才质量的提高无疑是背道而驰的。

1. 无奈：不想改

心理学研究发现，人的任何行为总是由动机引起的，而动机分为外部动机和内部动机。教师教学改革动力的形成也不例外，也需要内外部两方面的动力[①]。高职院校课堂革命最终实现载体在教师，尤其是中青年教师。目前在国家深化教学改革的氛围影响下，教学改革取得一定成绩，但存在的问题也不少，比如教学改革不推不动，浮于形式，无法形成长期的实践。

调查显示，因为工作压力大、工作超负荷，利益分配政策不完善、缺乏激励效果，工作环境及工作支持不够，以及教师个人师德水平、责任意识等原因，教师在教学改革中投入不足，形成教学改革的惯性与惰性，制约了高职教师教学改革探索与实践的热情。

---

① 胡白云. 中小学教师教学改革动力研究 [D]. 重庆：西南大学，2007：22-26.

2. 无力：不会改

高职教师多来源于高校应届毕业生及行业精英，其教师知识结构不合理，未完全符合双师型要求。应届毕业生拥有扎实的专业知识能力但缺少实践经验，面对理实一体化课程时往往不知所措；行业精英实践经验丰富却急需教学理论体系和方法的学习。所以，教师亟待通过培训来弥补其知识结构不完善、实践思维能力缺失及教学能力局限。然而，目前教师缺乏这种培训机会。同时，调查显示，大部分教师热衷于申报教学改革课题、发表教学改革相关论文，认为教学改革就是教改课题申报及论文发表，重立项轻研究，重形式轻应用，导致对教学改革理念存在误解，自身个人素质不足，限制了教学改革的探索，造成教学改革行为存在一定的偏差。

3. 无趣：不真改

社会身份认同及"互联网+"背景发展对教学改革提出挑战。很多教师无法感受到其他群体对自身职业的正确认同，易出现职业倦怠及职业责任感缺失，影响教学改革动力。同时"互联网+"时代新兴事物的发展（慕课、微课、精品课程等）对教师提出更高要求。而且部分高职院校学生基础知识薄弱、自身定位偏差、缺乏学习热情，影响教师教学改革热情，教师对教学改革存在应付情绪，偏重于将书本知识解释得让学生无须过多思考就能直接吸收，学生只是学到一些知识结论，思维能力没有得到发展，创新能力没有得到锻炼。

三、高职课堂革命的障碍与影响

近年来，高职教育界进行的教学改革虽然取得了一定的成绩，但仍然存在不少问题，如教学目标与复合型人才要求的统一性、单一性与学生主体性、选择性之间的矛盾，教学方法与模式的呆板单调与学生思维培养的矛盾，单一的教育教学评价标准与办学特色、学生个性发展之间的矛盾等。可以说，轰轰烈烈的教学改革运动，成功的案例并不多，值得借鉴的经验也不多。综合分析，造成这种难为窘境，是因为价值取向、权益冲突、文化冲突等。

（一）价值取向的障碍与影响

任何一项社会实践活动，都要受到哲学思潮、意识形态以及社会价值体系的制约，都有价值取向的问题。价值取向引领着活动的走向，制约与影响着活动的结果。教学改革取向是在对教学改革本质属性认识之上的意义认识和价值判断，对教学改革本质属性的认识与对教学改革的价值取向的把握是交织在一起的，在对前者的认识中，间或也伴随有教学改革取向的导向与规范，在对教学改革取向的取舍中，也交织着对教学改革本质属性的认识。显然,对教学改革本质属性的认识特点,必然影响着对教学改革取向的抉择。

1. 终极目标由注重社会转向注重个体

很长一段时间,强调高职教育与经济建设和社会发展相联系,专业以及课程等方面的设置积极地回应"市场"需求,高职院校以培养促进经济建设的专业人才为价值导向,在大幅度削减公共基础课的同时,设置了大量与市场经济接轨的实用性、应用性以及和经济建设直接相关的专业和课程,期望通过增强课程的社会性和实用性,增强和提升服务社会的功能,致使课程及其教学的工具性价值得以极度扩张[①]。

然而,由于高职院校过于强调为社会服务而忽视了为学生个人的和谐发展服务,导致在人才培养目标上过于重视专业技能,忽视文化传统以及道德教育,造成一些高职院校的课程与教学改革偏离了"学生全面发展"的正常轨道,教学改革的精神价值、人文价值逐渐受到削弱。随着我国高职教育的主体性教育观、个性发展观、人本主义教学观等理念的日渐彰显,以及人本主义论题的深入探讨,愈来愈多的高职院校认识到教育的根本目的非"制器"而是"育人",是要把个体的人培养成能自由和全面发展的、充分发挥其优势和潜能的社会人,社会和国家也将从他们充分发挥其才能的过程中得到最大的收益。于是,高职院校教学改革开始逐渐朝着关注人、关注人的生命这一理想的、合乎人性的方向发展。各级教学改革方案以及相关政策、文件和讲话,都强调教学改革的主要目标和终极目标是学生的全面而自由的发展,倡导教学制度改革设计优先保证个体之间的平等,坚持"以学生个体的发展为本"的理念,主张课程与生活世界要紧密联系,注重学生的个性化培养,力求革除单一的课程体系目标、僵化的教学结构、机械式灌输的教学模式。

2. 内容体系由注重专业转向注重复合

考察国家出台的教育方针、政策,以及各院校教学改革方案,可以发现,一段时间里,高职院校积极构建与"专业对口培养模式"相适应的专业结构和课程体系,强化专业性的征象比较突出[②]。比如,坚持以能力本位为课程开发的立足点,强化知识和技能的内在体系及其专门性;强调专业的理论前沿、实践前沿和技术前沿的学习和掌握,力求形成专业化和前沿化的课程体系;教学模式特别注重对学生的专业技能训练,偏重对专业应用能力的培养,而相对漠视对学生"成人"及其职业发展有深远影响的基本知识的设计和教学等。然而,随着经济全球化和知识经济对复合型人才的需求加剧,课程体系不合理的问题变得日益凸显,过于强化专业的取向

---

① 贾永堂. 我国大学通识教育难以深化的根本因素分析[J]. 2005,(2):34-38.
② 埃米尔·迪尔凯姆. 社会学方法的规则[M]. 北京:华夏出版社,1999:7.

和做法很难支撑学生职业发展和幸福生活，由此，提出了"厚基础、重复合"的教学改革思路。

对此，教育部和高职院校对这一思路作了积极的回应。比如，教育部于2019年印发《关于职业院校专业人才培养方案制订与实施工作的指导意见》（教职成〔2019〕13号），对培养目标、课程设置的组成等作了必要的说明，其旨意就在于拓宽专业面，提高基础知识、基本理论、基本技能所占比例，同类专业打通培养，增强毕业生的适应能力。

3. 教学模式由注重精英转向注重大众

很长一段时间，高职院校培养规模不大，以培养专业精英人才为目标，其教学改革也一直遵循着完善"精英"培养模式的内在理路——树立精英人才培养意识，制定精英培养方案，营造精英人才培养的环境，设置"高大上"的课程体系，以使课程的结构、目标、模块更适应精英化人才培养的要求[1]。然而，"精英"培养模式所培养的学生难以适应就业市场对应用技术型和技能型人力资源的需求，由此，引发了社会各界对人才培养模式更多的反思和讨论，尤其在高职院校生源不断增加的情况下，开始倡导从"精英"转变到"大众"，确定高职院校培养的人才以技术技能型人才为主。

当今，我国高职教学改革从总体上看，"大众"培养模式已走向了实践并日渐彰显。不少高职院校正在关注和迎合大众化人才培养的需要，将教学改革定位在促进全体学生的共同发展，在课程的制度性设计中渗透更多的大众思想，只求理论够用，着重于学好职业知识技能，倍加注重形成灵活多样的课程类型、课程方向和水平，促成课程的模块化，以便服务更多、更广泛的人群。例如，编制不同类型、不同层次的培养方案，研发网络课程为需要的学生提供在线学习，设计相应的适合不同类型的课程学习的考核标准和考核方式；摒弃以往过于以知识化、专业化的精英人才标准对学生进行层层甄别和选拔的做法，教学内容的设计主要围绕如何更好地让学生掌握或形成对人生发展所需要的基本知识、基本方法、基本能力和基本观念与规范等。

4. 教学方式由注重手工转向注重智能

传统的教学模式是以"粉笔+黑板"为主的单向知识授受模式，该模式的信息化水平比较低，基本以手工为主。随着现代信息技术的迅猛发展，教育技术得到加强并与教学理论的革新相结合带来了教育思想上的变革，以经验自然主义和认知学习理论为理论渊源的建构主义认识论和学习理论逐渐盛行，以交互、生成、多元、

---

[1] 胡瑞文. 高校毕业生供求形势与高教结构调整［N］. 中国教育报，2018-01-28.

协作、开放、创新等为内在旨趣的教育技术观和教学实施策略日渐彰显，而传统的教育技术观和教学实施策略则日益受到批判，进而带来了对传统教学模式强烈的质疑、冲击和变化。由此，催生了信息化教学这一符合现代教学理念的新型教学模式，并赋予传统教学模式新的教学内涵、手段、方法等，这为教学的信息化改造提供了机遇和条件。同时，教育行政部门和高职院校从不同角度和不同程度上认识到了教学信息化对推动教育创新、深化教学改革、提高教学质量的重要性和紧迫性，于是，教育部先后启动和开展了一系列教育信息化建设工程，促进教育思想、观念、内容和组织形式的深刻变革，对探索新型教育教学模式和人才培养模式起到了重要作用。而作为教学改革主体的高职院校，多数能积极响应，参与高校"数字校园"的建设，充分利用网络技术、计算机技术和通信技术对学校教学、科研等有关的信息资源进行全面、科学、规范的管理，大力推进教学系统的信息化改造，由此引发了高职院校教学领域的"数字化革命"。

（二）权益冲突的障碍与影响

任何一种社会活动都是在一定的政治、经济和文化等社会因素的影响下进行的，都存在多个利益方，他们之间必然存在利益冲突。教学改革活动亦不例外，各利益方由于目标不一致、价值体系差异、资源分配不合理、利益与需要不容、情感对立、制度不完善，在互动过程中产生或直接或间接、或隐性或公开的心理上或行为上的对立状态。当教学改革活动场域中的利益矛盾积聚到一定程度，必然会加剧教学改革各利益方之间的利益冲突。

1. 各利益方之间利益冲突的表现

教学改革的过程就其本质而言可视为利益结构的调整过程，结果必然会使得一些利益方获得利益，一些利益方利益受损。其实，无论是哪个利益方，在特定的场域中，为了特定的目标，都会为了实现自身利益最大化，而与其他利益集团发生竞争、冲突等。高职院校教学改革各利益方间的利益冲突主要表现在教师与教学领导之间、学生与教师之间、学校与政府之间、学校与产业界之间的冲突。

（1）教师与教学领导之间的冲突

普通教师是教学改革实施的主体，而教学领导则是教学改革设计的主体，两者之间的冲突不仅时刻存在，而且还比较严重，主要表现在专业发展权、专业领导权以及项目申报与工作量问题等方面。以工作量为例，教学改革通常会对课程体系、课程结构"动土"，相关课程均需作整合、压缩甚至废除，这就必然会影响到教师的工作量和课时津贴，触及教师的切身利益。

（2）学生与教师之间的冲突

由于权力、地位、价值观等方面的差异，学生和教师之间的冲突亦是明显的、严重的。在教学改革实践中，学生的话语权、决策权往往被漠视或遮蔽，但是，多数学生内心里尚存有较为强烈的民主意识、平等意识和维权意识。因而，当教师在教学改革背景下依然沿袭陈旧、低效的教学模式进行灌输式教学时，学生会从心理上表现出沮丧、压抑与痛苦，通常还会在行为上表现出某种抵制、排斥与抗争。同样，对于学生日益膨胀的权力，教师也在据理力争，表达某种抵触情绪和释放。

（3）学校与政府之间的冲突

学校与政府的关系是高职院校发展过程中一个非常重要的外部关系。虽然早在1985年中共中央发布教育体制改革的决定，明确提出改革管理体制，在加强宏观管理的同时，坚决实行简政放权，扩大办学自主权，然而，实际上政府把高职院校当作管理对象的现象非常突出，管制与被管制关系非常明显，控制与反控制的矛盾难以平衡。虽然，从总体上看，学校都能听从政府部门管理，但在自治理念支配下的教学改革中，政府与学校之间的矛盾冲突愈演愈烈。

（4）学校与产业界之间的冲突

教学改革的根本旨趣是通过改革课程与教学模式等，增强学生的综合素养，进而提升其适应与改造社会的能力。因而，高职院校教学改革自始至终都要很好地观照社会，强调产教融合、校企合作。然而，在实际的教学改革中，企业要考虑来厂实习学生的费用、对当前生产的影响、选留人才的作用等；学校则要考虑人才培养的质量、办学的经济效益、竞争中的地位等；学生则要考虑个人的职业发展、获取的工作报酬等；教师也会从收入情况、家庭生活及职业发展等方面考虑自己的选择。从博弈的角度看，所有合作参与者的选择策略都是以自身利益最大化为原则，因此，要作出完全一致的决策判断是非常困难的。

2. 各利益方之间利益冲突的根源

造成各利益方之间发生利益冲突，显然具有主客两方面的因素。从客观上看，主要是剩余控制权的存在和各利益方之间的关系特点；从主观上看，各利益方之间的利益表达和权力博弈的失衡难辞其咎。

（1）剩余控制权的存在

教学改革活动依据的是相关法规、章程和改革实施方案等，不可能把各利益相关者的所有权力与义务都规定到位，再精确的方案都存在片面性和缺失性，导致剩余控制权的产生。各利益方中的个体都会寻求自身利益的最大化，都会充分发现和利用剩余控制权，使得各利益方之间形成强烈的利益冲突。

(2) 各利益方之间的关系特点

教学改革活动是一个复杂性的微观社会活动,需要各利益相关者精心设计、通力合作。由于各方在文化观念、价值取向、利益需求等方面的差异,产生冲突是难免的。而且,具有一定相互依赖关系的双方,差异性越大,越难达成一致,譬如教师与产业界人士之间就往往比教师与教学领导之间更难达成协议。

(3) 各利益方之间的利益表达失衡

在教学改革实践中,很少会坚持走群众路线,重视社会大众的利益表达,广泛征求产业界、家长、学生等方面的意见,而往往把信息源仅仅局限于上级政策文本、少数领导者的经验和部分资深教授的建议上,造成利益表达失衡,从而使得教学改革利益冲突。

(4) 各利益方之间的权力博弈失衡

教学实践中,学生是一个期望中的人力资本,是人力资本的待开发者,是教学改革中典型的受动集团,不具有与其他利益集团抗衡的实力,更多的是接受教学改革对其的影响,而难以参与到对教学改革的控制,因而在对教学改革的剩余控制权的争夺中明显处于劣势;以资深教授、教学领导为代表的专家是管理型人力资本,彰显着一定的智力资本价值,并具有极强的资产专用性,因而拥有较多的控制权;普通教师权力较低、可替代性强,因而往往成为教学改革中被支配的边缘群体。

3. 各利益方之间利益冲突的后果

教学改革中,各利益方之间的利益冲突虽然带来了一些积极的正面影响,有利于给各方以适度的压力,促使各方通过争论、交流、协商不断地进行磨合,放弃和改变旧的、不合理的思想观点,形成新观点、新规则、新的看待和处理问题的态度,从而推动各方克服自身惰性,增强工作动机。但是,有些利益冲突,会给教学改革效能带来一些负面影响,特别是当这种冲突孳衍、蔓延和泛滥以至于过于严重时,会对教学改革乃至学校发展、声誉造成一定损害。

(1) 阻抑教师参与教学改革的积极性

教师是教学改革的主要实施者,也是教学改革得以顺利推进的根本动力。教师参与教学改革的积极性如何,直接关系到教学改革的成败。然而,教师也是一个有限理性的经济人,漠视和放逐教师的个人利益诉求而推行教学改革,是一种不实事求是的、把人片面化与割裂化的表现。毕竟,现实中教师总是从对其自身利益最大化方面来对教学改革政策进行分析、权衡。只有关注并满足了教师对于自身利益的某些正当诉求,才能从根本上为教学改革的顺利推进提供动力。

事实上,长期以来,由于教改经费有限,一般教师很难真正参与教改项目,绝大多数基层教师远离学校教学改革的中心,而且许多教师由于对原有课程和教学方法的习惯，害怕改革损害既得的利益而阻碍教学改革，这就使得教学改革不能得到彻底贯彻，以至于教师参与教学改革的积极性普遍不高。

（2）消解各利益方之间的合作性

教学改革各利益方的根本利益是一致的，是合作互利、兼容共赢的关系。然而，实际教学改革中，存在以牺牲组织利益为代价的不良行为，使得根本利益产生分歧，核心价值观产生冲突、资源争夺激烈，必然会引起利益主体心理上的相互排斥，冲突各方态度和情感迥然各异，致使各方在工作中互不配合、争气不争理，加重教学改革中的教改政策、教改理论与教改实施的"三张皮现象"。

（3）增加高职院校的教学成本

教学改革成本意指教学改革自发动到结束为确保改革成效所发生的价值牺牲的总和。所有变革都要仔细考虑成本和效用，教学改革亦不例外。毕竟，在具体的教学改革实践中，如果在革除教学系统内的某些弊病之余，却消耗了巨额资金，以及带来紧张和不满等，进而从长远上制约和影响发展，那么这样的教学改革是不成功的。然而，教学改革中的利益冲突的加剧，必然会增加教学改革的实施成本和摩擦成本。

（三）文化冲突的障碍与影响

教学改革是教学价值、目标、内容、实施、评价等在内的调整、修正与更新的活动，是触及教学深层价值意义体系的更新活动，是新教学文化生成、彰显的活动。但在实际的教学改革中，人们并不一定都按照新的教学文化要求在价值认识与判断上采取一致的看法，他们都拥有自己的价值观和行为规范，这就必然会造成他们彼此之间以及个体在观念与现实、思想与行为的冲突。

1. 教学改革中文化冲突的表现

教学改革中文化冲突的类型可以有多种划分方式。根据文化冲突的明显程度，可分为隐性文化冲突、显性文化冲突两类；根据文化冲突所产生的结果是否对教学的发展有利，可分为有利的文化冲突、不利的文化冲突，等等。在此，主要依据文化冲突的不同价值目标，将文化冲突分为传统文化与新兴文化的冲突、本土文化与外域文化的冲突、主流文化与非主流文化的冲突，分析文化冲突的表现。

（1）传统文化与新兴文化的冲突

受长期以来的社会、政治以及文化的影响，传统教学文化投射到教学实践上具有一些鲜明的特征，比如：师生关系倡导"师道尊严"，强调教师"绝对权威"；教学模式注重知识的单方面授受，强调接受学习；教学制度注重刚性监督，强调服从和控制；教学领导更多体现为一种官本位的领导型管理角色。在新兴教学文化中，师生关系倡导民主、平等，强调主体间性；教学模式注重交往互动，强调合作学习、探究学习，重视发展学生的个性、创新素质与综合素质；教学管理制度从制定的程序上向民主化、公开化转变，教学领导更多地体现为一种重视平等、宽容、协调的组织者和服务者角色。

然而，一些教师、教学领导由于受传统教学文化的影响较深，而对诸如多元智能理论、个性教学、交往教学以及合作学习等新兴的教育教学理念不理解、不接受，对学生创新思维能力、探究能力、合作能力等方面培养的重要性不重视。因而，时至今日，传统教学文化依然根深蒂固，不利于民主、平等、和谐、融洽的新型师生关系的构建，也扼杀了学生的主体精神、创造精神的发扬和独立人格的培养。不仅如此，传统教学文化内涵中的教学集体无意识渐渐在教学改革中发展成为教学改革的集体无意识和闭锁的文化心态，严重影响教师对新兴教育教学理念的吸收，抑制了创新精神和开拓意识的产生。

（2）本土文化与外域文化的冲突

改革开放以后，伴随与国外发达国家经济贸易的频繁往来，产生了新的文化冲突。外来文化的输入必然会给既有的文化生态引进不同的文化观和价值观，向民族文化的独立性提出挑战。在全球文化的融汇与竞争中，我国面临着西方价值观念的严重冲击。

随着社会的发展，社会的信息化、经济的全球化、文化交流的国际化趋势日益凸显，教育国际化也逐渐成为一种国际潮流。在此情势下，国内学者纷纷引介、移植了诸如建构主义学习理论、多元智能理论等大量国外的教学理论、课程理论及其实践经验。这虽然有助于我国教育教学基本理论的丰富完善，对推动国内的教学改革也有重要的借鉴作用，然而，一种理论的正确性和有效性往往是就它所处的社会、国度、时代而言的，它在另一个社会、另一个国度、另一个时代并不一定适用。

（3）主流文化与非主流文化的冲突

在文化价值体系上，主流文化和非主流文化之间存在着较大的差异。在教学中，主流文化与非主流文化的冲突主要表现为：以主流文化价值为主体同现实中非主流文化价值的冲突；学校中的制度文化和教师，尤其是学生的同辈群体文化价值之间的冲突。

一是教学目标上的社会发展和学生发展二者之间的冲突。个人本位论强调学生的需要与兴趣，主张教育应促进人的个性化；社会本位论则强调社会的需要与规范，主张教育应促进人的社会化。长期以来，由于受我国传统文化价值取向的拘囿，教育被当作社会发展的重要工具，这样，在片面强调满足社会需要时，却忽视了学生个体的发展需要。当今社会的主流文化已经开始由注重社会向注重个体转变，引发了新旧教学文化的冲突。

二是教学手段上的手工化和信息化二者之间的冲突。信息技术的先进性、超越性，使其不仅作为一种技术、一种工具，而且作为一种文化进入了教学过程，给教学带来的好处是显而易见的。然而，因为教学改革实践者在生成教学理念方面往往滞后，通常对信息化教学颇有微词，认为网络和多媒体不可能解决课程教学中的所有问题，也不能替代师生感情交流和面对面的传授。

三是课程体系上的专业性和基础性二者之间的冲突。强化专业性和强化基础性之争，不仅仅体现在对课程体系所要增加的课程的类型和数量的分歧和论争，其背后更是深层次的教育教学理念的分歧和冲突，即高职教育应该是培养"专才"还是"通才"。赞同强化专业性的人更倾向于通过在设计课程体系时加强专业知识和专业基础，进而为将学生培养成在专业领域能独当一面的专才打好基础。而赞同强化基础性的人更倾向于通过在设计课程体系时加强学生自我学习的能力和思维方法的培养，进而为将学生培养成对未来生活和职业适应能力强的通才打好基础。

四是人才培养模式上的大众化与精英化二者之间的冲突。高职院校教学改革取向由强调"精英"转向强调"大众"，实际上是精英教育文化向大众教育文化转变的文化价值观念的转变。

从表面来看，大众教育文化似乎已经深入人心，非常顺利地成为大家认同的教育文化模式，然而，具体到教学改革问题上，大众教育文化与精英教育文化的冲突表现在方方面面，包括教学目标、教学内容、教学模式、教学评价等，都没有充分体现大众教育。

2. 教学改革中文化冲突的影响

教学改革中的文化冲突不仅具有多样性，还具有永在性。文化冲突对教学改革的影响既具有正面的推动作用，又有负面的阻抑作用。正面作用与负面作用的大小，取决于文化冲突的强度和改革实践者对冲突的应对水平。

（1）正面影响：引发批判进而促进教学文化转型

教学改革中的文化冲突是教学文化内在矛盾的展开和解决，是教学文化发展的根本动力。无论从教学文化的生成、构成还是存在形态来看，教学文化都是一个矛盾体系。从其生成看，教学文化包含着自在性与超越性的矛盾；从其构成看，物质文化、制度文化、精神文化之间存在着矛盾；从其存在形态看，存在着自在的文化与自觉的文化的矛盾。应该说，教学文化本身时时处处都存在着矛盾，只不过在教学文化稳定发展的时期，矛盾以潜在的、萌芽的和温和的方式存在着，而到了教学文化冲突期，各种矛盾便处于展开的状态，不同的矛盾力量之间比较、角逐、碰撞、对抗，新文化特质与旧文化模式互相抗衡，经过各种矛盾及矛盾各方之间的尖锐斗争,往往会实现教学文化的比较、选择和整合,进而实现矛盾的解决、教学文化的发展。可见,同任何事物的发展一样,教学文化的发展也必须经历一个过程,这个过程就是教学文化矛盾由萌芽状态发展到对抗状态直到最后的解决。

(2)负面影响:破坏合作进而阻抗教学改革的发展

文化冲突会让教学改革在目标确定、内容设计、模式应用、评价实施等问题上难以决断、争论四起。因此,冲突给彼此之间带来的非合作性行为和抵触情绪是很常见的,无疑会销蚀、破坏教学改革的支持度与合作基础。更何况,在此情况下,若改革实践者不能合理地应对教学改革过程中的文化冲突,便更会使文化冲突的破坏力爆发出来。

对文化冲突采取简单压制的方式,并不会使其销声匿迹,反而会使其不断地积累下来,一旦爆发,就可能危及关系基础。文化冲突的积聚在此实际上意味着敌对情感的强度增大,意味着加深文化冲突破坏作用的伤害程度,从而最终造成冲突难以妥善应对,彼此之间正常的关系难以为继。如此便把文化冲突的伤害由表面的转化成内在的,由暂时的转变为持久的或永久的,致使教学改革因各方改革主体的非合作性增大而步履维艰。同样,文化冲突发生之后,也不应过于放纵文化自在的保守性,因为若没有寻求必要的文化反省和文化创新,文化冲突便会止于文化危机阶段,而不会促成文化创新和文化整合,进而也会在给自身带来更大的文化困顿的,同时也阻抗了教学改革的发展。由此可见,对于教学变革中的文化冲突,如果仅仅适应或者守护某一种文化,那么其间的文化冲突都很可能阻碍改革的前行。

四、本章小结

古今中外,普遍认为课堂教学是教育教学的主渠道,是学校履行育人功能的主阵地。传统课堂教学是书本知识传授的单向活动,学生是被动接受的主体,基于学生能记住课堂教学大部分内容的假设,教师满堂灌,学生是否在听、是否在学、有没有跟上甚至超越教学进度,传统课堂教学无法给出确切的答案。传统课堂教学中,教学理念滞后、内容陈旧、模式和方法创新不够,学生自主性弱、学习动机不足、参与度不高、能力培养被弱化等问题突出,已成为新时代教学改革的内在需求,解放课堂也成为整体推进教育教学革命和提升人才培养质量的关键。

改革开放以来,我国高职院校教学改革经历了模仿借鉴、探索发展、改革创新、繁荣发展等阶段。在其发展过程中,教学思想从学校技能培养演化为产教融合的大教学思想;改革思想从规模扩展转移到内涵建设,再到非均衡发展。在新时代综合背景下,高等职业学校办学思想定位向着服务学生个性化成长的方向发展,教育目标越来越注重对学生可持续发展能力培养。

  当前,认识和把握教学改革的基本问题,是有效解决教学改革中的矛盾和困难的首要前提。对教学改革取向的合理确立、各利益方之间的权益关系制衡、教学改革的文化冲突三个基本问题值得关注。从价值目标来看,我国高职教学改革价值取向的嬗变过程总体上是一个走向人性化和现代化的过程,但也凸显出"矫枉过正"和"一哄而起"的问题。教学改革取向之间相互借鉴、相互吸收是主要趋势,而借鉴和吸收的结果便是和合。教学改革和合取向的生成有赖于实践者透解大千世界的和合性,彰显和合辩证思维以及树立卓越的理念。

第二章

高职院校课堂革命内涵

教学改革是教育改革的核心，是全面提高教育教学质量的根本渠道。教育质量问题的凸显，使教学改革越发显示其重要性和紧迫性。事实上，教育思想和教育观念的大讨论伴随着高职教育发展，促进和引导了高职院校教学改革的深入发展。教育行政部门、高职院校在深化教学改革、提高教学质量方面，采取了一系列的措施。然而，教学内容和课程体系的改革也只是数量上的加加减减、分分合合，没有在教学观念上实现实质性突破，也缺乏广大教师的积极参与。因此，需要推动课堂革命，以实现课程和内容革命、过程和师生关系革命、考试与评价革命。

一、高职课堂革命的定义与任务

课堂革命是高职院校教学改革的深化，是教学改革从教学工作外围进入核心的表现，是人才培养适应新时代经济社会发展与变革要求的反映，主要目标是完善人才培养规格和提高人才培养质量。

（一）基本定义

"革命"一词原本用于朝代或政权的更替，例如十月革命、辛亥革命，因为多有暴力因素，因而显得大破大立，更为"彻底"。但后来人们也常常用"革命"来泛指重大革新，比如某某措施具有"革命性的意义"。可见，"革命"一词的内涵其实是相当丰富的，因此号召"课堂革命"的时候就需要明确，究竟是哪种意义上的"革命"，要"革命"到什么程度。

课堂是开展教学活动的场所，狭义是指教室，广义则泛指进行各种教学活动的场所。就高职院校而言，课堂一方面指静态的"硬件"，包括教室、实验实训室、实习单位；另一方面也指动态的"软件"，不仅包括教学内容、教学方法和教学评价，还包括师生关系、学习环境等。

课堂革命是把课堂作为教学改革的"主战场"，开展教学目标革命、动力革命、方式革命与文化革命，实现从"知识核心"目标向"素养核心"目标的转变，将教学关注点真正转移到"立德树人、全面发展"的科学定位上；高度重视学生学习动力弱化问题，将其置于高于"教法优化"的地位，切实突破单纯知识学业负担对学生学习内在动力的抑制，善于用活知识教学来催发学生源自心灵与精神的学习自能量；突破知识传授式教学的枷锁，真正落实基于问题的教学、基于项目的主题教学和参与型教学，凸显知识获得"过程"的魅力与价值，构建过程为本的新教学；强调课堂的"生活"属性，将课改视为学生课堂生活方式的转变，高度重视学生课堂生活的质量、状态，将课改种子嵌入课堂生活的细胞与基因中去，让课改的洪荒之力在课堂生活世界中引爆。

（二）主要任务

课堂革命不只是理念要求，更是解决高职教育质量问题的实际行动，聚焦于人才培养的主渠道，专注于改变传统课堂面貌，建设现代课堂，以达到培养新型人才、提高人才培养质量的目的。具体来讲，主要有以下 5 项任务。

1. 建立新的教学场域

课堂是由师生的教与学所构成的场所，师生、教学活动、教学环境、教学条件和教学文化等是课堂不可缺少的要件。传统的课堂因为追求的目标过低，这些要素的作用没有得到充分的发挥，尤其是师生的主体作用没有很好地发挥出来，课堂成了比较单纯的基本知识的授受之所，学生的能力发展和素质养成被局限于较低层次。课堂革命就是要充分发挥师生的主体性和能动性，使课堂焕发出生命活力，在知识授受的过程中激发出智慧、情感和信念，从而营造一种促进学生知识、能力和素质全面发展的场域。

2. 建立新的教学范式

课堂是教师教书育人的舞台，可以说，教师的教学活动在哪里，课堂就在哪里；教师有什么样的教学，就会有什么样的课堂。这就是说，课堂是由教师的教营造出来的，教师的教学范式决定课堂的性质、特点和质量。在传统的课堂，教师以讲授教材知识为主要教学方式，以学生掌握教材知识为主要目的，教师是课堂的主宰，备课、讲课、批改作业、辅导答疑和考试考查是教师教学范式的基本形式。课堂革命要求教师贯彻以学生为中心的教学思想，更多地发挥引领、指导、组织、激励作用，做到课内与课外相结合、讲授与学生自主学习相结合、教材知识与其他理论和实践知识相结合、校内教学环境与校外现场环境相结合，形成服务学生的高质量、高效率自主学习的教学方式方法。

3. 建立新的学习范式

课堂是为学生建构的，学生是课堂的主人。学生应当在课堂上自主学习，完善自我，升华人格修养，锻炼意志品质，提高能力水平，完成个人社会化的过程。传统的课堂是教师的领地，学生是教师的工作对象，往往被动地学习，课前预习、上课听讲、课后练习、考前突击、考试通过是学生学习范式的基本形式。课堂革命要求学生转变角色，充分发挥主体性，以知识、能力和素质的全面发展为目的，转变学习方式，实现由被动学习向主动学习转变，由主要学习教材知识向以教材为基础的学科知识和实践知识学习转变，由主要是一个人独立学习向个人、团队和现场学习转变[1]，由一般性知识和能力发展的浅表性学习向融高级知识、智慧、情感和信仰于一体的深度学习转变，形成高质量学习范式，提高学习的自觉性、计划性和有效性。

4. 建立新的师生关系

师生关系是师生在教学过程中建立起来的一种特殊的人际联系。师生关系的优劣对课堂教学效果有重要影响，优良的师生关系能使师生双方体验愉悦之情，激发教与学的内在动力，从而使课堂充满生机活力，师生可将满满的正能量辐射到课堂内外。传统的课堂不但是沉默的，还是枯燥而乏味的，师生之间除了基本的信息交流，缺少相互了解，少有深层互动，更难以相互走进心灵，展开情感和灵魂的对话。在课堂之外，师生形同陌路。课堂革命就是要改变这种状况，发展互动频繁、教师关爱学生、学生亲近教师的师生关系。新的师生关系应当有助于学生身心健康发展。

5. 建立新的教学环境

课堂是一种教学环境，是为实现教学目标而建立的。除了能动的师生和教学的媒介——知识，课堂往往还包括物理空间、技术设施条件以及学校在办学中所形成的文化氛围。教学环境主要是物理空间和校园文化氛围，教学环境不同，课堂及其效果也常常存在差异。课堂的物理空间可以是教室、研讨室、实验室等固定的地点，也可以在校园的运动场（馆）、草坪或林荫下，甚至还可以是校外生产或工作现场。传统的课堂主要在教室，教学的环境条件主要是围绕教室来建设，教室的格局和布置则主要基于教师向学生传授知识的需要而设计，比较刚性而呆板，其他的教学条件也是为了辅助师生授受知识而配备的。课堂革命就是要根据教师教学范式和学生

---

[1] 别敦荣. 大学教学方法创新与提高高等教育质量 [J]. 清华大学教育研究，2009，30（4）：95-101+118.

学习范式的变化,建设更加宽松自由、灵活机动,满足师生为达成新的教学目标而能采取多种教学方式的环境和条件。新的教学环境更有利于学生的自主学习,更有利于师生的互动交流,从而打造更有深度、更有质量的课堂。

二、高职课堂革命的特征与意蕴

学习是课堂的应有之义,学习在课堂真实发生原本也是天经地义的事。课堂革命,具有鲜明的特征与意蕴,持续促进学生真实、深度、完整地学习。

(一)主要特征

课堂革命的重点是突破教材的中心地位和培养学生自主学习的习惯,是从观念、模式、内容、途径、方法、技术到制度的整体性、系统性的变迁和再造,主要表现如下十大重要特征。

1. 从知识课堂向能力课堂转变

从基础教育的"三会"(会读、会写、会算)到高等教育的"三基本"(基本概念、基本理论、基本方法),传统课堂始终由知识主宰,讲的是知识,学的是知识,考的是知识。教师要做的是将教材写成教案,再将教案背给学生,或者,将教材制成PPT,再将PPT念给学生。学生要做的是聆听、理解和记忆。"要给学生一杯水,老师就得有一桶水",课堂教学过程成了"倒水"的过程。这样的课堂,就像是"喂食",教师将教材上的文字先放在自己嘴里"嚼"一遍,然后"填"进学生的嘴里。这种只需"饭来张口"的课堂,扼杀了学生的"觅食能力",即高阶能力。

高阶能力是以高阶思维为核心的解决复杂问题或完成复杂任务的心理特征,高阶思维是指发生在较高认知水平上的心智活动或较高层次的认知能力,主要包括创新、问题求解、决策、批判性思维、信息素养、团队协作、兼容、获取隐性知识、自我管理和可持续发展能力等。高阶思维能力主要指创新思维、问题求解、决策和批判性思维能力等。美国著名心理学家、教育家布鲁姆(Bloom)将认知过程分为记忆、理解、应用、分析、评价和创造六个层次,前三个属于低阶层次,后三个属于高阶层次。高阶层次的认知活动(高层次教学活动)发展的是高阶能力,低阶层次的认知活动(低层次教学活动)发展的是低阶能力。低层次的教学活动形成的是低阶知识,高层次的教学活动形成的是高阶知识。低阶知识主要是陈述性知识,高阶知识主要是程序性知识和策略性知识。陈述性知识主要是关于是什么、为什么和怎么样的知识,是一种静态的知识;程序性知识是关于如何做的知识,是关于解决问题的思维过程的知识,是关于如何实现从已知状态向目标状态转化的知识,是一种动态的知识；策略性知识是关于如何学习和如何思维的知识。

传统的知识课堂以低阶能力为目标取向，通过低层次的教学活动，掌握低阶知识，形成低阶思维。能力课堂以高阶能力为目标取向，通过高层次的教学活动，掌握高阶知识，形成高阶思维。要实现从知识课堂向能力课堂的转变，需要在教学目标、教学方式、学习方式和评价方式等方面进行变革。

2. 从灌输课堂向对话课堂转变

以"群体—接受"为主要特征的灌输式课堂（或称注入式或讲授式课堂），尽管存在诸多缺陷，但在教学效率方面优势明显。灌输课堂基于这样的假设，学生以同样的程度与速度接受知识，因此，教师才能用同样的标准与节奏完成讲授任务。为了增强教学效果，教师必须精心备课，对每一部分讲授内容，要预设一个学生接受程度的共同点，估计学生会产生什么疑问，用什么方式避免这些问题等，甚至细致到什么时候说什么话的程度。在教学中，教师必须把握好讲授与接受以及效率与效果等关系。不可否认，灌输课堂对传授陈述性知识和掌握"三基本"是十分有效的，但它有碍于发展高阶能力。特别是，如果处理不好教与学的关系，灌输课堂就会变成"填鸭式"课堂。知识主宰着课堂，教师成了知识的权威，学生成了知识的"容器"，教学过程成了"复制"知识的过程。鉴于此，应将灌输课堂改造为对话课堂，达到知识的对话、思维的对话和情感的对话。

一是知识的对话需要将单向灌输转变为多向交流。将老师从课堂上的"演员"转变成为"导演"，将学生从课堂上的"观众"转变为"演员"，将课堂从"一言堂"变成"学习共同体"，使知识在教师与学生、学生与学生之间传递、交流与互动。当然，这种参与式教学在一定程度上会降低教学效率，特别是对于一些陈述性知识的教学可能会事倍功半，因此，其应用应因事、因时、因人而异。例如，采取"大班讲授、小班讨论"的形式，对于"三基本"之类的内容采用大规模讲授，在此基础上，设置一些专题进行小范围讨论，进行扩充与深化。

二是思维的对话需要将"句号"课堂转变为"问号"课堂。课前，学生应该做好预习，为自己准备"问号"；课上，应积极思考，解决原有"问号"并形成新的"问号"；课后，应做好复习，解决存留的"问号"。作为教师，在备课时应善于预设"问号"，讲授时应善于打开"问号"和形成新"问号"。对于高职课堂，如果教师将要讲授的全讲不明白，只有"问号"没有"句号"，肯定不是好教师，但如果将要讲授的内容全讲明白了，只有"句号"没有"问号"，也不是好教师。特别要强调的是，思维的对话绝不是简单提问，在课堂上教师编织一些只凭记忆就能回答的问题，不仅不能引起思考，反而会干扰学生思考。

三是情感的对话需要将知识课堂转化为情感课堂。语言是课堂中传递知识的媒介，如果用冷冰的语言传递硬邦邦的知识，就成了死沉沉的知识课堂。知识蕴含着丰富的情感，既凝结了人类认识过程所体现出的情感，又记载和描绘了大千世界的深邃奇妙和绚丽多彩，只有倾注了感情，才能感受知识的生命，才能领悟知识的美。对于教师，这种爱是对自己所从事职业的热爱，对教学工作的热爱和对莘莘学子的热爱。正是这种爱，可以激发自己的激情，正是这种激情，可以激活知识蕴含的情感，才能把握它的精髓，才能生成活生生的教学语言，将这样的情感和精髓传递给学生，让学生感受知识的生命，从而爱之、敬之。

3. 从封闭课堂向开放课堂转变

传统的课堂是封闭的，即在固定的地方、固定的时间内完成固定的教学内容。在这种封闭模式下，教学活动围着教师、教室和教材三个中心转。开放课堂就是要突破这三个中心，实现时间、空间和内容上的开放。时间上从课内向课外延伸，空间上从教室向图书馆和实验室拓展，内容上从教材向参考资料扩充。

开放课堂需要转变教学方式。例如，用"吊胃口"代替"喂食"。所谓"吊胃口"，就是教师讲课应像介绍一桌丰盛的大餐一样，告诉学生每道菜有多么好吃、营养多么丰富、对身体多么有益，使学生垂涎三尺、食欲顿起；再告诉学生每道菜应如何制作、如何调配，使学生摩拳擦掌、跃跃欲试；下课后，学生会迫不及待地一头扎进图书馆和实验室，为自己准备这顿大餐。

当然，这种教学方式的转变需要同时转变学习方式。学生在应试教育的历练下，已经习惯于"饭来张口、衣来伸手"，如果让他们去主动"觅食"，恐怕需要一个训练过程。进入高职课堂会发现，现在的学生很少记笔记，偶尔有之也是在跟着教师抄黑板笔记。实际上记笔记是学生在时间、空间和内容上将课堂进行延伸、拓展和扩充的前提。通过笔记，将课堂上一时难以理解的内容、产生的新疑问、形成的新看法，以及教师的新观点、评价和结论等及时记录下来，在课后通过查阅资料、与同学讨论等方式，解决疑问、加深理解、提高认识水平。

4. 从重知轻行向知行合一转变

关于知与行的关系，我国古代先哲圣贤多有精辟之说。例如，王夫子认为："躬行乃启化之源。"《论语》开篇有："学而时习之，不亦说乎？"陆游在其教子诗《冬夜读书示子聿》中道："纸上得来终觉浅，绝知此事要躬行。"贾存仁的《弟子规》中有："不力行，但学文，长浮华，成何人。"朱熹的读书六法之第四法为："切己体察，身体力行。"梁绍任在《眼镜铭》中道："读万卷书，行万里路。""习"也好，"行"也罢，强调的都是实践在认知中的重要作用。只读书不"行路"，所得必浅、学不达识。物有甘苦，尝之者识；道有夷险，履之者知。学识就像一座金山，读书只能看见它，而行路则能得到它。不无遗憾的是，这些智慧的结晶都没被当今的课堂教学所"躬行"。重知轻行，理论脱离实践，已成为课堂教学之痼疾。长期以来，我国的基础教育走不出应试教育的怪圈，而高职教育却陷入了知识教育的泥淖，要改变这种现状，必须树立实践育人理念，将"坐中学"转变为"做中学"，达到知行合一。

知行合一至少要做到两点：学习时要躬行，强调向实践学习；学习后要躬行，强调学以致用。理论教学的躬行，强调的是主动思考，是学中思、思中学。实践教学中的躬行，强调的是主动实践，是做中学、学中做。实践有认知性和非认知性之分。认知性实践，不仅可得到"技"和"艺"，而且可得到"道"。非认知性实践只能得到"技"，最多能得到"艺"。被动性实践训练的是"技"，主动性实践追求的是"艺"和"道"。主动性实践与被动性实践的最大区别在于，前者的实践要素（如对象、内容、方法、程序等）由实践者自己确定，而后者则是给定的。

实践已成了高职教学的"软肋"，集中表现在实践总量不足和实践层次太低两方面。大多数实践属于被动实践，停留在非认识阶段，甚至成了"听"实践、"看"实践、"抄"实践。树立实践育人理念，加大实践教学投入，强化认知性实践和主动性实践，形成完善的实践教学体系，迫在眉睫。

5. 从重学轻思向学思结合转变

孔子说："学而不思则罔，思而不学则殆。"子夏说："博学而笃志，切问而近思，仁在其中矣。"思维在认识世界和创造世界中具有决定性作用。思能深化，思能超越，思能创造。宋代禅宗大师青原行思提出参禅的三重境界：看山是山，看山不是山，看山还是山。人的认知也有这三境界，每一境界深化与超越的关键是思考。看山是山，这是形而下的表象，是原型，通过思考达到看山不是山，这是形而上的抽象，是模型；再通过思考达到看山还是山，这是形而下与形而上统一后的具象，是实形。此外，思是学的催化剂和动力源。孔子曾言："吾尝终日不食，终夜不寝，以思，无益，不如学也。"

一是批判性思维是高阶思维的核心。孔子认为："疑是思之始，学之端。"孟子提出："尽信书，则不如无书。"荀子认为："君子博学而日参省乎己，则知明而行无过矣。"南宋哲学家陆九渊也曾说过："为学患无疑，疑则有进，小疑则小进，大疑则大进。"朱熹曾提出："学问思辨四者，所以穷理也。"在西方，批判性思维是自古希腊以来形成的一种悠久而宝贵的学术传统。苏格拉底的问答法（或称产婆术）就包含有批判性思维的思想，有人将其视为一种批判性思维的教学法。"普遍怀疑"是笛卡尔思想体系的起点，从怀疑一切事物出发，笛卡尔找到了"我思故我在"这一不可怀疑的、可作为知识基础的真理。

二是思考是创新的关键。只有独立思考，才能融会贯通，才能由多而少、由博而一、由现象到本质、由无序到规律；只有独立思考，才能生动活泼、千姿百态，才可解放思想、向传统挑战，才能不安所学、不溺所闻，才能有创新、有发展。爱因斯坦曾言："学习知识要善于思考、思考、再思考，我就是靠这个方法成为科学家的。"思考从质疑开始，经过疑惑或质疑后，才可达到深信无疑；经过疑惑或质疑后，才可以达到深刻理解。

三是学习、思考、实践是创新三要素。学习、思考、实践三者之间彼此紧密相联，互动互进。学思结合体现了学中思和思中学，知行合一体现了学中做和做中学，思行统一体现了思中做和做中思。为了培养学生创新性思维品质，应大力推进教学模式改革，提倡专题讨论式、案例式、自主学习式、角色扮演式、辩论式、情景式、工作坊式等启发式教学。应始终坚持：质疑重于聆听，反思高于理解，超越高于适应，直觉重于逻辑，体验高于经验，自由高于创造。

6. 从重理轻文向文理兼融转变

这里的理是指理工，更广泛意义上指自然科学、技术与工程（下面简称科学），文是指人文与社会科学（下面简称人文）。科学与人文，不同而和。科学与人文的形而下都是实践，是大脑对实践的反映；形而上都是追求尽善尽美，追求深刻性、普遍化与永恒性。二者的差异在于：科学主要关乎客观世界，追问的是"是什么、为什么和怎么做"；人文主要关乎精神世界，追问的是"该是什么、该为什么和该怎么做"。科学知识是一元的，科学思维是逻辑的，科学方法是实证的；人文知识往往是非一元的，人文思维往往是非逻辑的，人文方法往往是非实证的。尽管二者存在这种差异，但进一步追问却不同而和。科学进一步追问则是"果真如此吗"？人文进一步追问则是"果该如此吗"？最终，二者都归结到"果如此吗"？殊途同归。

没有科学的人文是残缺的人文，没有人文的科学是残缺的科学。人文贯穿科学的始终，为其导向，提供动力，开辟原创性源泉；科学也贯穿人文的始终，为其奠基，提供素材，避免误入荒谬。没有人文的科学教育，可能培养出没有人性、缺乏灵性的书呆子、机器人乃至刽子手；没有科学的人文教育，可能培养出没有真正的人性、实在的灵性而目空一切的精神病患者、狂人乃至毒枭。我国古代书院教育，特别强调对精神塑造和人格养成的人文教育价值取向。南宋的白鹿洞书院的"修身之要"为："言忠信，行笃敬，惩忿窒欲，迁善改过。"朱熹对书院的教育宗旨表达为："书院之建，为明道也。"然而，当前高职课堂似乎忘了教育的本体价值，滑向了功利主义的窠臼。课堂教学工具理性抬头而价值理性失衡，使学生渐渐失去了精神追求与信仰而成为追逐名利的工具。教师的注意力在教书，学生的兴奋点在考试，"育人"和"成人"成为被实然遗忘的应然。高职课堂在注重"做事"教育的同时，更应该注重"做人"的教育；在注重传授知识的同时，更应该注重学生灵魂的洗礼、心灵的净化、理想的点燃、信念的铸就、思想的升华和道德的养成。

高职课堂需要价值重构，回归精神力量的培育，起码要从课程设置和课堂教学两方面实现，前者要加大人文课程比重，后者要承载人文教育的使命。大力推进通识教育，形成文理兼融的课程结构，是实现高职课堂价值重构的重要途径。同时，教师要切实肩负起立德树人、教书育人的光荣职责，关爱学生，严谨笃学，淡泊名利，自尊自律，加强师德建设，弘扬优良教风，提高业务水平，以高尚师德、人格魅力、学识风范教育感染学生，做学生健康成长的指导者和引路人，使课堂真正成为教书育人的主渠道。

7. 从重研轻教向研教融合转变

教学与科研曾一度被誉为高校的"两个中心"。实际上，科研这个中心是"物理"中心，有质有量；教学这个中心是"几何"中心，有形无实。如今的高校，承载着太多责任，面对着太多需要，蒙受着太多责难，不少高校激励教师为了所谓"荣誉""事业""资源"全力拼搏。高校培养人才的根本任务与教师教书育人的基本职责，自然没这种吸引力和刺激性，只能成为高校和教师"心有余而力不足"的遗憾。

从 1088 年作为世界上第一所大学的意大利博洛尼亚大学诞生以来，大学就承载着培养人的传统。1809 年，德国柏林大学将科学研究引入了大学，但其本源仍是培养人。其创始人洪堡提出的教学原则是：由科学而达到教养。在洪堡看来，科学天然就是精神和道德教化的手段，不通过科学研究，大学就培养不出完人。因此，大学里的教师和学生都是研究者。学生由此逐渐学会独立地进行科学探究、自主地做出科学结论及其解释，并形成对科学的最深沉、最纯净的认识；教师能在与学生的互动式科学研究中，分享彼此的"精神个性"，继而在不断超越中无限抵近"人类精神"。在这种意义上，教学与科研达到了完美融合。

尽管"洪堡思想"早已被不断抬头的工具理性边缘化了，但其教学与科研相融合的育人原则仍有现实意义。教学与科研相融合，能激发学生求知欲和创造冲动。学生通过参与科研，直接面对真实诱人的未知世界，体会知识的深邃，体验探索的无尽和创造的无穷。教学与科研相融合，是培养拔尖创新人才的有效途径。学生通过亲自做科研，直接感受研究者的思维方法、心路历程，这些隐含在研究过程中的经验、情感和智慧，在书本中无论如何也领悟不到。更为重要的是，通过亲历研究，可以超然于知识之上，直接体会科学文化最高境界的科学精神和科学思想，形成良好的科学素养和创新潜质。

实现教学与科研的融合，在学校层面，应有丰富的科研资源，且能将优质的科研资源及时地转化为教学资源；在教师层面，应有丰富的科研经验，并能将最新研究成果有效地凝练为教学内容。积极推进研究性教学模式改革，将知识的传递过程转变为知识的探究过程，将科研实验室向学生全面开放，鼓励学生加入教师的科研团队，做到寓教于研、研中有教。

8. 从重教轻学向教主于学转变

重视教师的教、轻视学生的学，是传统教学理念下形成的痼疾，至今仍然主导着课堂教学。教与学的问题实际上是两方面的：教什么、怎么教和教得怎么样；学什么、怎么学和学得怎么样。近年来，课堂教学改革主要强调前者而忽视了后者。也就是说，只重视"教改"，忽视了"学改"。要改变重教轻学现象，必须解决教学本质、教学理念和教学原则三个问题。

教学本质回答的是"教学是什么"。传统的认识是：教学是"教师把知识、技能传授给学生的过程"。这种传统认识有局限：教学局限于教书，教书局限于课程，课程局限于课堂，课堂局限于讲授，讲授局限于教材。我们理解的教学就是"教学生学"，教学生"乐学""会学""学会"，其中"会学"是核心，要会自己学、会做中学、会思中学。

教学理念回答的是"教学为什么"。传统的认识是："教"是为了"教会"，"学"是为了"学会"。我们提倡的教学理念是"教为不教、学为学会"。"教为不教"有两层含义："教"的目的是"不教"，"教"的方法是"大教"。"教，是为了不教"是我国当代著名教育家叶圣陶先生的名言。这种"教"是教学生"学"，这种"大教"是"善教"。施教之功，贵在引路，妙在开窍。叶圣陶先生曾讲："教师之为教，不在全盘授予，而在相机诱导。必令学生运其才智，勤其练习，领悟之源广开，纯熟之功弥深，乃为善教者也。"

"教主于学"是我们应该遵循的教学原则。教之主体在于学，教之目的在于学，教之效果在于学。钱穆曾言："孔子一生在教，孔子之教主于学。"教师天职为教，其责为学。"教之主体在于学"就是教学要以学生为主体，这是教主于学的核心。"施教"不同于"制器"，它是一个主动"加工"过程。授而受之，方有成效。"教之目的在于学"即前述的教学为什么，为"乐学"、为"会学"、为"学会"。"教之效果在于学"是如何评价教学，应放弃传统的"以教论教"，坚持"以学论教"评价原则，也就是说，"教得怎么样"要通过"学得怎么样"来评价。

9. 从重共轻个向因材施教转变

我国传统教学过分强调共性培养，忽视个性发展。在"三统一"（统一教学计划、统一教学大纲、统一教材）的禁锢下，课堂教学成了标准"套餐"，无论你胃口是大还是小，口味是重还是轻，每人一份填进肚里。至于胃口大的会不会饿着，胃口小的会不会撑着，口味不对的会不会倒胃，就无人过问了。

《国家中长期教育改革和发展规划纲要（2010—2020 年）》指出，要"因材施教。关注学生不同特点和个性差异，发展每一个学生的优势潜能"。因材施教既是教学方法，也是教学规律。孔子主张育人要"深其深，浅其浅，益其益，尊其尊"，即因材施教，因人而异。《学记》说："君子既知教之所由兴，又知教之所由废，然后可以为人师也。"又说："使人不由其诚，教人不尽其材，其施之也悖，其求之也佛。"蔡元培主张教育要"尚自然，展个性"。唐代文学家柳宗元写过一篇寓言体传记名曰《种树郭橐驼》。郭橐驼是一位驼背老者，以种树为业，名重京城。他所种之树"或徙移，无不活；且茂硕，早实以蕃"。有人问他有什么绝技，他回答说："能顺木之天，以致其性。"也就是说，要尊重树木的本性、天性，相信每一粒树种、每一棵树苗都有长成参天大树的潜质。这就是因材施教的真谛。

诚然，现代教育不可能不重视共性培养和统一性要求，也不可能进行一对一的个别教育。因材施教的关键是，在统一性要求的基础上，给特殊性展现留有余地；在全面发展的基础上，给个性发展留有空间。有人批评目前的教学是"均值"高，"方差"小，培养出的学生趋同性强，既没有太差的，也很少有冒尖的，更缺乏杰出人才。杨振宁曾讲："中国给了我很好的共性教育，美国的教育则发展了我的个性。"西方的教育更加关注前 1/3，让他们不要庸俗；我国的教育更加关注后 1/3，让他们不要掉队。因材施教不仅仅是在知识传授上让一些学生学得多一点、深一点、早一点，更主要的是给他们更多的自主学习的时间和空间，更加宽松的发展个性的环境与氛围，更有效地激发他们的好奇心、发挥他们的想象力、培养他们的批判性思维和创新能力。

10. 从终结评价向发展评价转变

教学评价是课堂教学的重要一环。传统的教学评价主要是终结性的，注重评价的评定和选拔功能，忽视评价的诊断和改进功能。评价方式以考试为主，以记忆性的书本知识为主要内容，侧重定量分析，注重最终结果。这种评价方式难以适应对学生高阶能力的评价，因而在一定程度上不利于这种能力的发展。

教学评价应以促进学生发展为宗旨，应该是多样化、个性化的，应能通过多种渠道、采取多种形式，在不同学习情境下，考查学生掌握知识和应用知识的水平和能力。促进学生发展的教学评价（即发展性评价）重视学生高阶思维能力的发展，注重学习过程的评价，注重评价主体的多元化和评价方式的多样化，更加重视质性评价方式。

形成性评价属于发展性评价。它既是计划中上一阶段结果的总结，又是计划中下一阶段教学的起点。因此，必须坚持反馈性原则、多元化原则和发展性原则。显然，形成性评价更加重视评价的诊断和改进功能。从建构主义学习理论的角度来看，在形成性评价之中，评价的主体是学生，学生、教师以及其他学习伙伴之间是互相激励的关系，主张通过评价来激起学生的参与性，注意对学生构建知识时所采取的措施和方法以及在知识构建过程中加以评价，使学生在学习的过程中得到激励，产生自信心和成就感，形成继续学习的动力。同时，形成性评价强调学生通过对自我学习的适当监控和反思，掌握并调整适合自己的学习策略，发展自我评价能力，提高自主学习能力，强调师生之间、学生之间的合作，促进教学与评价的良性循环。从多元智能理论的角度来看，形成性评价强调评价内容的多元化，注重考查学生综合素质的发展，关注学生创新精神和实践能力的发展，对学生在学习过程中所表现出来的情感、学习策略、合作精神等因素进行全面的综合评价，而不仅仅是关注学生的学业成绩。这种评价方式注重学生的差异性，注重学生个体发展的独特性，能够激励学生发挥多方面的潜能，发挥其智能强项。

（二）真正意蕴

"课堂革命"要求学生学习的真实发生。真实发生的学习需要学生全身心的参与，特别是情感和思维的参与，学习要用心（专心、专注）地进行，学习要有深度地进行，学习要有结构完整地进行。用心学习、深度学习、完整学习，这样的学习才是真实发生的学习，这才是课堂革命的真正意蕴。

1. 让学生用心学习

课堂学习没有真实发生的突出表现是"人在心不在"，究其原因就是学生缺乏学习的动力。就其来源而言，学习动力一方面来自学生的"兴趣"，另一方面来自学生的"责任"。这是推进学习运行的两个"轮子"。学习兴趣是求知欲的表现，每个人与生俱来就有求知的欲望，欲望得到满足就会带来享受和愉快的体验。基于兴趣学习，学习就会变为一件乐事，学生会越学越想学、爱学，学习就会事半功倍。相反，如果学生对学习不感兴趣，学习就是一件"苦差事"，不仅没有快乐可言，反而感到痛苦和难受，学生就只能被动地学习，这样的学习事倍功半，效率低下。学习责任是学生的一种身份责任，学生以学习为主，学习是学生个人的义务和责任，学生不学习、不尽学习责任，就不能称其为学生。从这个角度而言，学习是学生天然的责任。学习责任（感）是学生基于对学习价值和意义的认识以及由此产生的对学习的积极态度和敬畏精神，树立高度的学习责任心是自觉学习的前提。只有当学习的责任真正地从教师身上转移到学生身上，学生自觉地担负起学习的责任时，学生的学习才是一种真正的发自内心的学习。马克思在《1844年经济学哲学手稿》里指出："自由自觉的活动恰恰就是人类的特性。"只有自由自觉的学习才是真实发生的学习。从学习动力的角度讲，自由对应的是学习兴趣，自觉对应的是学习责任，二者缺一不可，二者在学习过程中也是互相促进和转化的。

教育不应该让学生成为一个愁眉苦脸、苦大仇深的人，对学习提不起劲，没有兴趣和热情；也不应该让学生成为一个自我放逐、不负责任的人，对学习随心随性，得过且过，没有责任没有理想；而应该让学生真实体验到学习的快乐意义并自觉担负起学习的责任。

就教学的目的而言，发自内心的学习就是建构人生意义的学习。学习不是简单的求知，更不是完成一项无奈的任务、获得所需的学分，学习是高职生活的一种存在方式，是寻找意义、建构意义、发现意义的过程。从根本上讲，教学的终极价值就是引导学生理解知识、理解他人、理解自我，从而不断充盈自己的内心世界，提升自己的生命意义。郭元祥教授指出，学习是个体追寻与创造意义的过程。在学习中，学生不仅进行知识学习，更通过知识理解思考人生问题，不断地追问与反思自我人生的意义。前者指的是知识的心理意义，即学生把学习的新知识跟自己已有的知识经验建立起实质性和非人为性的联系，把新知识纳入自己原有的认知结构当中，从而获得了心理意义，掌握了知识的真谛和实质。后者指的是知识的精神意义，它是指知识及其学习内具的促进人的智慧、精神和思想发展的力量，或者说"知识所具有的能够对人的精神生活和意义世界给予关照、护持、滋养的本性"。总之，学习是生命的一种存在形式和成长过程，没有学习的生命就会枯竭，没有学习的成长就只有身体的"发育"和"增长"。学习并不只是追寻意义的手段和路径，学习本身就是意义所在、价值所在、尊严所在，每个人都必须以敬畏之心和感恩之心面对学习、进行学习，学出意义、学出价值、学出尊严。

2. 让学生深度学习

深度学习指学生想得深、想得透，它是一种学生思维深度参与的通透式的学习。从心理学角度讲，思维即思考。如果说感知觉反映的是事物和现象的外部联系和特点，那么思维反映的则是事物和现象的内在联系和规律。从学生学习角度讲，思考即对所学知识的加工、判断、鉴赏、质疑、建构等。唯有思考，才能转识成智，学习才会深刻发生。

从知识的类别而言，深度学习指向学术性知识而非常识性知识。学术性知识是一种高深的知识，值得强调的是，学术性所强调的高深学问重在对事物本质和发展规律的深度揭示。就知识的功用而言，学术性知识是解释力强的知识，它为我们提供了解释、解读、分析各种问题和现象的专业视角、眼光、框架和规则；学术性知识是预测力强的知识，能够预测到单凭经验所无法证明的事情，它为我们提供了一双智慧眼、千里眼，能够看到常人看不到的未来；学术性知识是指导力强的知识，这种知识是对实践经验的提炼和升华，能有效地指导工作和实践，科学的彻底的系统的知识具有灯塔的作用。高职院校是培养高级专业人才的学校，学术性知识是培养高级人才的根基。学术性知识构成一个高职生基本的理论功底，高职学习必须聚焦学术性知识，这是高职学习之本。

就学生的认识活动而言，深度学习是学生深度思考和高阶思维的过程。高阶思维区别于经验和常识层面的思维，是一种批判性思维。批判性思维（审辩性思维）是就思维的方向和方法而言的。批判性思维有两种特性：第一，怀疑精神（质疑意识）。"一切皆可批判"，对一切认识活动和结果，包括自己的观点，保持一种质疑和开放的态度，不固执，不迷信，既不轻易接受，也不盲目排斥，秉承客观和理性的追求真理、服从真理的精神。第二，独立精神。"一切基于独立"，所有问题和命题都必须经过认真严谨的独立思考和自主判断，想明白想透彻，绝不盲从和依附；所有认识和观点都经过自己的深思熟虑，有理有据，不轻易接受结论和灌输。批判性思维是一个人学术素养和学术水平的核心构成。

就学科性质和思维类型而言，深度学习是体现学科性质和特点的一种思维活动。学科思维是探寻思考、解决和评价学科问题的有效方法的思维方式，它植根于所学学科内容之中，是学科的灵魂。在一般层面，思维主要指抽象概括与逻辑分析的一种认知过程、方法或能力，是学生接受知识、发现知识或建构知识的基本前提；学科认识活动的核心是学科思维，表现为学科特有的理解问题和分析问题的思维方式，它使学生像学科专家一样深入思考问题：像数学家一样思考数学，像科学家一样思考科学，像历史学家一样思考历史。总之，深度学习既是学生思维深度参与的过程，又是学生学习思维特别是学科思维形成的过程。

"学而不思则罔。"学习是课堂的应有之义，思维则是学习的应有之义。没有思维的学习就只剩下学习的"形式"和"外壳"了；唯有让学生在解释和理解、质疑和批判、推理和论证中进行学习，学习才能深刻发生。

3. 让学生完整学习

学习是一个过程、一个系统，完整性是学习的内在特性，只有完整学习，才能发挥学习的最大效益，产生最好的效果。

从学习对象角度讲，完整的学习是一种"活动的、合作的、反思的学习"。日本教育家佐藤学教授将学习界定为一种"对话性实践"，即学习者与客观世界的对话、学习者与他人的对话、学习者与自身的对话，学习就是一种"构筑世界""构筑伙伴""构筑自身"的实践。学校应成为"学习共同体"，在教室中要实现"活动的、合作的、反思的学习"，即让与物与教材对话、与学生与教师对话、与自我与自身对话的学习成为教学的中心。与物与教材对话是一种认知性、文化性实践，通过这种实践获得知识与文化的传承，同时实现知识的个人化和个性化理解，吸收知识的价值和意义，提升人的精神，丰富人的内涵。与学生与教师对话是一种交往性、社会性实践，通过这种实践构筑师生关系、生生关系、朋友关系。师生关系、生生关系、朋友关系既是学习关系，又是伙伴关系，实现和促进人的社会化。与自我与自身对话是一种伦理性、存在性实践，它是一种以自身为对象的特殊实践，是一种"人性自我建构的实践活动"。在自我建构的实践活动中，学生既是学习活动的主体又是客体，通过主客体的相互作用不断改造自己、发展自己、完善自己、超越自己，从而使自己真正成为学习、生活、发展的主人。总之，学生与客观世界的对话（"构筑世界"）、学生与他人的对话（"构筑伙伴"）、学生与自身的对话（"构筑自身"），三者构成了学生完整的学习。

从学习内容角度讲，完整的学习是有结构的整体性学习。通过"联系、组织、整合"，实现知识的系统化、结构化，并使知识真正转化为素养。强调联系和整合的目的是防止知识和能力的碎片化，"智慧不是别的，而是一种组织得很好的知识体系"。知识的存在和发展是在联系中进行的，孤立的知识不仅没有活力，甚至也不能存活。知识只有在联系中才能生长，"联系"是土壤、空气、水分。知识的联系还会产生新的知识意义，这也就是整体功能大于局部之和的道理。从学生的角度讲，联系是一种能力，它意味着学生能看出知识的相同点和不同点，即在不同知识之间看出相同点和在相同知识之间看出不同点；能看出知识的各种联系，特别是能从似乎没有关联的知识之间看出彼此的内在联系。碎片化的知识、孤立的知识点是没有价值的，教育心理学把学习定位为认知结构的组织和重新组织，也就是这个道理，不经过学生组织的知识，没有纳入学生认知结构的知识，都不能被学生真正地理解和吸收。

从学习过程角度讲，儒家认为完整的学习过程包括博学、审问、慎思、明辨、笃行五个环节。认知心理学认为完整的认知过程包括认知（信息）输入、认知（信息）加工、认知（信息）输出三个环节。对应地，完整的学习过程也可相应划分为阅读、思考、表达三个环节。不同学科，阅读、思考、表达的内容和特点有所不同，但所有学科的学习过程却都要经历阅读、思考、表达三个基本环节或程序，唯其如此，才能把所学知识转化为核心素养。就像人的饮食一样，一定要经过咀嚼、吞咽、消化、吸收这几个环节和程序，食物才会转化为人体的营养素。教学论则强调完整的学习是学生从不知到知、从知之浅到知之深、从不会到会、从不能到能的认识过程，从感性认识（实践）到理性认识（理论）的认识过程，从情境、问题、假设、推理（实验）、验证的解决问题的过程。课堂真实的学习一定要让学生经历从感性到理性、从现象到本质、从猜测到验证的过程，以及从片面到全面、从浅到深、从易到难的过程。

三、高职课堂革命的原则与策略

教育改革只有进入课堂层面，才真正进入了深水区，课堂不变，教育就不变，教育不变，学生就不变，课堂是教育发展的核心地带。课堂革命是打造"金课"，淘汰"水课"的根本路径，应当把握好基本原则，注重基本材料。

（一）基本原则

课堂革命是一个复杂的、动态发展的过程，在个人、组织和全系统的各个层次上，含有多个变量，在这个动态过程中寻找"秩序"，能够预测应该在哪些方面做出努力。这些"秩序"，可以称为"原则"。课堂革命的原则，就是课堂教学改革过程中所依据的法则或标准，也是从参与课堂教学改革的人或机构的经历中得出的结论。

1. 坚持职业教育类型特征

高职院校"课堂革命"是借鉴"双元制"、现代学徒制和企业新型学徒制等经验，以促进就业和适应产业发展需求为导向，对管理机制、人才培养方案、教学对象、学习环境、学习资源、教师、教材、教法等进行的全面改革。"课堂革命"能够提高教学的适合性、职业性、实用性，使学生得到全面发展，彰显"企业与学校联姻的跨界合作、产业与教育链接的需求整合、共性与个性并蓄的框架重构"等职业教育基本特征。

2. 坚持实现全体学生全面发展

高职院校"课堂革命"是对传统课堂的颠覆性改革，是一场心灵的革命，更是一场行为的革命。依据"以学生为中心、素质教育在课堂、教为学服务"的理念，运用大数据、人工智能等现代信息技术，构建以学生为中心的教育生态，建立师生互动、企业深度参与的"学校、企业、网络"三维职业教育课堂，为不同层次、不同类型、不同特征的学生提供个性化、多样化、高质量的教育服务，促进学生主动学习、释放潜能、全面发展。

3. 坚持促进教师进步和职业幸福感提升

课堂上，教师长时间看不到学生的精彩表现，得不到积极反馈，感受不到教学快乐，就会产生职业倦怠，失去职业幸福感。高职院校"课堂革命"将重塑教师的使命和角色，重构教学内容和课堂形式，使教师由教学的组织者、知识的传授者、学生的评价者，转变为学习的引导者、帮助者、合作者，创新的指导者、协同者、激励者。让教师由知识的搬运工和包揽一切的杂家，回归为深受学生敬重的引领型、创新型、融通型、专家型教师。

（二）主要策略

有"学"才有"教"，"学"是教学的逻辑起点。要以"学习导向"为特征，为学生"学"开展教学设计、进行有效教学，杜绝"水课"，打造"金课"，为此有师生关系、教师培训、课堂文化、综合素养和教学评价5个方面的策略。

1. 建立新型的师生关系

师生关系是教学过程中最基本的第一位的人际关系，它既是一种教学关系、情感关系，也是一种交往关系、伦理关系。师生关系是课堂的"浓缩"，也是衡量课堂教学效果的关键。课堂革命能够引导高职院校形成师生一体观的师生关系。

教学环境升级是建立新型师生关系的基础。人工智能等新一代信息技术实现了教学环境的迭代升级，在这样的新环境中，教师和学生有意愿为了一个共同目标而努力，形成学习共同体。

教学资源获取是建立新型师生关系的关键。在获取学习资源方面，学生减少了对教师的依赖，拥有了更大的选择权，既满足了学生自主学习的需要，也实现了学生的个性化发展需求。

教学观念转变是建立新型师生关系的前提。教师要密切关注学生的课堂学习状态，持续增强"学生中心"的教学适应性。同时，学生也要适应新的学习方式，自主学习、主动探究。

教学角色重塑是建立新型师生关系的源泉。教师要向知识的传播者、建构者和服务者，学习的参与者、引导者和合作者转变，学生也应从被动学习者向主动求学者转变。

教学服务提档是建立新型师生关系的保障。高职院校要弘扬尊师重教风尚，着力构建新型的政校联动关系，努力为师生提供更加优质的服务，确保新型师生关系良性发展。

2. 开展新型的教师培训

开展新型教师培训是贯彻落实《关于全面深化新时代教师队伍建设改革的意见》的重要举措。课程改革的核心是课堂，课堂改革的重心在教师。课堂革命是课程改革的行动号角，高职院校教师培训是这场"革命"的突破口。

一是突出校内师资培训效果，促进教师培训转型升级。高职院校要积极促进校内师资培训转型升级，使师资内训成为学校创新发展的"助推器"、教师成长进步的"动力源"、教学内涵建设的"新动能"。

二是秉承现代高等教育理念，促进教师思想观念更新。新型教师培训既要使教师领悟现代高职教学基本理论与方法，也要推动教师突出学生主体地位、建构课堂立体评价、建立现代人本课堂。

三是提升教师指导学生能力，促进学生开展自主学习。新型教师培训要培养教师的专业实践能力、教育教学能力和自我学习能力，特别是要注重培养教师指导学生使用文献、开展小组学习和提高学习效率的能力，也要培训教师通过传授自学方法培养学生自主学习能力，解决学生被动学习的问题。

四是深化高职教育教学研究，促进教师持续专业发展。新型教师培训站位要高，一方面，要立足当下，有针对性地抓住本校课堂存在的实际问题，在调研、分析基础上，提出具体解决方案，并将此研究成果融入教师培训中；另一方面，要放眼时代，解答现实拷问，为高职教育更好地开展课堂革命提出意见和建议。

3. 打造新型的课堂文化

一是要承认和尊重学生的教学主体地位。课堂革命就是要解放学生、解放学生的学习力，使学生成为主人。教学活动从根本上看是学生的学习（认识）活动，这不仅需要改变原有教学方式，促进学生自主学习、合作学习和探究学习，发挥教师引导、指导和辅导的作用，也需改变现有的教育观、学生观和质量观。

二是要加强学生的思政教育与行为规范。要发挥辅导员的第一作用，严格工作规范，以学生为中心，尊重学生的选择。要构建综合思政育人体系，在产教融合、校企合作下开展专业思政和课程思政建设，以生为本、以文化人，传承企业文化，弘扬工匠精神。要创新行为激励评价机制，满足学生行为激励的多样化评价需要。

三是要培养学生的创新精神和实践能力。要树立教育新观念，以人为本，立德树人，促进学生全面发展。要确立教学新目标，以基础知识、基本能力、基本观念为基础，重视培养学生的创新精神和实践能力。同时，要建立实施路径，理论与实践相结合，第一和第二课堂相结合，学校和企业相结合。

四是要谋求竞争与合作在课堂中的统一。合作是一种精神，竞争是一种力量，没有竞争就没有发展，没有合作就不能进步。课堂教学中，教师要注重培养学生的合作与竞争意识，激发学生的合作动机，提高学生的竞争实力，促进学习共同体成员积极参与集体学习。

4. 提升学生的综合素养

一是要助力学生提升整体规划能力。整体规划能力是指直接影响学生自主学习的评价能力和抗干扰能力，它贯穿整个自主学习过程，对学生全面认识学习任务，提高自主学习能力具有重要意义。课堂是提升学生整体规划能力的主阵地。一方面，教师要引导学生建立具体化自我观念，以积极的自我期望做好学业发展规划；另一方面，相关教师和部门要通过评价、咨询启发学生觉察自己的学习状态，评价自己的学业成绩，调整自己的期望规划，以整体规划能力促进自主学习能力提升。

二是要提升学生资源内化整合能力。学习资源是教学质量的重要保证，是自主学习的有效保障。学生校外学习资源内化和校内外学习资源整合能力是提高自主学习能力的关键。首先，要端正学生学习态度，杜绝"等靠要"思想，变"要我学"为"我要学"；其次，要发挥入学教育作用，讲好新生入校后的第一堂课和关键一课，引导学生制定高职学业和生涯规划；再次，要帮助学生主动认知校园资源，熟知校内教学资源，以"为我所用"服务自主学习，促进自我发展。

三是要帮助学生创设自主支持环境。自主支持环境是指可以促进外在动机内化的自主环境氛围以及由他人给予的支持。相关研究表明，自主支持性环境与学生心理需要、自主性情感和学习绩效正相关。帮助学生创设自主支持环境，一方面，教师要转变自身的角色职能，不仅要成为自主支持性教师，激发学生内生动力，而且，也要发挥好课堂主渠道育人作用，关注学生自主学习行为，引导学生形成自主学习意识；另一方面，学生自身也要不断强化并坚持自主学习，既要主动认知社会，也要善于运用校内外学习资源。

5. 构建新型的教学评价

一是围绕学生中心建标准，多元评价与学生发展相统一。课堂教学的出发点和归宿是学生的学习与发展，课堂教学的优劣应以学生的学习效果来评价。构建评价标准要注重学生的学习状态与情感体验，尊重学生的人格特质与个性差异，促进学生全面发展与特色发展。外部评价者（校领导、企业人员、教学督导和同行教师等）、教师和学生的多元评价，都要以学生为中心，以促进学生的全面发展为宗旨，开展教学评价，体现多元评价与学生发展的统一。

二是开展教学评价要重视教学过程，从多角度展开评价。教学评价只有落实到教学过程中，才能真正达到评价效果。多元评价主体要秉持以学生为中心的评价观开展教学评价，评价角度不同，评价目标一致。教师要激发学生学习热情，鼓励探究、促进合作，高效实现目标；学生要自觉端正学习动机，主动学习、积极进取，促进自主学习；外部评价者要围绕评价观，紧扣标准、客观公正，服务学生发展。

三是用好评价结果促进教师提高素养，多维指导与批判反思相统一。教学评价的宗旨是提高教学质量，促进学生发展。评价主体要围绕学生中心地位，开展多元评价、多方评议、多维指导。一方面，促进教师课前教学设计、课中教学调控、课后教学反思，推动教师教学水平和教学技能提高，为教学管理部门决策提供依据；另一方面，促进学生通过体验教师教学行为，对自己的学习行为进行批判、反思，逐步提高自身的自主学习能力。

四、本章小结

近年来，在国家政策红利驱动下，高职教育成效显著，立德树人根本任务得到有效落实，教育教学改革不断深化，人才培养质量稳步提升。尽管如此，在课堂教学改革方面，很多高职院校还存在诸多问题，如边缘、无趣、低效的课堂，"远离靶心"的奖项、"未曾落地"的课改和"高不起来"的质量等。为此，教育部原部长陈宝生发出"课堂革命"的集结号，直击高职课堂教学改革的痛点难点。高职教育正处于重要的战略机遇期，积极践行课堂革命，持续深化教学改革，努力提升学生自主学习能力是当前高职院校的使命担当。

第三章

高职院校教学观念革命

富兰（M. Fullan）在《教育变革新意义》一书中指出，"教育变革的成功与否关键在于教师的所思、所为"[①]。教师"所思"和"所为"即教师教学观念与教学行为，教师教学观念是指教师从实践经验中逐步形成的对教学本质和过程的基本看法[②]，是教师专业核心素养，直接决定着教师专业水平和能力，对其教学行为具有指导作用。任何教师的教学观念都相对于特定的教育教学情境而存在[③]。本书对高职院校教师教学观念的研究，围绕课堂教学这一具体情境而展开。

教师教学观念由多个子系统构成。林静从活动主体、客体、情境三个基本要素出发，将教师的教学观念划分为学生观、教师观、知识观、学习观、评价观等[④]。李墨一从具身认知理论基础上，将教师教学观念划分为学生观、知识观、学习观等子系统[⑤]。本书聚焦课堂教学角色地位和人的实践活动的本质属性，分析课堂教学。党的十八大报告提出要"把立德树人作为教育的根本任务"，党的十九大报告再一次明确提出要"落实立德树人根本任务"。新时代的课堂教学，应该全方位、深层次和根本性地彰显立德树人的价值，发挥其立德树人的主阵地作用。从课堂教学人的实践活动的本质属性来看，教学活动的主体是教师和学生，活动的客体是教学目标和教学内容，活动的情境是师生在一定物质环境（课堂）之中的交往，即教师的

[①] 迈克尔·富兰. 教育变革新意义[M]. 赵中建，等译. 北京：教育科学出版社，2005：121.
[②] LARSON S. Describing Teachers' Conceptions of Their Professional World[A]// HALKES R, OLSON J K. Teaching Thinking: A New Perspective on Persisting Problems in Educations[R]. Proceed in the First Symposium of the International Study Association on Teacher Thinking, Tilburg. 1983：123–133.
[③] 林静，刘恩山. 教师教学观念研究的概况与启示[J]. 教师教育研究，2009（4）：31–36.
[④] 林静. 教师教学观念的干预与转化——以农村小学科学教师为例[J]. 教育科学，2013，29（2）：44–50.
[⑤] 李墨一. 具身认知视域下教师教学观念转变的困境与突破[J]. 教育理论与实践，2019（10）：53–57.

教和学生的学，可称之为"课堂交往"。因此，本书认为，对教师教学观念的研究，至少需要分析四类教学观念。

一是价值观，是课堂教学角色地位的观念，是对教学在育人中价值的认识，其核心在于立德树人。当前，高职教育普遍过于强调知识和技能，遮蔽了伦理、情感、价值观，致使学生难以将其内化为智慧、外化为力量。因此，高职院校教学观念变革的首要任务是变革课堂教学价值观，要坚持立德树人这一根本任务，在课堂教学过程中要担当起"传播知识、传播思想、传播真理，塑造灵魂、塑造生命、塑造新人"的时代重任，要"以德立身、以德立学、以德施教，做学生健康成长的引路人"，要以课程的文化价值激发、启迪和培育学生的道德、情感与智慧，感召、激发和鼓舞学生的信心、情感与价值观。

二是师生观，是关于教师和学生的观念，是对教学过程中两者的角色与任务、关系的基本看法。师生观包括学生观和教师观。学生观，是对学生的本质属性及其在教育过程中所属身份、所存意义、所起作用等方面的看法和态度。学生既是教学的对象，也是教学的主体。在课堂教学中，应该坚持学生本位，以学生为中心，体现学生的核心地位，突出学生的主体价值，发挥学生的能动作用。教师观，是对教师职业的特点、责任、义务，教师劳动的价值，教师扮演的角色以及教师科学履行职责所必须具备的基本素质等方面的看法和态度。教师观决定着教师课堂教学的行为和态度。在课堂教学中，教师应由知识的传授者转变为学生学习的引导者和学生发展的促进者，从课程的忠实执行者转变为课程的建设者和开发者。

三是学习观，是教师关于学生学习的基本看法。学习观以师生观为基础，核心是以学定教，根据学生的身心规律及学习情况来确定教师的教育内容和方式。以学定教学习观是对教与学关系的价值重构，意在改变传统的"教师教，学生学"的传导式教学过程，从以学习为中心的教学立场构建新的教学过程，重视教学中学生的有效学习活动，以学生的有效学习作为教师教导的基点和目的，通过"学生学，教师导"的引导式学习过程培养学生的能动自觉、自主有效的学习能力。

四是评价观，是教师对教学评价内容、方法、技术和手段等方面的认知，是价值观、师生观、学习观等得以实现的有效支撑。当前，高职院校课堂教学评价涉及教师与学生的人格、情感以及价值观等方面的因素不多，忽视了教师和学生的价值追求和评价促进人的发展的终极目的，轻视发展功能；教学评价没有突出时效性、过程性、智能性和全面性，无法观测课堂教学的本真。发展性教学评价观以发展作为评价目的，强调评价内容的多元化与综合化，在定量分析评价的基础上，结合定性评价分析评价对象的个体差异，采用动态的形式进行监控，确保评价数据的全面性、客观性和真实性，突出教学评价的时效性、过程性和智能性。

教师教学观念主要从价值观、师生观、学习观和评价观四个方面开展变革，主要内容为坚持立德树人，坚持学生本位和教师主导，坚持以学定教，坚持发展性评价（如图3-1所示），为高职院校课堂革命提供价值依据与理念支撑。

图3-1　高职院校教学观念变革内容

一、坚持立德树人

党的十八大报告首次提出"把立德树人作为教育的根本任务"，党的十九大报告中再次明确提出"要贯彻党的教育方针，落实立德树人的根本任务"。这既是党对我国教育发展的战略指针、基本原则的论述，更是党对怎样培养人，培养怎样的人的回答，也是对我国教育目的更加明确的论断，笃定了我国教育的发展方向和目标。

立德树人的表述不仅反映了新形势下我国教育改革发展的基本特征，同时也是教育回归其本真的要求。立德树人的中心问题乃是价值问题，其关键在于对当前我国学校教育目标的确立和自觉，进而引领学生发展、提振学校精神、凝聚各种教育力量、提升教育理论与实践的视野与格局。

（一）高职院校立德树人价值内涵

2019年国务院印发的"职教20条"明确指出，"职业教育与普通教育是两种不同的教育类型，具有同等重要的地位"。职业教育的类型属性决定要遵循"产教融合、校企合作、工学结合、知行合一"的基本原则，在专业技能教育中体现职业教育的类型特征。不同的教育类型决定着立德树人具体内涵、要求和层次的差异，这是职业教育立德树人所具备的特殊内涵。同时，职业教育是国民教育体系中的组成部分，以培养具有健全人格、全面和谐发展的人为最终教育目标，这是职业教育与其他教育类型特殊与普遍的关系，具有相同的理论渊源。

1. 立德树人理论渊源

立德树人的理念其实有很长的历史渊源，并蕴含在中华优秀传统文化的历史发展脉络中。回溯历史，立德树人具有"立德"和"树人"两个层面的基本内涵。"立德"思想可以追溯到先秦时期《左传·襄公二十四年》记载的"太上有立德，其次有立功，其次有立言，虽久不废，此之谓不朽"的人生理想，三者中立德居于首位；儒家思想将立德为重、推崇道德作为核心价值观念，直接或间接影响着中国人的精神倾向。"树人"最早可追溯到《管子·权修》记载的"一年之计，莫如树谷；十年之计，莫如树木；终身之计，莫如树人"。当前，党和政府的政策文件中多次提及立德树人，并将之作为教育的根本任务，这不仅是对我国传统文化的继承和发扬，也是对当前教育领域存在问题的纠正、对教育本质的回归和国家发展的现实需要。习近平总书记指出，立德树人要在坚定理想信念、厚植爱国主义情怀、加强品德修养、增长知识见识、培养奋斗精神、增强综合素质六个方面下功夫。高职教育坚持立德树人根本任务，是新时代高职教育创新发展的基本遵循和本质要求。

2. 立德树人丰富内涵

新时代背景下，立德树人具有更为丰富而深刻的内涵，高职院校要坚守立德树人主阵地，解决好培养什么人、怎样培养人和为谁培养人这一根本问题。

习近平总书记指出："一个人只有明大德、守公德、严私德，其才方能用得其所。""核心价值观，其实就是一种德，既是个人的德，也是一种大德，就是国家的德、社会的德。"国无德不兴，人无德不立，德是国之魂，亦是人之本。新的历史时期，要把社会公德、职业道德、家庭美德、个人品德建设作为着力点，引导青年学生树立并坚定马克思主义道德观，自觉传承中华传统美德，大力弘扬社会主义核心价值观，自觉做到"明大德、守公德、严私德"，在入耳、入脑、入心中引导青年学生将其内化于心、外化于行。

习近平总书记指出："我国是中国共产党领导的社会主义国家，这就决定了我们的教育必须把培养社会主义建设者和接班人作为根本任务，培养一代又一代拥护中国共产党领导和我国社会主义制度、立志为中国特色社会主义奋斗终身的有用人才。""坚持社会主义办学方向，落实立德树人根本任务，培养德智体美劳全面发展的社会主义建设者和接班人。"这也决定了高校承担着培养担当民族复兴大任的时代新人和培养德智体美劳全面发展的社会主义建设者和接班人的历史使命。树人的成败，直接关涉国家命运和民族未来。要以习近平新时代中国特色社会主义思想武装青年头脑,教育引导广大青年学生坚定理想信念,坚定正确的政治方向,坚定听党话、感党恩、跟党走的人生追求,积极投身于中国特色社会主义伟大事业,在实现中华民族伟大复兴中国梦的青春实践中茁壮成长。

3. "立德"与"树人"逻辑内涵

立德树人价值内涵不仅需要把握"立德"和"树人"的具体内涵,更需要厘清"立德"与"树人"之间内在逻辑关系。习近平总书记提出:"人无德不立,育人的根本在于立德。这是人才培养的辩证法。"这为"立德"与"树人"内在逻辑关系的确立提供了基本遵循。"立德"与"树人"二者是辩证统一的关系,"德"因"人"而立,"人"因"德"而树,"立德"是"树人"的前提和基础,对于人才培养具有先导性、基础性,立德是人才培养的根本所在;"树人"是"立德"的目的和归宿,也是人才培养的目的和归宿。立德为树人服务,树人促进立德,二者辩证统一,密不可分。"立德"和"树人"始终围绕人之本位,是对人的培育和塑造。新时代高职院校要做好立德树人工作,必须准确把握时代特征和国家发展需要,从高职学生特殊的本质特性出发,牢固树立育人为本、德育为先、能力为重、全面发展的育人观。

4. 高职院校立德树人职业特质

高职院校立德树人从属于高校立德树人,具有相同的理论渊源。"职教20条"中明确指出,"职业教育与普通教育是两种不同的教育类型,具有同等重要的地位"。教育类型的差异化决定着立德树人的具体内涵与要求同样有所差异,即高职院校立德树人职业特质所在。

立德树人的内涵关键在于回答"立什么样的德,树什么样的人"。立德树人的普遍内涵是立社会公德、职业道德、家庭美德、个人品德,立马克思主义道德观、中华传统美德、社会主义核心价值观,自觉做到"明大德、守公德、严私德",树担当民族复兴大任的时代新人和培养德智体美劳全面发展的社会主义建设者和接班人。"职教20条"指出"职业教育着力培养高素质劳动者和技术技能人才",要求职业院校"深化办学体制改革和育人机制改革"的同时,也要"落实好立德树人根本任务,健全德技并修、工学结合的育人机制","宣传展示大国工匠、能工巧匠和高素质劳动者的事迹和形象,培育和传承好工匠精神"。由此可以看出,高职院校立德树人的职业特质是在普遍内涵基础之上,"立"敬业精神和工匠精神之德,"树"德技并修的大国工匠和高素质技术技能型人才。

(二)高职院校立德树人现实困境

1. 理念认识的偏差

高职教育尤其是高职思政教育缺乏历史积淀和相关政策支持,在实际探索过程中，主要借鉴普通高等教育的育人模式，忽视对高职教育规律和特征的研究，缺乏对类型教育的认知和独立探索的意识，导致高职院校立德树人探索严重滞后于专业教学改革，丧失了自身优势和特色①。

高职院校教师对于"立什么样的德，树什么样的人"的认识存在偏差，没有厘清其深刻内涵。在实际教育教学过程中，只注重知识与技能的获取，不注重价值塑造与素养养成。主要表现为：一方面，认为高职学校是学生学习知识、锤炼技能的场所，作为教师只需要做好知识传授，让学生获取工作岗位技能，从而忽视了对学生价值观、基本素养和职业素养的养成；另一方面，认为立德树人是思政政治课老师的责任，专业课教师只需要完成专业知识与技能的传授，因此出现了思想政治课教师"单打独斗"的现象，收效甚微，课程思政与思政课程的"思政"格局并未形成。

与本科高等院校相比，高职院校的生源结构比较复杂，生源质量偏低，学生的道德认知、道德行为、道德底线、社会责任意识以及学习的主动性、积极性等都存在较多的不足②。同时，高职院校学生对于复杂网络信息环境驾驭力不够，容易被错误的价值观误导，导致其价值取向和道德标准错位偏离；并且面对国内外复杂的形势变化，高职学生容易产生观念摇摆，部分学生对西方的政党制度、生活方式、价值观念甚至完全认同，最终导致了错误的行动。因此，高职院校的道德教育和文化教育更具难度。

2. 过程实施的偏离

经过长时期的探索与实践，高职院校逐渐认识到立德树人的价值内涵，并在实践过程中逐步将重心转移到德技并修。然而，在实际执行过程中，高职院校对德技并修仍存在偏颇和误区，简单认为德技并修就是将德育教育与专业教育摆在同等重要位置，从而导致在实施主体、实施过程和实施方式都是两个独立的体系，德育教育与专业教育缺乏融合并逐渐疏离，德育教育脱离专业技能学习过程和职业岗位，变成理论说教，育人实效不强③。并且，专业教育在就业导向驱动下，受到功利主义和实用主义的影响，逐渐演变成缺乏精神价值和情感体悟、枯燥乏味的重复机械训练，导致并加剧了"德技分离"的困境。

立德树人属于方向性和价值导向性问题，而立德树人成效则体现学校和师生的执行力和落实力。党中央明确指出要全员、全方位、全过程落实立德树人，这也是教育规律的要求。然而，在实践过程中，仍存在分工不明确、责任不清晰、内容不

---

① 李文斌，武文. 类型教育属性下高职院校立德树人的内涵、生成与构建[J]. 教育与职业，2020（9）：72-77.
② 李龙山，曹必文. 职业院校立德树人的意义、内容与实施[J]. 教育与职业，2019（10）：70-73.
③ 杨静怡. 高职院校落实立德树人根本任务的现状与路径研究——以滁州城市职业学院为例[J]. 滁州职业技术学院学报，2020（6）：18-20+50.

规范等现象，具体表现为：一方面，立德树人内容模块如何划分、实施步骤与过程如何推进、责任划分与职责如何明确等仍有缺失；另一方面，内容模块如何有效衔接，实践环节如何操作等尚待明确。缺乏有效的组织、实施与管理，课程育人、文化育人、管理育人、实践育人等立德树人的效果难以保证。

立德树人具体实践过程中，师生的执行力与落实力影响其最终效果。当前，高职院校师生立德树人执行力与落实力仍有困境。一方面，高职院校教师既要具备理论教学能力，也要具备实践教学能力，但是在教育认知、教育规律的把握、教育方式方法的运用等方面仍存在不足，尤其是在立德树人方面，与习近平总书记提出教书和育人、言传和身教、潜心问道和关注社会、学术自由和学术规范的"四个相统一"，做学生锤炼品格的引路人、做学生学习知识的引路人、做学生创新思维的引路人、做学生奉献祖国的引路人的"四个引路人"要求仍有差距。缘于此，高职院校教师缺乏对立德树人的正确认知和推进立德树人应具备的引导力、主导力和教育力。另一方面，高职院校学生文化素质偏低，综合素质能力较差，部分学生对知识和技能的学习持实用主义和技术主义的态度，对于理论学习、理论教育甚至存在一定程度的"惰性"和"抗拒性"，缺乏对德育教育的领悟能力、学习能力和执行能力。因此，高职院校立德树人实践容易陷入"学生不想、教师不会"的困境。

高职院校落实立德树人的教学方式和方法同样存在着不足，主要表现为：一是依托的载体有限。由于高职院校教师理念认知存在偏差，认为立德树人是通过思想政治课实现，从而导致专业教学、实践教学与道德教育联系不紧密，偏离了立德树人的初衷，也违背了其中规律。二是教育方式单一化。高职院校过多强调人的"工具理性"而忽视人的"价值理性"和道德教育的个体价值，运用传统的灌输教育模式塑造教育对象而忽视了个体道德的差异性，缺乏创新性、吸引力。三是教育内容不够丰富、吸引力不强。立德树人具有丰富和深刻的思想内涵，要有针对性地将其与现实生活、社会历史等内容结合起来，以增强学生对道德教育的吸引力。

立德树人实践过程中，仍然存在着难以评价，难以发挥评价激励作用的困境，主要表现为：一方面，缺乏完善的体制机制，育人过程中目标抽象、管理分散、协调性差、效果不尽如人意；另一方面，缺乏科学评价机制，德育工作的模式和效果难以量化，不能调动工作者的积极性、主动性，无法发挥激励作用[1]。

（三）高职院校立德树人实施路径

高职教育作为高层次的职业教育，应积极探索职业教育领域的立德树人路径，

---

[1] 李长吉."立德树人"研究：内容、问题与展望[J].当代教育与文化，2021（1）：11-15.

支撑职业教育向类型教育转变。为此，一方面要深化对立德树人内涵的认识，构建知识与技能的获取、价值塑造与素养养成并重的德技并修目标，承担培养大国工匠和传承工匠文化的时代使命；另一方面高职院校立德树人应遵循"产教融合、校企合作、工学结合、知行合一"的基本原则，以职业教育类型特征为依据，探索高职院校立德树人的差异化构建与实施路径。

1. 突显立德树人职业特征

新时代背景下，高职院校立德树人的职业特质是在普遍内涵的基础之上，"立"敬业精神和工匠精神之德，"树"德技并修的大国工匠和高素质技术技能型人才。探索高职院校立德树人构建与实施路径，必须全面厘清高职院校立德树人深刻内涵，深化高职院校立德树人认识，突显高职院校立德树人职业特征。

一是要更新高职教育理念。新时代高职教育应该更加重视学生品德和技能相统一的培养。职业教育特别是高职教育新的时代特征是以社会主义核心价值观为引领，以工匠精神、敬业精神为核心，培养德技并修的大国工匠和高素质技术技能型人才。职业教育与普通教育是两种不同教育类型，它不仅是我国教育事业的重要组成部分，也是推进教育现代化建设的基础工程、实现职业教育现代化建设的具体内容。更新高职教育理念主要是以习近平新时代中国特色社会主义思想为引领，融入中国特色社会主义共同理想教育、民族精神教育和时代精神教育等，坚持四个自信，积极培育和践行社会主义核心价值观，对学生加强社会主义荣辱观教育、中华传统美德教育，以及社会公德、职业道德、家庭美德、个人品德教育，公民基本道德规范教育等。在高职教育理念指导下确定高职教育使命，回答好培养什么人、怎样培养人、为谁培养人的问题，深刻领悟立德树人的核心要义和精神实质，培养德智体美劳全面发展的社会主义现代化建设者和接班人。新时代高职教育要肩负为实现"两个一百年"奋斗目标和中华民族伟大复兴而奋斗的责任担当，也要肩负为社会、国家培养德才兼备的行业技术人才和技能领军人物的重要责任。

二是要强化敬业精神与工匠精神培育和涵养。高职院校立德树人在与统一要求同频共振的基础上，注重融入敬业精神、工匠精神和工匠文化等具有职业性的类型教育内容。高职院校教育内容和目标的类型特征集中体现为职业性，而敬业精神、工匠精神是职业教育的灵魂和基因，也是职业教育作为类型教育的重要表现和价值向度，这要求高职院校立德树人应遵循规律，在教育内容中融入职业岗位所需要的敬业精神、工匠精神和工匠文化。通过选择侧重工匠精神等体现类型特征的教育内容，满足学生现实的专业技能学习需求和期待，把解决学生思想问题和解决实际问题相结合，增强学生获得感。通过厚植敬业精神和工匠精神培育的土壤，激活高等职业教育人才培育生态圈。完善自主创新管理机制，发挥好榜样群体的典型引领作用，通过邀请著名工匠进行演讲、拓宽视野。以激励机制激发创新理念，通过岗位技能训练，依托职业技能、技术竞赛活动培育工匠精神。革新传统课程模式，注入创新因子，因势利导运用网络媒体，增加教学的多样性。将工匠精神融入专业课教学全过程，增加产教融合的设计、现代学徒制和基于技能大师工作室的培养，创新工匠精神培养形式，助力滋养工匠精神。

2. 彰显立德树人实践特征

"职教 20 条"指出，应"使各类课程与思政课同向而行，努力实现职业技能和职业精神培养的高度融合"。德技并修是立德树人在高职教育领域的具体要求，也是高职院校落实立德树人的具体方式。高职院校立德树人应充分发挥专业课程实践性强的优势，将思想政治教育与专业教育相结合，与德技并修实践教育方式相耦合[①]。

首先，要明确专业课程在思想政治教育方面的边界与任务，为课程思政奠定基础。在德育任务方面，思想政治课应侧重于政治和思想引领[②]，专业课应侧重于满足职业标准中价值和精神层面的要求，因此专业课立德树人或"德技并修"的"德"指在价值层面与技术技能相耦合的内容，如职业道德、职业精神、敬业精神、劳模精神和工匠精神等。其次，在德技并修中注重把技术技能感悟内化为个人职业精神。坚持工学结合，做中学，学中做，在专业实践中引导学生感知工匠精神和敬业精神，渗透基于信仰、不计功利的工匠精神，用技能实践中感悟到的"价值理性"来平衡过度扩张的"技术理性"，引导学生在重复的技术技能实践中体悟工匠精神，并把瞬时的认知、体验和感悟转化为职业情感，固化为职业精神，体悟"技近乎道"的人生境界。再次，在德技并修中注重把职业精神外显为技术技能实践。在专业实践中以学生为中心，尊重高职院校学生群体的特殊性和学生个体间的差异性，把实现学生个性发展，作为培育原创能力和工匠精神的基础，注重培育学生健全的人格，提升学生的职业认同感，引导学生在技术实践中践行追求完美、精益求精、专注钻研、探索创新的工匠精神，把职业精神落实为职业行为，固化为职业习惯，逐步融入认知技术、学习技术、改造技术和改造世界的具体实践中，真正实现"知行合一"。

3. 健全立德树人体制机制

高职院校立德树人要实现全员、全过程和全方位育人，必须做好顶层设计，健全体制机制，实现资源整合和合理配置，形成互联互通的协同育人。

充分利用信息化时代为立德树人创造和提供的广阔空间和丰富条件，发挥信息化特点，推进立德树人模式创新，实现传统教学模式与网络教育模式的深度融合，

---

① 张振芝，丁文对. 对以立德树人引领职业教育创新发展的思考 [J]. 教育与职业，2020（9）：61-65.
② 李梅. 立德树人的价值意蕴及其实践路径 [J]. 教学与管理，2019（2）：12-15.

扩大立德树人的有效范围，提升立德树人的实际效果[①]。一方面，利用现代信息技术手段，创设教学场景，实现教学场景与教学内容深度融合，让学生在场景中自发思考，自觉培养自学能力和独立思考能力。另一方面，在发挥传统媒体作用的基础上，应根据高职学生的个性特点，利用信息化新媒体平台和载体，创新与学生交流的方式，拓宽相互交流的渠道和空间，提高师生交流的有效性。

全员育人、全过程育人、全方位育人是加强立德树人的重要举措，其中的全员育人不仅仅局限于高职院校，要构建"学校—家庭—社会"三位一体的联动教育机制，实现学校、家庭和社会的联动合作。首先，要建立健全立德树人的全民责任约束监督机制，将立德树人行为和责任履行情况等纳入对学校、学院、教师、企业、社会团体等进行评价考核的内容，并与学生家庭主要成员的职业考核等挂钩，根据实际情况予以奖惩，通过制度约束力来增强各主体参与立德树人的主动性和积极性。其次，充分发挥政府部门协调、组织功能，打通社会、家庭与学校育人体系对接的断点，充分调动社会力量参与素质教育的积极性和主动性。最后，成立专门的机构或者部门，负责推进立德树人的管理事宜；建立包括学校、家庭和社会在内的多元主体的信息沟通反馈机制，解决现实中因信息不对称、思想不统一、理念不一致和方向相矛盾等原因而可能引发的问题，以增强学校、家庭和社会立德树人联动的凝聚力、向心力和保障力。

立德树人根本任务的落实，需要科学的评价机制。高职院校要建立和完善评价机制，发挥引领督导作用。首先，成立立德树人管理育人机制，即成立由院党委领导、教学指导委员会牵头、思政教育者为主、全体师生参与的教书育人体制机制，做到主体明确，全员参与，责任清晰。其次，挖掘校内外资源，实施校内校外配套育人机制，形成立德树人教育合力，通过学校、家庭、社区、街道、社会、国家资源的合理利用，做到资源共享，全程、全方位育人，达到立德树人无死角。最后，制定科学适用的评价机制，注重过程性评价，注重多元化评价，注重质量性评价，正确引导立德树人工作的实施，科学督导立德树人工作的落实，引导教育回归到立德树人的初心和使命。

二、坚持学生本位

党的十九大报告提出坚持以人为本的理念，坚持把立德树人作为教育发展的根本任务。时任教育部部长陈宝生在 2017 年全国教育工作会议上明确提出了加快建

---

① 冯刚，陈飞. 新时代高校立德树人的治理架构与实施路径 [J]. 思想教育研究，2020（7）：99–104.

立"以学习者为中心"的人才培养模式。教育领域逐渐重视"以学习者为中心"的改革,也表明"以学生为中心"深层次问题已触及现实层面,是教育领域应当思考和解决的问题[①]。"以学习者为中心"是"学生本位"在教学中的外在表现,"以生为本"是"以人为本"理念在教育领域的具体体现。高职院校落实"以生为本",就是在开展教育教学活动中要以学生为根本出发点和落脚点,坚持一切从学生的实际发展水平出发,遵循学生成长发展规律和教育规律,以有利于学生的人格培养、有利于学生的成长成才和有利于学生幸福能力的提升为根本目标。正确认识高职院校教学"以生为本"的基本内涵,厘清其存在的困境,进而寻找突破路径,对于高职院校立德树人根本任务的实现、促进高职院校教育改革具有重要意义。

（一）高职院校学生本位之必然

随着信息技术、互联网+、智能制造等新技术的快速发展,新经济、新模式、新业态快速涌现,推动了生产模式的快速重构,加速了职业更迭频率,对职业人的综合素质和可持续发展能力提出了新的要求,迫切需要教育领域更加关注学生自身的发展。伴随着新的时代特征以及高职教育自身质量提升的需求,高职教育迫切呼吁加强对人本身的关注。

1. 时代呼唤高职院校"以生为本"

麦肯锡全球研究所报告显示,2020年我国高素质应用技术人才的缺口达2200万人。以信息化、智能化为特征的产业转型升级迫切需要能够掌握核心技术与运用现代信息技术和智能化技术的高素质技术技能人才[②]。随着技术进步和更新,职业岗位变化越来越频繁,更加注重人才的职业技能转换,技术的快速变革要求学生具备自主学习的能力,以适应岗位的不断更新和变化。

智能化、信息化、网络化为特征的工业4.0战略、工业互联网等战略,推动了生产模式的创新与重构[③]。越来越个性化的客户需求带来的产品多样化发展,要求注重人的创造性和灵活性;产品的标准化体现在信息网络技术与传统工业融合上,构建各种资源的网络化社会,需要掌握一定信息技术的复合型人才;工艺的模块化在使个性化和多样化需求与自主设计需求得到最大化满足的同时,要求学生具备创新意识和自主学习能力,生产模式的重构要求学生具备全面发展的素质。

---

① 陈光磊,杨晓莹. 大学教学"以学生为中心"的现实困境与超越[J]. 国家教育行政学院学报,2018（12）：99-104.

② 王芳,赵中宁,张良智,等. 智能制造背景下技术技能人才需求变化的调研与分析[J]. 中国职业技术教育,2017（11）：18-27.

③ 乌元春. 麦肯锡报告称中国高科技企业面临人才短缺[EB/OL]. http://world.huanqiu.com/exclusive/2012-11/3292516.html.

职业生涯的拓展和延伸要求职业人具备综合素质以满足生产发展的需求，外部环境和职业岗位的不断变化要求职业人学会知识迁移，促进职业技能的灵活应用。学习型社会的构建基于不断变化的工作岗位和职业需求，单一性的职业技能需求已经转变为综合性岗位要求，因此要求职业人在原有职业经验的基础上主动学习新的知识经验，不断增强自主学习能力，尤其是基于职业的实践能力的提升和发展，学习型社会的到来要求学生具有终身学习的能力。

2. 高职高质量发展需要"以生为本"

高职教育的人才培养理念强调社会服务性，导致高职教育注重其自身的规模化发展，单纯地强调教育与经济社会的关系，掩盖了学生在学习过程中的真实体验和主体作用，造成学生始终处于被动学习状态，更在无形之中形成了批量化、标准化、统一化的人才培养模式[①]。高职教育质量提升是核心任务，但目前高职教育仍然难以完全适应国家经济社会发展和人民群众接受良好教育的要求，人才培养的针对性不强，与职业岗位的对接不够密切，培养的学生社会适应性不强。高职教育要从把握特征、探索规律上找准高职院校"以生为本"的办学定位。

高职院校要积极应对时代变化和社会现实所提出的问题，承担培养面向生产、建设、服务和管理需要的高素质技术技能人才的使命，发挥引领作用。高职教育是适应和服务于现代社会发展需要的教育，需要通过不断地改革创新，逐步增强其内在的现代性。当前，面对高职教育现代化的建设需求，迫切需要增强高职教育服务经济社会发展的能力，促进高职教育由注重规模扩大向强化内涵、提高质量转变，"以生为本"是提升高职人才培养质量的需要。

（二）高职院校学生本位之内涵

信息技术以及科学技术的更新发展、产业结构的转型升级对人才培养提出了越来越多的要求，职业岗位的变化要求关注人的综合素质的提升以及可持续发展能力和终身发展能力的培养[②]。学生本位理念逐渐得到广泛认同，为人的终身学习和可持续发展提供一定的科学基础。高职教育以培养适应经济社会发展的高素质技术技能人才为主要任务，其高等教育性和职业教育性和学习过程的实践性，决定高职学生成长是从合法的边缘性参与逐步到共同体中核心成员的以学生为中心的过程，其学生本位内涵表现为：以学生学习为中心、以学生发展为中心和以学生学习效果为中心三个方面。

[①] 翁伟斌. 论工业 4.0 时代高职教育教学改革 [J]. 江苏高教，2017（5）：90-94.

[②] 潘海生，张蒙. 高职教育以学生为中心的人才培养体系的建构研究 [J]. 职教论坛，2018（7）：6-11.

1. 以学生学习为中心

"以生为本"的核心要素是以学生学习为中心,以学生学习为中心是引导学生主动学习,是教师与学生互相尊重并对教与学的过程进行持续性的反思。其主要特征是课程结构灵活、学习主动自由、学习内容符合学生现实生活和未来成长、教师对学生有清晰的认识和理解、教与学持续改进等。

高职教育是以培养高素质技术技能人才为目标,教学内容具有较强的实践性和应用性,因而要求在教育教学过程中注重培养学生的自学能力和实践能力。高职院校学生的学习不是简单被动地接收信息,不是通过传递知识或者复制他人的经验进行的学习,而是依据岗位要求的专业知识结构和职业能力素质结构,通过个体的主动建构形成自己的理解,形成有意义的自主学习。在自主建构职业领域的基本知识技能过程中,将教师传递的间接经验和自身通过接触新的工作岗位习得的新经验主动结合,使自身对职业技能的认知发生变化,从而促进已有知识在工作岗位的灵活迁移和应用,将职业知识转化为职业能力,达到学生对职业岗位的深刻理解和自主学习效果。

2. 以学生发展为中心

"以生为本"的主要目标是促进学生的全面发展,因而以学生发展为中心是"以生为本"的主要内容之一。以学生发展为中心是在以学生学习为中心的基础之上,通过学生的充分参与实现其职业能力的全面发展。

学习是学生合法的边缘性参与的过程,在参与过程中实现学生的全面发展。学生的学习沿着旁观者、参与者到成熟实践的示范者的轨迹前进,即从合法的边缘性参与者逐步到共同体中的核心成员。高职教育是一种专业技能教育,与经济社会的发展具有高度关联性,因此高职学生的学习要实现与外部情景的适应和融合,在情景化的环境中促使学生积极构建自身的知识和能力[①],在自主学习的基础上通过充分参与实现职业能力的全面发展。随着学生"合法的边缘性参与"过程,学生建构自身职业能力的行为变得更加积极,最初掌握专业技术基础,通过自身隐性知识与情景的交互作用,逐渐掌握职业岗位技能要领,能够综合运用各种知识和能力,进行全面独立的职业岗位综合训练,最终成为生产一线的行业专家。学生在从最初建构个人岗位技能到形成熟练技能,能够独立分析解决问题,成为职业领域的专家的过程中,逐步掌握组织能力、沟通能力、创新能力等,最终形成学生的全面发展。

3. 以学生学习效果为中心

"以生为本"的效果呈现的是学生知识与技能的学习效果,因而以学生学习效

---

① 邓泽民. 以学习者为中心的职业院校人才培养模式的研究[J]. 中国职业技术教育, 2017 (31): 36-49.

果为中心是"以生为本"的呈现形成。以学生学习效果为中心是在以学生学习为中心、以学生发展为中心的基础之上,通过动态结果呈现其学习过程与发展过程。

学生的学习在合法的边缘性参与过程中,其从学习者向充分参与者的转变不会发生在一个静态的环境中,而是发生在运动情景中的实践过程。高职学生的学习本身就是一种实践参与不断增强的过程,学生的学习状态与外部情景的变化具有高度的互动性和能动性。高职教育注重把成熟的技术和管理规范转化为现实的生产服务,学生的参与不再只是单纯的针对某一职业岗位的技能培训,而是拓展到学生整个职业生涯的学习[1],由此引发职业转换的频繁发生,进而要求学生学习的可持续。高职学生的学习活动具有生成性,学生在从基础技术的旁观者向行业领域的专家转变的过程中,适应未来职业变迁的能力不断增强,新的职业目标不断生成,使得学生在学习过程中的实践与发展成为一个动态的体系。基于动态变化的过程,学生的可持续学习和发展成为必然结果,终身学习成为可能。

(三)高职院校学生本位之困境

1. 传统"以教为中心"的困境

近些年,国家大力提倡"以学生为中心"的教与学改革,然而现实进展却艰难而缓慢[2]。学生本位的教与学,需要摆脱现实中诸多限制性因素[3],其困境之一就是对传统"以教为中心"的认识与转换问题。

传统"以教为中心"模式主要表现在教师中心、教材中心、课堂中心、教室中心、灌输中心等方面,外在表现为一个教师带着一本教材走进固定的班级,在固定的教室中以固定的座次开始教授。教室空间形式固定,讲台与课桌严肃对峙的空间格局,本质上形成了权力结构、支配与说教的关系,是一种强制性的人与物的关系,不能使学生产生归宿感[4],学生的主观能动性难以发挥,个性难以施展,时空限定了活动范围、想象力与创造性。

当前,高职院校教材"统治"的局面广泛存在,教师教的思维与行为成为习惯与模式,知识面难以拓宽,严重影响教师主导作用的发挥,更不利于激发学生的学习主动性。当产业行业发生转变时,教师"教的地位"就会受到相当大的冲击,单纯照本宣科式知识传授的局面不再让"教"得到学生的信服,随着学习范式的转换、

---

[1] 高鸿,赵昕.《以学习者为中心的人才培养模式研究》研究报告[J].中国职业技术教育,2017(31):50-58.

[2] TAGG J. The Learning-Paradigm Campus: From Singleto Double-Loop Learning [J]. New Directions for Teaching and Learning, 2010 (123): 51-61.

[3] 赵炬明.论新三中心:概念与历史——美国SC本科教学改革研究之一[J].高等工程教育研究,2016(3):35-56.

[4] 熊和平,王硕.教室空间的建构及其对课堂教学改革的启示[J].教育发展研究,2017(Z2):25-30.

"学生本位"理念的提出与实践,出现了"教比学难"。

"以教为中心"的困境还表现为对学生身心规律认识的缺乏,不能正确看到学生身上蕴藏的无限丰富性和可能性,从而无法有效遵循心理、教育规律进行教学活动。在教学手段和方法日新月异的情况下,教师感到雾里看花难以适从。

2. 培养模式"忽视学习者需求"的困境

高职教育是现代化职业教育的重要组成部分,其培养模式是高素质技术技能人才培养目标、实现目标的手段、对培养目标进行评价的方法以及相应管理制度的集合。通过相应的课程体系、教学活动以及评价方式,进而实现高职教育人才培养的质量目标,就是人才培养模式的具体形态。从经济社会发展需求与职业教育现代化的角度来分析当前我国高职教育人才培养模式,其根本在于未体现学生的需求,具体存在以下几个问题。

一是人才培养理念未体现"人的现代化"的核心要求。职业教育现代化人才培养需要突出对"人"本身的关注,突出学生面向未来的能力与素质。而从当前高职教育培养理念看,以技能训练为中心的职业教育教学观主导了高职教育人才培养过程,"技能训练"僭越了"人格养成",高职教育人才培养的丰富性、多元性以及独特性让位于单纯职业技能,对学生的核心素养、职业精神以及可持续发展能力关注不够。

二是人才培养目标与实现目标的手段相脱节。目前高职教育专业都有相应的人才培养标准和专业教学标准,但是培养标准和专业教学标准关注的是专业层面,却无相关机制与途径将专业层面的培养标准细化到每一门课程和具体的教学环节。因此,所有课程目标整合到一起是否就是专业的整体人才培养目标尚待商榷;单门课程教学目标与专业整体人才培养目标之间如何实现统筹与衔接,进而实现课程与教学的评价、诊断与改进仍需进一步加强,这些问题在目前高职教育人才培养中仍然未得到解决。

三是课程体系难以适应"全面发展的人"的系统性培养要求。在高职院校推动课程改革时,专任教师仍然存在"事不关己高高挂起"的现象。专业教师很少从专业层面去理解与反思课程体系问题,导致单门课程与专业人才培养总体方案之间的联系不紧密,缺乏系统性与整体性。

四是教学方法难以适应现代学生的需求变化。教学方式方法是一门课程或者一种教学活动所采取的手段,它受具体的课程目标、学科性质、教师个性、学生状态等很多因素影响。但是,当前高职教育教学方法存在几个方面的问题:首先,职业教育教学法的研究一直是薄弱领域,缺乏高水平职业教育专业教学理论研究,缺乏对实践的指导。其次,随着信息技术在高职教育中的广泛而深入的渗透,重构了课程与资源,颠覆了学习方式,改变了教师的工作,因而教学方法需要更多创新,从形式到内容,从手段到途径,都需要与信息技术进行结合,体现职业教育信息化的趋势与特征。最后,教学方法一般考虑的是单门课程的教学特征与教学需求,教学方法难以与专业层面的人才培养目标以及培养标准之间形成有机衔接。

五是评价单一性与现代人才培养复杂性之间的矛盾。人才培养质量有非常丰富的内涵,教学质量、结果质量、学业质量都是单向度的质量思维。缺乏适应培养目标与培养标准相衔接的教育质量评价,单纯以知识的掌握程度、技能的熟练程度来评价人才培养目标的达成水平,窄化了现代职业教育人才培养目标,难以适应现代化人才培养模式的改革。

(四)高职院校学生本位之路径

1. 转变学生本位观念

"学生本位"理念是深化高职院校教育教学改革、实现高职院校治理现代化、加快"双高"建设的重要内涵,也是社会发展对高素质技术技能人才要求的理性回应。要实现"学生本位"理念,就要建立相应的观念。

一是学生观。将学生从教育客体转变为学习主体,实践性既是"学生本位"的教育理念,也是高职教育的典型特征。传统教学观念认为学生是教育教学的对象,是"知识的容器""学校的产品",强调的是标准和顺服,忽视了学生的主体地位。"学生本位"的学生观则将学生视为学习主体,在实际教育教学中转向"以学生为中心",强调学生发展、学生学习,关注学习的"自主建构""相互作用"和"不断生长"[1],使"人"成为教育的出发点和目的,让教育与人的价值、意义和个性相关联,并以人的方式来把握和理解学生,让学生主体和教师主体相互开放,通过心灵的相遇、碰撞和融合实现双向交流。

二是人才观。要从统一标准到多样化、个性化。对于人才观念,传统高职教育是将学校视为工厂、将教育视为生产流水线、将学生视为"学校的产品",要求所有毕业生像工厂的产品一样整齐划一、统一标准和"型号"。高职教育要适应个性化、民主化以及创造性等人才素质要求,关注每个学生的学习权利,努力促进每个学生的发展和成才;尊重学生间的差异和个性,将人才标准和教育方法向多样化和个性化转变,培养出丰富多彩、富于个性、适应多样化要求的人才。

三是发展观。要从"单向、现时发展"观念转向"全面、全程发展"观念。"单向、现时"发展是指当前高职院校重智育轻德育、重知识轻能力、重理论轻实践、

---

[1] 刘献君. 论"以学生为中心"[J]. 高等教育研究, 2012, 33 (8): 1-6.

重认知轻情感、重理性轻非理性精神等"单向发展"以及注重学生当下阶段性、现时性发展。"全面、全程发展"则是指注重全体学生的发展、每个学生个体的全面发展以及学生终身发展能力的培养。"学生本位"的发展观，就是要关注所有学生、每个学生发展，努力促进每个学生的全面发展，实现知识、技能、人格的全面培养和提升，帮助学生着眼于未来、着眼于潜能、着眼于引领和创新，帮助其坚定要在未知世界生存、发展甚至引领的信念，帮助其提升在未来社会生存、发展甚至引领的能力和素质，实现教育促进人的发展和促进社会发展的使命。

2. "学生本位"确立培养标准

学生学习的目的不仅仅是掌握知识，更主要的是要加深对知识思想文化内涵的理解和学习能力的生成、思维习惯的培养。当前新技术普及发展速度越来越快、现代化产业结构不断调整、新的商业模式不断涌现、行业和职业的变化速度日新月异，高职教育专业结构必须反映经济社会发展需求特点，体现人才培养模式的适应性与灵活性。因此，技术技能型人才培养既包括专门教育所对应的知识和技能目标，也包括面向学生通用能力培养的通识教育标准。

构建"学生本位"的现代高职教育人才培养，从重视学生最关注的内容出发，从学生的切身利益出发，充分考虑学生的短期收益与长期发展，在学生具备基本的知识素养的基础上，培养学生质疑批判的思维品质与思维能力，发展学生可持续能力。通过高职教育，帮助学生面向未来做好准备，规划个人的工作与生活技能，储备适用能力，以满足不断变化的要求，形成"以学生为中心、以学生发展为本"的综合性、整体性技术技能型人才培养标准。

3. "学生本位"实施课程开发

课程是实现人才培养的主要途径。构建"学生本位"的课程体系，首先，充分理解技术的发展趋势及工作的特征，厘清未来工作对职业能力与素养的需求，以此定位课程内容的要求，并建立高职教育的培养框架，确定专业人才培养的课程内容定位与结构。其次，构建"学生本位"的课程体系，主要体现在：教学目标围绕当下需要与未来发展，内容标准体现工作实际与学生能力发展，教学建议充分考虑学生能力特征与职业教育教学的内在规律，质量标准突出学生在职业教育学习中的具体表现，关注学生的专业能力与职业素养形成水平。最后，选择"学生本位"的课程开发模式与组织框架。职业教育现代化要求课程开发模式与组织框架的创新与变革，超越传统课程开发模式，"学生本位"的课程开发要将分析专业工作系统和模式与研究职业能力相结合，在吸取工作任务分析法等课程开发模式经验的基础上，以学习心理与学习行为研究为辅助，形成一系列体现工作发展趋势、适应人才成长要求的逻辑化系统课程框架。

4."学生本位"实施教学改革

现代高职教育教学改革应做好以下几方面：

一是开发"学生本位"的职业教育专业教学标准，通过充分分析教学目标，厘清课程内容结构，选择适合学生的学习资料，进行合理编排，明确学生的课程参与、评分的要求。从学生实际与教学需求角度安排教学内容与教学日程等，明确教与学双方的责任，并据此分配学习和教学时间投入。

二是从"以教定学"向"以学定教"转变。伴随着教育理念的更新，信息技术的迅速发展及其与教育的深度融合，"以学定教"成为可能。高职院校相关教学设施、设备以及活动都将实现数字化，或者物联网化，教学活动过程中所产生的学习数据传递到数据采集与分析中心，形成连贯、连续、覆盖师生全学习过程、工作过程的数据。基于学习数据分析，为学生的综合能力与职业素质、职业倾向等内容做出判断，帮助学生深入了解自己，为学生提供学校与课程多元选择性，优化学生的选择效果，从而实施面向个体的精准化、个性化、适应性教学，提升学生的学习效率与学习质量。

三是根据职业教育教学规律与特征，充分利用案例教学法、头脑风暴教学法、项目教学法、任务教学法等现代教学方法，设计"以学生为中心"的教学活动，引导学生充分进入课堂、参与课堂，不断激发学生的学习热情，创造开放、生动、高效的高职教育课堂。

5."学生本位"配置教育资源

在推进高职教育现代化的进程中，建设充足、优质、公平的教育资源是基础。"学生本位"配置教育资源，意味着围绕学生的学习与成长需求，建设一系列服务于教学的教育资源，包括教学设施设备、师资队伍、课程与教学条件以及课内外活动等等，因此教育资源既有实物化的，也有以数字化方式存在的。实物化职业教育资源应充分考虑资源的有用性、学生接触和使用的便利性以及充足性，确保资源是为学生所建、为学生所用，提升资源的有效性与效率。数字化教育资源将在实现"以学生为中心"的资源配置过程中产生更加积极的作用，通过信息共享的方式，一方面让学生有机会接触各类优质资源，实现教育思想、教学理念、教学经验的分享；另一方面，利用信息技术和人工智能手段，对学生的学习需求与学习行为进行分析与研究，针对学生需求安排和定制教育资源方案，开发相应的教育资源，并有针对性地推送个性化的优质资源，实现真正的"学生需求中心"。

6."学生本位"实施质量评价

人才培养质量本质的回归在于对学生本身的关注，"学生本位"人才培养质量评价重在全面、深刻地反映学生的学习成就与身心发展。人才培养评价反映人才培养的本质特征与需求,是评价的要义。

一是开发体现"学生本位"高职教育人才培养质量标准。从理解高职教育促进"人的全面发展"这一基本逻辑起点出发,从高职院校学生面向未来工作世界与未来生活的各方面,包括基础知识与职业技能、社会能力与问题意识、创新意识与实践能力、合作意识等,从专业层面开发人才培养质量评价框架与标准。

二是以提高学生学习水平与促进学习能力为质量评价的重要取向。高职教育人才培养质量评价首先要重点关注和理解学生的学习过程,厘清学生学习行为、技能训练与背景之间的联系与结构,描述学生理解知识,获得技能、发展个人能力以及培养过程的轨迹,进而获得能够体现学生知识、技能与素质等方面综合发展的证据,通过收集学生发展证据并转化为数据,利用科学评价工具,对学生学习情况进行评价。在确定学生学习程度与水平的基础上,根据学生发展和未来世界发展趋势,基于评价结论为学生的后续学习与发展提供科学、准确的学习建议与方法指导。

三、坚持教师主导

教师和学生作为教学活动的两大基本要素,其关系直接影响着整个教学进程以及学生的个体发展,因此,师生在教学活动中的关系和作用一直是教学理论研究的重要内容。在经历了"教师中心"与"学生中心"的两极摇摆,以及"双主体"论的混沌不清之后"教师主导,学生主体"冲出迷障,成为普遍遵循的教学原则[①]。

学生是学习成长中的主体,教师是帮其成长的助手。在教学过程中,教师主要是做知识的传授者、教学的设计者及组织者,最大限度地引导学生参与教学过程,为学生创造获取知识与技能的条件,调动学生学习的积极性,使学生处于学习的主体和主动地位。

(一)高职院校教师主导内涵

"教师主导"是教师角色定位的体现,具有丰富的内涵。教师不再是传统意义上的知识与技能传授者,转变为学生知识与技能获取的指导者、帮助者[②]。当学生感到信息缺乏、迷失方向时,教师充当引路人。一方面,教师转变为学生学习的促进者,激发学生的学习动机,指导和促进学生建立起正确的学习动力系统和学习方法系统,使学生真正达到想学、会学,同时,鼓励探索精神和创新思维;另一方面,

---

① 贾彦琪,汪明. 教师主导:摒弃抑或深化[J]. 江苏高教,2017(6):51-56.
② 刘继萍."教师主导 学生主体":一个经典公式正当性的论证[J]. 北京师范大学学报(社会科学版),2015(4):25-33.

教师转变为教学的设计者和组织者，创造宽松、合作的环境，让学生通过自己的学习活动来发现掌握新的知识与技能。教师要重视理论与实践的结合，以培养学生能力为中心，充分利用现代化的教学手段和各种教学策略，兼顾师生间互动。

1. 主导是教师主体服务性的表现

无论教师教什么和怎么教，根本目的即为"学"服务、为学生的"认识"服务。学生"认识"的过程中，教师的作用并不是强制学生的思维与行为，而是以服务者的姿态引导学生更有效地开展学习活动。极致的教师主体性的片面之处正在于不承认教师主导作用的服务性，从而否定了学生主体性；而极致的学生中心的片面性则在于把主体性抽象化，消极地追随、迁就学生当前的兴趣、要求和能力，实际上并不代表学生的根本利益和真正的主体意志。

2. 主导是学生发展的外因

主导作用的发出者是教师，于学生而言，是否能真正从心理和行为上接受这个主导力，最终的决定者不在于教师而在于学生自身。教师作为教学主体的主导作用是有意识、有计划地争取学生，并不是教师主体的必然反映，教师只有正确认识了自身和教育中的各种因素，正确反映了学生的身心发展规律和水平状况，有效呈现了教学内容才有可能真正发挥主导作用。教师虽然是外因，但在一定条件下，它可以成为左右学生发展方向的主导力量，起到决定性作用。教学实践中，部分教师认为对于成熟度较低的学生而言教师的选择和措施不仅正确而且有效，因而误认为自己是学生发展的根本原因，从而将自己的意志强加于学生，使学生成为完全的被操纵者。由此可见，为了使学生得到主动发展，教师"应理直气壮地发挥主导作用，但全部的主导作用应限制在发挥外因作用的范围内"。

3. 主导是对学生主体地位的强调

对于学生发展而言，教师在教学认识过程中起主导作用，最真实的主宰还在于学生这个主体自身，尽管有时学生表现出跟随与屈从，但整体而言，教学质量和学生的发展并不是这类跟随与屈从所能真正决定的。恰恰是作为主体的教师有意识地、主动地发挥主导作用，引导教育对象，将学生作为教学认识活动主体的自主性、能动性、创造性发挥出来，才能更有效地促进学习。教师主导并不会逻辑地推导出"教师主宰"，将师生不平等思想的根源归因于"主导主体说"也就不能成立。教师与学生本来就是人格平等但教育地位不对等的人群，"把握方向和控制过程的是教师，选择方法和协调内容的是教师，了解学生需要和身心发展规律的是教师。因而，教育实践中压抑、灌输、强制等不良教学行为的出现，在一定程度上恰恰说明了"如何导"这一问题的研究更具有迫切性。

（二）高职院校教师主导现实困境

当前，高职院校教师主导仍然存在着对教师主导论认识过于粗放和笼统，将教师的"主导作用"理解为"为主、控制、决定"等作用，导致脱离对学生主体作用的尊重和调动，而单向表现或落实教师的作用，导致在教学的所有活动或环节由教师支配、控制学生，没有从与学生主体作用关联的视角，界定教师主导作用的含义，尤其是没有具体分析教师主导作用到底是如何引起和促进学生主体作用的、教师主导作用与学生主体作用在教学过程中是如何统一的。

1. 教师主导论认识过于粗放和笼统

首先，对教师主导作用方式的单一化理解，认为教师发挥主导作用的主要方式是讲授，因此，强调在教学过程中要以讲授为主。其次，将教师发挥主导作用与教师活动占据教学过程的主要时空相混同，认为主导就是教师活动尤其是教师单向活动要占据教学的主要时空，在教学过程中，没有给学生独立、主动学习的时间和空间。最后，认为教师所发挥的所有作用都应该是主导性的，导致教师在面对学生时，总想着要主导学生，因此不愿也不敢放手让学生独立、主动地学习。

2. 与学生的主体作用关联性不强

理解教师主导作用最为关键的问题在于教师主导作用是如何引起和促进学生主体作用的。然而，许多教师并没有从联系学生主体作用的角度去深化理解教师主导作用的含义。这主要表现为：首先，主导与主体关系不对称。因为，主导的对立面是被主导，主体的对立面是客体，教师主导作用与学生主体作用之间的差异和联系并未厘清。其次，认为承认教师的"主导"作用必须是以承认教师的主体地位为前提，事实上，真正有效的教学过程，要求教师和学生各自均应发挥主体作用。最后，认为"学生主体作用"是指学生作用或学习活动要占据教学过程的主要部分，这种情况下"学生主体作用"与教师主导作用仍然不构成对称关系。

3. 脱离教学实际界定教师的地位和作用

教学中师生地位和作用是通过相应的活动来体现的，或者说，在不同的活动或环节中，师生占据的地位和发挥的作用是不同的，因此，不能脱离具体的活动来判定师生的地位或作用。当前，许多教师并没有从教学过程来分解教师发挥的作用，认为教师主导即不能出现教师起"为主、支配、决定、控制"等作用。实际上，要准确地描述师生的地位和作用，需要首先清晰地理解教学活动的结构，然后针对特定的活动和环节谈论教师和学生的地位和作用。因此，严格来说，不能笼统地以"教师发挥主导作用"作为对教学过程中的教师作用的一个总的判断。

(三) 高职院校教师主导实施路径

1. 实现"教师主导"和"学生主体"的统一

"教师主导"和"学生主体"作为一对矛盾统一体，其关系问题一直是教学研究的焦点。首先需要明确的是，教学的最终目的是促成学生主体性的全面发展，使学生成为一个独立自主，且富有创新精神的个体。因此，教师的主导应当永远建立在学生的主体性基础上，并服务于学生主体性发展。活动是人之主体性生成的根源，教师的主导作用就是要设计合乎学生兴趣需要和认知结构的主体活动，以"教"来唤醒"学"，让学生主体长期处于激活状态，不断对外部刺激进行内化和外化，防止"教师主导"走向主宰，归于低效[1]。

为了更好地通过"教"引起学生的主体活动，教师一方面需要对学生进行深入研究，充分了解学生的心理及认识发展规律，并把握学生主体性的特点和表现方式[2]。因此，教师在设计教学时，必须结合学生的已有经验，按照知识内蕴的认识方式，将其展开进而构建学生主体活动，并且根据学生主体性在不同教学情境和任务下的具体表现，调整主导策略，使学生主体性随时处于激活状态。另一方面，教师还要通过自身主导作用的发挥，努力完善学生的主体结构，提升"教师主导"的服务层次。

2. 落实"教师主导"促进深度学习

自主、合作、探究的学习方式强调教师要把课堂还给学生，要更多以引导者、咨询者和合作者的身份出现，进而彰显民主平等的师生关系。信息技术的进步，丰富了信息呈现的方式，拓宽了学生获取信息的渠道，打破了教师的知识权威地位，同时也为学生的独立性和个人化学习提供了条件。面对这些情况，教师要进一步深化自身的"主导"作用，带领学生由表层学习向深度学习跃升，以回应时代变革为教学带来的种种影响，实现深度学习[3]。所谓深度学习是指"在教师引领下，学生围绕着具有挑战性的学习主题，全身心积极参与、体验成功、获得发展的有意义的学习过程"[4]。其发生的一个重要条件就是教师对教学内容的挖掘和对教学过程的设计，教师要通过组织教学活动，引导学生建立新旧知识之间的联系，寻找知识内蕴的价值，并尝试将知识运用于具体情境中，最终实现知识的活化。另外，深度学习还特别强调学生情感的实质性参与，比如激发学生的学习愿望，鼓励学生的质疑

---

[1] 王策三. 教学认识论 [M]. 北京：北京师范大学出版社，2002：114，120-121，135-138.
[2] 陈佑清. 教学论新编 [M]. 北京：人民教育出版社，2011：302.
[3] 杨子舟. 从浅层学习走向深度学习 [J]. 教育探索，2016（7）：32-35.
[4] 郭华. 深度学习及其意义 [J]. 课程·教材·教法，2016（11）：25-32.

批判，给予学生及时的评价和适时的肯定，这些都是依靠学生独立探索，或者借助技术难以实现的，必须诉诸"教师主导"的力量，是"教师主导"作用发挥的又一着力点。

3. 兼顾赋权增能确保"教师主导"作用发挥

教师赋权增能不仅为课程改革和教师专业发展提供了新的思路，同时也有可能用于指导教学工作的开展。而且，随着学生主体地位在教学改革过程的日益凸显，"教师主导"似乎成为妨碍学生主体性达成的首要障碍，不断遭致质疑和弱化，另外，教师在面对新理念时也常常表现得力有不逮，此时强调对于教师的赋权增能就显得尤为必要[①]。

"赋权"和"增能"是不可分割的整体，既不能"有权无能"，也不可"有能无权"，所以，若想增强教师的教学热情，增加教师对教学的投入，进而提升教学质量，首先就要赋予教师一定的权利，肯定并鼓励其发挥主导作用。充分信任教师，重塑教师主导可以说是教学改革深广发展的必由之路。与此同时，为了教师能够更好地发挥主导作用，不使其演化为教师主宰或流于形式，还要有意识地提升教师的教学能力。因此，在赋予教师教学自主权的同时，还要引导教师不断反思，并为其提供必要的外在支持条件，以促进教师的专业发展。只有教师的能力提升了，且具备规划课堂的权利，他才有可能更为灵活、充分地发挥其主导作用，适应不同的教学情境和学习需求，最终将学生潜在的主体性变为现实的主体性。

四、坚持以学定教

"教学"的本真不在"教"，而在"学"，学习是教学的本源性活动，如果没有学生的学就不称其为教学。从教学来说，促使学生有效地学习是教学的目的，而对学生的个体学习来说，学习过程就是目的，"学习是一种过程性的活动，其目的蕴含在自身的活动过程中"[②]。学生自觉地参与学习，形成对学习的兴趣、热情、意愿、爱好就是学习的目的。"以学定教"确定了学习的本体性价值，将教学的关注点由教师的教转向学生的学，从突出学习的本体价值角度构建学和教的关系，"学生能动、有效的学习活动开始成为课堂中的本体性或目的性活动，而教师的教导活动，则成为引发和促进学生能动、有效学习的条件性或手段性的活动"[③]。

---

① MICHALINOS Z, ELENA C. Modeling Teacher Empowerment: The Role of Job Satisfaction [J]. Educational Research and Evalustion, 2005, 11 (5): 433-459.
② 罗祖兵. 学习独立性的意蕴及实现 [J]. 全球教育展望, 2013 (3): 31-38.
③ 陈佑清. 构建学习中心课堂——我国中小学课堂教学转型的取向探析 [J]. 教育研究, 2014 (3): 96-105.

"以学定教"是对教与学关系的价值重构①,意在改变传统的"教师教,学生学"的传导式教学过程,从以学习为中心的教学立场构建新的教学过程,重视教学中学生的有效学习活动,以学生的有效学习作为教师教导的基点和目的,通过"学生学,教师导"的引导式学习过程培养学生的能动自觉、自主有效的学习能力。"以学定教"对教与学关系的重构具有深度教学意蕴。

(一)高职院校以学定教内涵意蕴

"以学定教"指的是教师以学生的经验基础、学习愿望、已有知识水平、思维方式以及学习习惯为内在依据和出发点,有针对性地设计教学,并在教学过程中随时根据学生学的状况实施教,做到有的放矢。"学是教的起点,也是教的终点,也是界定教的质量的圭臬。"

1. 学生的"学"是教的目的

在教学活动中,"教"本身不是目的,教是为了促进学生更好的"学"而存在和设计的。"教育是直接以促进学生健康发展为目的的专门的人类社会实践活动"。② 教育的本质和教学活动的价值旨趣在于促进学生的身心发展和更好的学习,也就是说一切教学的初衷都是引导和促进学生意义学习的发生与习得。从教学产生与发展的历程可以发现,一方面学习活动是先于教授活动而存在的,另一方面,为了推动学习活动的发展,专门化的教学应运而生。也就是说,学的活动是先于教的活动独立存在的,之后为了更好地促进学,才出现了专门化的教,教授活动也随之逐渐完善起来。教学活动由教师(教授者)、学生(学习者)和教学内容三要素所组成,其中教师和教学内容都指向学生的学习,围绕学生的学习来组织、设计和实施的。此外,重视对"教"的研究,主要是为促进学生更好地学习,为了在课堂教学中让学生的学事半功倍。

2. 学生的"学"是教的依据

在教学活动中,教什么和怎么教,都要围绕学生的"学"来展开。首先,教学内容的组织往往考虑三个方面,即社会发展需要、知识逻辑结构和学生的特点,但是,这三者之间最终都以学生是否想学、能学为依据③。社会要求与基本规范以及课程与教材的逻辑体系,都需要依据适应学生学习的心理逻辑结构来展开。教学方法、教学模式、教学组织形态的选择和运用,都必须以熟知学生学习规律和心理逻辑为内在依据,如此,教才会对路、有效,学生才能真正学到、学会、学好,将学

---

① 刘桂辉. 论"以学定教"的教学意蕴及实现[J]. 教育理论与实践, 2016(11): 52-54.
② 周洪宇. 以新人文精神引领教育未来[J]. 新教师, 2015(6): 5-6.
③ 刘旭, 苟晓玲. 从摇摆到统一:教与学的关系辨正[J]. 现代大学教育, 2021(2): 16-23.

生的心理逻辑结构和知识逻辑结构辩证整合起来。

3. 学生的"学"是教的归宿

衡量与评判教的成效与结果，需要从学的方面来考量，学的如何充分体现着教的好坏、教的水平、教的质量。也就是说，学是教的落脚点。教学的结果与成效，最终都要通过学生的进步，包括情感态度的转变、知识的增长和学习能力的提高得以体现。没有学生的进步，教会变得毫无意义。在教学现实中常常有教师感慨，自己在兴致勃勃地教，而学生的反应却冷冷清清。也有教师表示自己认认真真、呕心沥血地备课、上课，换来的只是"众人皆醉我独醒"的场面，讲台下的学生多昏昏欲睡，百无聊赖，此种情况不胜枚举。这些正是从反面生动地表达了学是教的归属这一朴素道理。

（二）高职院校以学定教现实要求

"以学定教"不仅从关系层次上重构了教与学，也引导着教学过程的实践转向，从教师的预设性教学走向学生的生成性教学，突出学生学习活动的引起、展开、发展、评价的过程。"以学定教"不仅要求教师转换教学思路，从关注"怎样教"转为关注学生"怎样学"，更应从实践操作上掌握"以学定教"的教学要求。

1. 教学目标体现以生为本

"教学目标是教学行为所追求的预期结果在主观上的超前反应。[①]"教师在设置教学目标时，一般会从教的角度对自己的教学行为结果进行主观预设，因而教学目标体现的是"教"的目标和要求。有的教师甚至在设置教学目标时以"方便教"作为教学原则，通过教能实现的内容即纳入教学目标，不方便教的内容则不予考虑。教师在设置教学目标时只有"教情评估"但没有"学情评估"，这往往会导致教学目标和教学实施的脱节；或者教学目标要求过高，导致教学过程的揠苗助长；或者教学目标要求过低，导致学生学无所获。这两种情况都会造成学生低效发展的结果。"以学定教"要求教学目标的设置遵循"以学生发展为本"的原则，教师在设置教学目标前应进行充分的"学情评估"，根据教学经验和教学观察获知学生的知识水平、学习特点和发展需求，从学生已有的发展现实出发设置可能实现的发展目标，弱化教学目标的预设特点，突出教学目标对学生表现性行为和生成性行为的观照。

2. 教学过程实现动态生成

教学过程的活动体系由教导活动、学习活动及两种活动的互动机制构成。教导活动和学习活动在活动形式上存在差异，教导活动一般由教师在教学过程之前预设

---

① 李保强. 教学目标体系构建的理论反思 [J]. 教育研究，2007（11）：53-57.

好,而学习活动更多在教学过程中生成。因而,教学过程的生成性主要通过学习活动的生成实现。"以学定教"对教和学的互动关系理解为"教是促进学生能动有效地学的条件,学生能动、有效地学是教师教的目的"[①],学习活动必然成为教学过程的核心活动。学习活动是一种过程性的活动,受学生的个体差异、身心状态、互动形式、人际氛围等众多因素影响,因而学习活动具有很强的随机性特点,教师感到"以学定教"难以操作的原因正在于此。而很多随机性的学习活动往往是良好的教育契机,体现着学生的思维发展和行为创新,具有超出教师教学预设的生成价值,教师要以过程性的思维分析学生的学习活动,判断随机生成的学习活动是否对学生具有发展价值,鼓励和支持学生意外生成的思想观点和学习行为,并根据学生学习活动的需求调整自己的教导行为和教学组织方式,使预设的"教"随着不断变化的"学"进行调整和更新,从而使教学活动成为动态的、生动的过程。

3. 教学主体进行交往互动

教师和学生之间角色关系的调整是"以学定教"对教与学的功能关系重构的前提,教师和学生在角色地位上平等才能保证"以学定教"的实现。教师的教应是建立在师生角色平等基础上的"教导","教师对学生的教导主要是通过与学生之间的交往而发生的,或者说是发生于师生之间的交往之中的"。学生的学习也是在与教师和其他学生之间的交往中实现的。从这个意义上说,教导和学习都需要在交往中才能发生作用。"教师教,学生学"的传导式教学是缺乏交往基础的单向性教学,在这种教学形式中,教师是教的主体,而学生学的主体地位式微。"以学定教"将学生学习和教师教导作为互为对象性的活动,以交往作为师生互动的基础,学生作为学习主体的地位得到了肯定和支持。教师应将教导视为交往性活动,在教学中营造理解和沟通的教学氛围,为学生的有效学习提供支持性条件,再通过教导激发、引导学生自主、能动地学习,使教和学之间的关系由"授"与"受"的单向性关系转为"导"与"学"的交往互动关系。另外,教师也要为学生之间的交往创设条件,组织小组合作学习、同伴互助学习、集体学习等教学活动形式为学生提供交往学习的空间。

4. 教学评价体现发展追求

"以学定教"不仅指根据学的过程确定教的过程,同时也指根据学的效果评价教的效果,学习评价是"以学定教"教学评价的主要内容。因为学习是动态的生成过程,传统以获取结果为目的的一次性操作评价无法真实、全面地反映学生的学习效果,所以教学评价应将评价过程和学习过程结合起来,体现教学评价的过程性特

---

① 陈佑清. 教学论新编 [M]. 北京: 人民教育出版社, 2011: 303.

点。教师应将教学评价作为贯穿整个教学过程的持续性活动，关注学生的学习过程，留心收集学生学习过程中的信息作为评价素材，并对学生在学习过程中的表现进行即时评价。教学评价以促进学生有效发展作为价值追求，关注学生整体的、全面的发展，学生在学习过程中的思维过程、学习方式、情意体验都应是教学评价的内容。评价内容多维才能保证真实、完整地判断学生的发展情况，为学生的学习和教师的教导提供有参照价值的反馈信息。教学评价实施应有多元主体参与，教师应激发学生自我评价的意识，并赋予学生参与教学评价的权利。学生在学习过程中的自我评价、相互评价不仅能为学生的学习活动提供直接反馈，而且能提高学生对学习的自我意识和参与主动性。

（三）高职院校以学定教实现路径

1. 学前引导，先学后教

先学后教是对传统的先教后学的传导式教学的颠覆性改革。先学后教的最大特色就是把学生的学置于教师的教之前，让学生的自学成为课堂教学的起点。也就是说在课堂教学中，教师不要先讲，先让学生自学；学生学习之后，教师依据学生的学习情况以及学习中遇到的问题进行点拨和解答。实施先学后教的策略，首先，要制定学前引导的方案，对学生的学习发挥"导"的作用，方案要包括学生的学习目标、学习内容、学习方法、学习步骤、学习资源以及课后作业，为学生提供针对性的学习上的指导，使学生明确知道为什么学、学什么、怎么学，引导学生进入自主的学习状态，提高学习的有效性。其次，要对学生的学进行学中指导。教师要密切观察学生在学习过程中的状态，当学生遇到学习困难时，教师可以适时点拨、指导，给予必要的帮助，成为学生学习活动的协助者、促进者、组织者与合作者。最后，开展有针对性的"后教"。对于学生学习中出现的一些问题，帮助学生分析和解答，帮助学生共同厘清问题，解决他们思想上的困惑"点"，"纠"学生行为上的偏差"点"。实施学前引导，先学后教，把学习的主动权真正还给了学生，激发了学生的学习兴趣，增强了学好的信心，也给了学生更多的体验和感悟。

2. 构建学习中心课堂，多学少教

多学少教指的是教学要将学生的学习引向积极的境界，以实现"多学"，而教师则启发性、引导性地教。多学少教实现了从全面依靠教师的教向更多地依靠学生的学的转变，有助于减轻教师教学负担，把主要精力放在学生凭既有水平难以学会的内容上，提高教学的效果。首先，教师要激发学生积极学习。要通过对学生学习自主性和主动性的激励，突出学生在教学中的主体地位，突出"学生的声音"占据

主体，凸显高职教育实践教学。其次，教师要引导性地教。在课前对学生进行学习引导，在课中组织形式多样的学习活动，使学生的学习活动成为整个课堂教学过程的中心，成为教学的目的性活动，使学生的学习活动产生直接指向教育目标、课程目标和教学目标的效果。最后，教师的教要有限度。教师要在学生具有学习需求的时候及时伸出援手，给予引导或引领。传统的观念认为，教师讲得越多，学生学得就越好。高职专业课程具有不同于其他教育类型课程的特点，需要学生自身实践操作，应当给予学生更多思考、感悟、实践、实操的时间。教师的教要有限度，教的目的主要在于积极调动学生学习动机，使学生产生更多学习行为。

3. 把握学情，会学不教

会学不教指的是学生已经掌握以及学生能够通过自身的学习掌握的知识与技能，教师可以不教。在高职专业课教学中，部分教师存在一些错误认识，总是倾向地认为学生是知识与技能的接受者，教师只有通过教才能使学生掌握系统的知识与完整的技能。这种认识夸大了教师教的作用，最终导致忽视或无视学生的学。其实，学生在学习专业课程时，已经具有一定的认知水平，积累了一定的知识经验，尤其是现代互联网使学生获得信息的渠道更多，扩展了学生的视野，教师在教的时候，教师讲的内容学生可能已经完全掌握了，知识与技能的重复学习使得学生学习积极性不高。此外，课堂教学的内容有难有易，有些教学内容通过学生自主学习就能够深度理解和掌握，而且通过自主学习获得的知识有利于学生消化、吸收与内化知识。所以，对于学生能够自主学习的内容教师应学会适度放手。要做到会学不教，需要注意三个方面：首先，要充分了解学生的"学情"，包括学生的认知、个性、知识基础、接受水平、理解能力等，做到心中有数，依据学情确定教学内容、开展教学，提高教学的适宜性。其次，对于学生已经掌握的理论知识与技能知识，要把它作为基点，引导学生朝更高的学习目标前进。最后，要鼓励学生在学习的过程中大胆展示自己，采取恰当的方式及时予以纠正和正确引导。

五、坚持发展性评价

发展性学生评价作为一种现代教育理念，其评价的功能与目的侧重于学生的发展，把发展作为出发点，促进学生知识、能力、态度及情感的和谐发展，改变以往片面强调教育为社会发展服务的观念，确立教育促进社会发展和人的发展相统一的价值取向。同时，发展性学生评价强调的发展是全面的发展、面向全体学生的发展①。

在高职教育中，坚持发展性评价，使学生评价不仅能关注学生的学业成绩，而且能发现和发展学生多方面的潜能，了解学生发展中的需求，帮助学生认识自我，建立自信，明确努力方向，从而充分发挥学生评价的教育功能，促进学生在原有水平上不断发展。准确、科学、全面地评价学生，既是高职教育工作者职业能力的重要组成部分，同时又是实现高职教育目标的必然要求。

（一）发展性评价理念蕴涵

1. 问题的缘起

学生评价是指依据预先设置的学生评价目标（或评价标准），采用不同的方法对学生的学业成就作出评判。其主要手段包括考试、测验和作业三种形式。三种形式按时段又可分为"总结性评价"和"形成性评价"②。"总结性评价"在教育教学中的地位不容否定，有其特殊功能；"重视教育评价的形成性功能是教育评价历史发展中的一大进步"③。

作为教学的关键环节，学生评价发挥着重要导向作用，从根本上影响着学生对学习内容和方式的选择。然而，传统的学生评价"只重学习结果的评价，而忽视了过程发展的关注"，主要表现为内容局限、题型呆板、方式单一等，制约着人才培养质量的提高。20世纪80年代以来，针对上述问题，各相关学科流派纷纷诉求评价理念与实践转向，不约而同形成强调"关注过程，以人为本"的教育教学理念及注重人的全面发展的评价理念的新突破。当下，重视形成性和发展性评价已成为"现代教育评价的发展趋势"，这种评价强调学习过程，重视评价的反馈机能，其目的在于建立适合教育对象的教学④。基于"发展性评价"理念的学生评价"强调有效发挥评价的改进和促进功能，促进学生潜能、个性、创造性的发挥，促使学生全面发展"。

2. 理论支撑

建构主义、多元智能理论、教育人类学等作为当代具有代表性的新型理论思潮，其评价观很好地支撑与诠释了"发展性评价"理念。

建构主义的评价重点，在于知识获得的过程，强调怎样建构知识的评价比对结

---

① 黄斌，黄华. 高职学生发展性评价体系的构建与探索 [J]. 中国高教研究，2006 (2)：60-61.
② 王斌华. 学生评价：夯实双基与培养能力 [M]. 上海：上海教育出版社，2010：68.
③ 陈玉琨. 教育评价学 [M]. 北京：人民教育出版社，1999：20-21.
④ 单志艳. 如何进行教育评价 [M]. 北京：华语教学出版社，2007：10.

果的评价更为重要。"立足过程、促进发展"成为这种评价思想的集中代表[①]。评价重心由只关注结果向形成性评价、促进性评价兼容的方向移动。多元智能理论评价观认为，要求制定多元化的评价标准，选取多层次、多样化的评价内容，同时要求教育评价的实施主体和评价方法多元化，以适应人才发展多样化的需求，进而充分发挥评价的激励功能和促进作用。基于教育人类学的评价观，被认为是一种全新的视角与趋势，它要求在评价标准、评价过程、评价方法及评价结果的处理上都要有利于人的全面发展和文化的传承，相对于传统的教育评价而言，教育人类学关注人的发展性评价，更注重人文关怀。

通过哲学、心理学、教育人类学等多维度的探寻，集中概括出当代评价理念应遵循发展性、过程性、全面性、人本性等特点，而这正与"发展性评价"不谋而合[②]。

3. 理念之蕴涵

发展性评价是以充分发挥评价对学生学习与发展的促进作用为根本出发点，以融合教学与评价为基础和核心，在关注共性的基础上注重个体的差异发展，通过系统地搜集评价信息并进行分析，对评价者和评价对象双方的教育活动进行价值判断，实现评价者和评价对象共同商定发展目标的过程。它具有以下特征：

一是评价主体多元化。评价者不应仅是教师、学生本人，还包括管理者及与其学习成长相关的人等。因为多元评价主体可以为学生成长与发展提供多角度、多层面的评价信息。而且多元评价主体要与被评价者之间形成双向互动或多向互动，在平等、民主的互动中关注和满足被评价者的成长和发展的需要。同时，被评价者成为评价主体，也有利于提高被评价者的主体地位，发挥自我评价、自我教育的功能，促使被评价者健康成长与发展。

二是评价内容多样化。创新人才培养以学生的全面发展与健康成长为根本目的，在考查学生知识获得与技能获取的同时，评价体系中有机地增设情感态度与价值观的变化、创新意识与实践能力、分析与解决问题的能力、合作精神与协调能力等方面的评价指标，实现对学生全面的评价与引导。

三是评价注重过程性。发展性评价强调收集并保存表明被评价者发展状况的关键信息，对这些信息的呈现和分析能够形成对被评价者发展变化的认识，并以此为基础有针对性地对被评价者提出激励或建议。

四是强调评价的人文关怀。发展性评价强调，评价者与被评价者应具有共同的价值取向，对被评价者的发展特征的描述和发展水平的认定，必须是评价者和被评

[①] 罗仙金. 简析建构主义教育理论及教学方法 [J]. 福建教育学院学报，2003：90–91.
[②] 何云峰，李长萍，赵志红. 基于发展性评价理念的"五维一体"学生评价创新 [J]. 中国大学教学，2011（2）：61–63.

价者共同认可的,体现平等、民主、协商等的特点,强调人文关怀和人的和谐发展。

(二) 高职院校坚持发展性评价必要性

1. 促进学生全面发展的需要

探索和创新高职学生评价的内容和方式,建立高职学生发展性评价体系,其根本目的在于帮助学生识别自己的强项和弱项,激励学生向个性化、多样化方向发展,为高职学生的健康成长提供一个具有促进性、激励性的机制,使更多的学生在成长过程中不断体验进步与成功,不断有机会反思自我、认识自我、树立自信、拓展个性,使接受高职教育的每个学生的潜在优势得到充分发挥,进而促进智力、体力的协调发展,最终实现学生全面发展。

2. 促进学生终身发展的需要

改变传统的评价尺度,不以学业成绩作为唯一衡量标准,拓展学生评价的内容,在鼓励学生全面发展的同时,提倡学生彰显个性和发挥特长,以此引导学生个性化发展,促进学生全面成才。从小处看,它关系到学生在校期间的精神面貌和努力方向。从大处讲,学生在发现自己的优势所在后,会更主动地保持优势;学生在体验成功之后,会更积极地为下一次成功努力,为追求被社会、被他人认可和尊敬的心理体验,他们将在人生道路上保持积极进取的心态,这必将为其终身发展奠定良好的根基。

3. 满足学生张扬个性的需要

高职教育与普通教育相比,在学生的智力发展、能力培养等方面既有许多共性之处,又有一些高职教育自身的个性特点。由于面对这特殊的生源主体,高职教育应有与之相适应的学生评价内容、标准、方法和模式。另外,高职教育培养的是面向生产、建设、管理和服务一线的高素质技术技能型人才,除要求掌握必要的专业理论知识,更强调动手实践能力的培养,更重视职业道德、敬业精神、团队精神、创新创业等能力的培养。因此,对高职学生的评价,应当体现高职教育的这些特点,反映经济社会发展对高职教育的需求,满足学生的多样要求和个性发展的期盼,最大限度地满足学生张扬个性的需求,促使每个学生顺利成才。

4. "以人为本"教育理念的具体体现

"以人为本"的核心在于对人性的充分尊重和肯定、对人的潜能与智慧的信任,从而最广泛地调动人的积极因素,最充分地激发人的创造活力,展示本色人生。以人为本,就是要以学生为中心,主动为学生提供宽容、支持、和谐的人文环境,充分尊重学生个体差异,突出学生个性发展,发掘学生创造潜质,让学生感受到生命的价值和生活的乐趣,培育学生具有完整人格。以人为本,就是要从高职学生的实际出发,满足他们的合理需要,相信学生、依靠学生。所以,倡导"以人为本"的教育新理念,有助于满足高职学生的精神需求,提高高职教育的针对性和实效性。

(三)高职院校发展性评价困境分析

长期以来,对于学生的评价大多是以鉴定为目的的终结性评价。这种评价已不能适应新形势下社会对高职人才的高规格、多样化要求,主要表现在以下四个方面:一是评价功能单一,过分强调评价的甄别、选拔、鉴定功能,忽视其教育、改进、反馈与激励的功能;二是评价标准单一,评价的内容过多地限于学业成绩,很少涉及学生的多元智能,更少提高到情感、道德、能力、思想等层面上;三是评价的主客体单一,"始终呈现他评"的特征,忽视了被评者的作用;四是评价时效单一,过于强调终极性评价,忽视过程性评价等。这种评价难以全面、系统、准确地对学生的个体发展状况进行跟踪评价,不能体现学生的动态发展变化。然而,高职院校实施发展性评价存在困境,深入表象挖掘其本质,主要有3个方面。

1. 发展性评价未被教育者普遍接受

什么样的教育观决定着什么样的评价观,而教育观又与教育者成长的经历、需要以及当前的教育环境氛围密切相关。虽然高职教师从理论层面对发展性评价的抵触较少,但从认识理论到认同理论,再到践行理论的距离尚远,因此,在具体的教育评价实践中,往往会不自觉地走上老路或导致"新瓶装旧酒",也就是说发展性评价尚缺少普遍实施的条件和动力。发展性评价并不是原有教育评价方式的简单完善、升级,而更像是一种更新换代、推倒重来。在原有的教育环境没有发生巨大变化、教育者的真实教育需要没有得到"跨越式"发展的条件下,要使一种新的评价观念为大家所接受,无疑还有一段很长的路要走。

2. 评价的权、责、利分配制约着发展性评价改革

一是评价权过分集中于教育行政。教育评价是一定制度规范下的行为。发展性评价的实施往往需要多种评价主体如教师、学生、专家、家长、教育管理者等共同参与。由于对个体发展权利的强调,多元价值观念的产生与相互碰撞难以避免,因此,发展性评价的开展需要依靠共同商定的制度的保障。同时,发展性评价还需要在教育管理中体现应有的平等协商的学术管理特点。然而,当今的教育评价过于强调管理科层制,从评什么、如何评、谁来评以及评的结果如何运用等,都不是协商的结果,而是一种自上而下的安排,有时甚至不是一种稳定的制度实施,领导意志在其中起着重要作用。因此可以说,过于强调教育行政管理者、教育专家的权威就难以真正在评价制度上保证其他教育利益相关方的权利。

二是评价的责与利重在筛选而不重发展。传统教育评价立足于整个社会层面,

选拔是其主要职责,并根据选拔结果设计了一整套的利益分配机制,相应地形成了一种稳定的社会秩序。在这种评价制度中,评价者处于权威地位,它把评价作为一个工具运用,强调对评价对象的控制,以实现某一外在的功利目的。也就是说,教育评价的服务对象是指向教育之外的,这与发展性评价明显不同。发展性评价不再是对教育对象进行的一种价值判断,而是引领个体不断超越自我的意义构建与价值生成,评价的责任在于服务学生的发展。这种教育评价内在于教育,自然就难以实现传统教育评价的选拔功能[①],却可以达到"促进学生发展、教师提高和改进教学实践的功能"的要求。

3. 存在技术理论上的困惑及技术方法上的困难

发展性评价的概念是就教育评价的功能变迁提出的,它着重强调评价目的对人的发展应起的促进作用。它在操作理论上有两个问题尚未明确:一是发展性评价目标上是重预设还是重生成,应如何处理好它们之间的关系。因为它们都可以理解为发展,只是一个强调了预定发展方向,而另一个没有。二是发展性评价强调应如何保证评价的信度。发展性评价强调的是被评对象及教育利益相关人共同参与,并如何在评价的信度与效度中取得一种平衡[②]。此外,在具体的操作技术上,发展性评价还没有成熟的、可供直接使用的手段和方式。由此可见,如何从技术方法上实现评价的发展性目的,还需要一个长期的、不断探索的过程。

(四)高职院校发展性评价实现路径

1. 促进教育者评价观念转型

我国社会正处于快速的社会转型时期,经济发展迅速,社会的教育需求也体现为变化和多元的特点。教育的目的、内容和评价等都需要及时、敏感地关注到这种社会需求的变化,而不是固守着封闭的象牙塔;教育是一种关涉多个价值主体的统一活动,只有把诸多的教育相关责任和利益主体作为一个统一的评价主体,并不断保持信息的沟通和协调,才能为学生成长创设一个真正适宜的教育环境,为学生的发展提供有价值的反馈信息。只有在这种对社会需求的敏感关注中,在教育的责任和利益共同体间的充分对话交流中,教育者才会对现有的评价问题进行反思,才可能产生变革的紧迫感,教育者的评价观念才有可能发生转变,才可能真正形成促进学生发展的评价观。

---

① 康宏. 教育评价的价值反思与建构——基于规范认识的视角[J]. 现代教育管理,2011(4):82-85.
② 徐朝晖,张洁. 学生发展性评价的困境追问[J]. 教育理论与实践,2015(5):15-17.

2. 改革现有评价制度中的责、权、利关系

评价制度改革的滞后是当前发展性评价存在困境的关键。当前迫切需要重新梳理教育评价中责、权、利的关系，适当下放评价的权限，建立多主体参与的评价共同体；淡化评价的筛选功能，降低与筛选结果挂钩的奖惩机制，突出教育评价的发展责任；把促进学生发展的责与利适当挂钩，为学生发展性评价保驾护航。

3. 体现对个人权利的尊重和注重价值引导

一方面，我国传统文化中对等级秩序的默认和对个体权利的漠视由来已久，因此，确立个体正当的权利，形成民主、平等的观念必然是一个长期的、艰难的过程，它会牵涉到社会制度和文化等方方面面的变革。但教育并不是完全无能为力的。首先，教育需要教育者的自觉。教育者必须意识到，现存的制度文化（包括教育制度、评价制度）并不是客观规律，不具有天然的合理性，是可以改变的。其次，教育者还需要在具体的教育教学活动中时时践行这种对所有个体的尊重，不断反省自己是否对学生成绩的关注超过了对其整体发展的关注。不难发现，发展性评价与个人权利的尊重是互为因果的，教育可以并且应当促进这种良性循环。另一方面，在当前全球化时代，社会交流日趋频繁，各种文化价值观念不断发生着融合与碰撞，个体面临的发展选择也是多种多样的。这就需要教育者有宽广的视野和开阔的胸怀，以审慎的态度重新反思、校正教育评价的尺度，包容性地对待学生，既要尊重学生的价值差异选择，又要能够给学生以恰当的发展引领。总之，教师需要成为"学习的促进者"，帮助学生释放其潜能。这也正是发展性评价的核心所在。

4. 积极进行发展性评价的操作性研究

发展性评价的实施需要对一些评价的技术理论和方法问题进行充分的研讨和实验研究。一方面，可以借鉴一些先进的、成功的教育评价技术和方法，通过教育评价试点，使之本土化；另一方面，对现有的教育评价技术和方法可以重新梳理，在正确的教育理论指引下进行适当的改进。同时，鼓励教育者进行评价技术和方法的创新研究，使评价真正为促进学生发展服务。

六、本章小结

教学改革的真正意义在于通过教学体制与制度的改革，将先进的教育理念与教学观念转化为教学生活的实践形态和真实的师生生存方式。换言之，教学改革真正意义上的实现，表现为教师教学实践活动的改变。然而教师的教学实践活动都是在一定观念指导下进行的，因此，教师的教学观念及其变革不仅制约着教学活动的方方面面，也影响着教学改革的整体推进。但教学改革中的教师教学观念变革并非水到渠成、畅通无阻的，而是存在若干复杂矛盾与冲突。教师教学观念的冲突及源自观念的行为冲突，造成了教师在教学改革中的不同境遇，这些不同境遇直接影响着教师的生存质量与改革的发展进程。

现代教学的意义除了传授知识与培养智力，更要培养学生的社会性与情感，因此作为教师应清醒地面对教师的神圣职责并勇于承担起这份职责所蕴含的社会责任。并且，崇高的教学理想和纯净的教学情感与对个体发展的追求、对美好生活的向往并不矛盾，反而可以在具有真正意义的教学生活中相统一。因为自觉地对自我以及对教学本身冷静、客观、清醒的反省与反思，积极地对自身观念与行为进行规范与调整，是教师在教学生活中避免盲目与焦虑，提升教学质量和生命质量的必要和必须。

第四章

高职院校教学内容革命

常常听到教师抱怨，现在学风太差了，认真听课的少，低头玩手机多；也常常听到学生埋怨，现在教师讲课实在没有什么可听的，教师所讲的教材上都有，自己看书也可以。于是，学生和教学管理部门就认为，教师的教学能力（教学艺术）不足，难以激发学生的学习兴趣，接着就会开展很多提升教师教学能力的活动，试图通过教师教学艺术的提高来改变课堂教学沉闷的局面。

课堂教学魅力究竟来自何处？从加强学风建设和提升教师教学能力这两个角度是否可以带来师生都期盼的有活力、有实效、有回味的课堂？实践证明，课堂教学魅力并非仅仅依靠教学艺术就能支撑的，其关键还是来源于教学内容。教学艺术是为教学内容服务的。毕竟，吸引学生产生学习兴趣的主要引力是内容，激发学生反复思考的主要动力也是内容，维护良好课堂秩序的主要基础还是内容。

一、教学内容设计

受传统学科体系课程内容结构的影响，目前高职课程的教学内容建设还存在以下问题：一是教学内容过于强调知识的完整性和系统性；二是教学内容与岗位职业能力要求、职业资格标准脱节；三是理论知识与实践知识脱节；四是教学内容的组织不符合学生认知规律。当前亟须对高职课程的教学内容及其组织进行设计以解决上述问题。

（一）教学内容设计的意义

教学内容是当前高职教育课程改革的重要探索领域。在课程建设中，教学内容是建设的重点和难点之一，课程建设的成败及其水平在很大程度上取决于教学内容的建设，教学内容是课程建设诸要素中的关键要素。

1. 影响高职教育的办学效益

教学内容建设决定了学生学习知识的范围和深度，影响着学校培养学生的规格和质量。教育内容选择缺乏针对性和实用性，将导致学校培养不出社会需要的人才或者学生到工作岗位上学非所用，这将导致巨大的隐性教育资源浪费。同时，教学内容的组织如果不符合学生的认知规律，也将影响学生学习的效果。因此，教学内容建设对高职教育的办学效益具有较大的影响。

2. 影响高职教育的培养目标

培养目标决定教学内容，教学内容反过来也影响培养目标的实现。高职教育要培养生产、管理和服务一线的复合型技术技能人才，因此教学内容应该为这一培养目标服务，如果教学内容的选择和安排不能处理好知识与技能、理论与实践等关系，将导致教学活动偏离高职教育培养目标。

3. 影响其他相关要素建设

首先，内容决定方法手段，教学方法手段很多，但是教学中采用的方法手段必须根据教学内容来灵活地选择。其次，大量聘请企业兼职教师和培养校内专任教师双师素质，以加强"双师"型教师队伍的建设，也正是为了加强实践教学内容而采取的有效措施。另外，加强实践条件建设也是为了满足实践教学的需要，而教材建设则更是要根据教学内容来进行。因此，课程的教学内容建设决定着其他相关要素建设，是其他要素建设的依据。

（二）以生产技术为依据选择教学内容

生产技术规定了一般专业课程内容，为课程内容的下一步筛选划定了范围。

1. 内容选择

一是"生产什么"的内容。狭义的产业技术侧重于企业生产层面的描述，其职能是生产新形态的产品或服务。围绕着特定产品或服务的生产，产业技术通常被划分为产品技术形态与生产流程技术形态两大类[1]。产品技术是生产目的的技术体现，实现的是"生产什么"的职能。产品技术可以是物质的，也可以是观念的，分知识（观念）形态、实物（或物质）形态、使用形态三种存在方式[2]。知识形态的产品技术是尚未物化的技术，由个体大脑产生创意、构想等。实物形态的产品技术是知识

---

[1] 王伯鲁. 产业技术结构分析 [J]. 经济问题，2000（7）：9–12.
[2] 罗天强，邓华杰. 产品技术分析 [J]. 科学技术与辩证法，2005（2）：71–74.

形态的产品技术物化的结果，如具体的装置或设备等，也是一种人所操作的可能客体。材料或物质、结构、外观是衡量产品技术的重要指标。使用形态的产品技术是现实的技术，会产生定向作用，其存在就是被使用的过程，为使用者提供一定现实意义的功用。三种形态的产品技术融合在构思、设计、实现和运作中，转化为课程内容。

二是"如何生产"的内容。生产流程技术形态是生产手段的技术体现，实现的是"如何生产"的职能，需要一定有物质技术的参与。具体生产技术操作包括技术规则和技术情境[①]。首先，技术规则是规定劳动者如何去做的法则或规定，它是对个体如何行动的规范或指令[②]。技术规则是人制定的，又被人所遵守执行，但它不是约定俗成的，而是以技术规律为充分依据。技术已经成为企业运转的潜在规则，进而演变成具有深刻影响能力的优先、首要规则[③]。技术规则的具体实施依靠技术操作来实现，包含三方面内容：人对自然的操作方式和程序、被操作的自然之物、预设的操作结果[④]。其次，技术情境凸显主体思维取向，强调技术场域的生态状况、资源丰富度以及目标指向下的人为规划，它将技术活动的目的、需要、资源、现状呈现在技术主体面前[⑤]。技术情境与个体技术知识建构密切联系，有利于技术主体的技术认识水平提高和技术能力生成。技术情境为问题解决能力的生成提供了设计空间，"设计空间形成了问题求解过程"[⑥]。技术认识的过程就是技术问题的形成、展开和解决[⑦]。再次，从广义范围看，"如何生产"的技术还包括管理层面，对人、财、物的优化配置，以企业高效率运转。最后，无论生产结果是有形产品还是无形服务，"如何生产"的课程内容表现出明显的程序性。如图4-1所示，以更换汽车轮胎的程序分析为例，能明显看出如何生产的程序性。

三是"强"与"弱"的内容。生产技术可分为两类，一是各类产业特有的或专有的作为标志的技术，比如采煤技术、炼铁技术、发电技术、水稻杂交技术等，其他产业并不使用，陈昌曙教授将其命名为强对象化技术[⑧]；二是通用的、起支撑作用的技术，陈昌曙教授称之为弱对象化技术。这两大类产业技术决定了两大课程内容，强对象化技术和弱对象化技术分别决定强对象化技术和弱对象化技术的

---

① 徐国庆. 实践导向职业教育课程研究：技术学范式［M］. 上海：上海教育出版社，2005：133.
② 张苗. 技术规律与技术规则［J］. 淮阴师范学院学报（哲学社会科学版），2005（4）：440-443.
③ 王丽. 技术规则理论评析［J］. 科学学研究，2002（2）：118-122.
④ 潘天群. 论技术规则［J］. 科学技术与辩证法，1995（4）：52-55.
⑤ 王丽，夏保华. 从技术知识视角论技术情境［J］. 科学技术哲学研究，2011（5）：68-72.
⑥ 约翰·齐曼. 技术创新进化论［M］. 孙喜杰，曾国屏，译. 上海：上海科技教育出版社，2002：259.
⑦ 程海东，陈凡. 解析技术问题的认识论地位和作用［J］. 东北大学学报（社会科学版），2012（1）：1-5.
⑧ 陈昌曙. 关于技术、工程与工程技术的提纲［C］. 大连"全国工程科学与技术哲学研讨会"会议论文，2001.

课程内容。也可以将前者称为技术平台课程，后者称为专业方向课程①。以电气自动化专业为例，其专业课程分为技术平台课程和专业方向课程。技术平台课程包括电气技术基础、电控与 PLC 应用技术、电气绘图与电子 CAD、电力电子技术、自动化检测技术电工电子基本技能、弱电工程技术综合实训、电气控制实训七部分。专业方向课程分为工业电气与自动化、楼宇自动化、过程控制欲自动化仪表、照明电气自动化技术四个专业方向。专业方向课程内容是由不同产业的特有产业技术决定的，有多少特有产业技术，就有多少专业方向课程内容。我国提出在九大重点产业培养技术技能人才，包括现代农业、制造业、服务业、战略性新兴产业、能源产业、交通运输、海洋产业、社会建设与社会管理、文化产业。这些不同产业的"强""弱"专业课程内容是不一样的。当前，共性技术与行业技术标准构成产业主流技术形成的重要基础。共性技术指能够在很多领域内共享的一类技术，其研发成果已经或未来可能被广泛采用，能够对一个产业或多个产业产生深刻影响。如纳米技术、光电技术等。有些行业没有设置国家标准而又需要在全国采取统一的技术要求，国务院有关行政主管部门制定行业标准，分为强制性标准和推荐性标准。共性技术与行业技术标准也是专业课程内容的一部分。各国政府的技术标准竞争越来越激烈，已经由企业主导的企业技术标准之争转变为政府推动下的产业技术标准竞争。

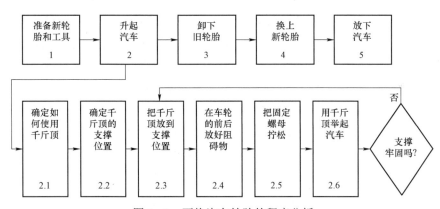

图 4-1　更换汽车轮胎的程序分析

2. 内容筛选

从演变历史看，课程内容是发展的。工业革命前，学校教育的主要目的是宗教救赎，教育内容集中在培养学生的读写素养以及传承教师或父母的技能、手艺上。

---

① 邓泽民，陈庆合. 职业教育课程设计 [M]. 2 版. 北京：中国铁道出版社，2011：130.

融合创新，回归本质
——高职院校课堂革命

随着工业革命的进行，公共学校教育开始将教育中的宗教和职业内容分开，因为学习者需要获得谋生所需的实用技能。技术越来越先进，机器设备越来越复杂，学生要掌握机器运作的原理，掌握更多的理论知识[①]。课程内容演变历史说明，不同历史时期，课程内容是不同的，具有不同的选择标准。

一是内容选择的关键。首先，课程内容是否体现了课程设计的价值的取向？回归技术世界、技术与人性相结合、"设计导向"三大价值取向，能够帮助课程设计者从哲学层面审视课程内容，确保不偏离将产业技术设计为专业课程这条主线。其次，课程内容是否以技术为核心？"生产什么"与"如何生产"、"强"与"弱"的课程内容之间是否获得平衡，保持适当的比例？职业教育专业课程的内容选择，单独偏重某一类技术的做法是行不通的。最后，课程内容是否关注的是课程设计而非教学设计？前者是将要讲授的东西，后者侧重如何去讲授。

二是目标的筛选功能。以目标为导向选择教学内容。凯利就认为，"如果我们认为课程设计必须始于对我们所希望达到的目的或实践所立足的原则的陈述，那么所有的关于课程内容的决定则必须附属于这些居先的选择"。必须依据目标体系，来筛选教学内容。以"样板制作过程"为例来说明课程目标的筛选功能。课程目标：熟悉模具制作工艺，掌握公司新产品样板生产、检验。生产技术规定的课程内容：a. 样板制作准备：制定样板制作进度计划；根据产品结构图和零件图分析、鉴别需要采购的材料；协助采购员采购、选型；跟催材料到位。b. 样板外协加工：选择外协加工厂商，提供必要的技术要求文件；监督制作质量和进度。c. 样板制作的生产过程和生产协制管理：填写领料单，领取原料或零部件；利用专业设备、机器生产零部件；与相关部门协调生产进度。d. 样板检验：检查、测量生产出来的零部件规格；验收完成品。e. 陈列样板管理：制定陈列台面或陈列室，按照有关规定陈列、更新、报关样板。课程目标（行为目标）的筛选：首先，课程内容a、b和e属于样板生产、检验的前期或后期技术环节，课程内容c和d符合课程目标。其次，细化课程内容c和d。经过筛选、细化、整理后的课程内容如下：填写领料单，领取原料或零部件；利用专业设备、机器生产零部件；监视设备运行状况，及时排除设备故障，保养设备；样板检验：检查、测量生产出来的零部件规格；验收或提交完成品。以上课程内容仅仅以行为目标为筛选标准，还需要按照展开性目标、表现性目标、创新性目标进一步加以筛选和细化。但精确地确定具体课程目标到底应该筛选、囊括多少课程内容，是件不容易的事情。

---

① T. 胡森，T.N. 波斯尔斯韦特. 教育大百科全书[M]. 张斌贤，等译. 重庆：西南师范大学出版社，2011：149.

三是内容呈现的均衡性。首先,"生产什么"与"如何生产"、"强"与"弱"的课程内容之间的均衡设置,其实是生产技术种类的选择和平衡问题。由于职业教育专业课程多属于普通教育本科压缩版,一般在课程内容上偏重于来自"如何生产"和"弱对象化技术"课程内容。即使有意识作出调整后,如何保持它们之间的平衡也是一个难点。今天看似实现了均衡,明天却可能不均衡,课程内容一直处于动态调整中。其次,实用性课程内容与发展性课程内容的均衡设置,反映的是社会中心论和个体中心论两种课程观点。受进步主义理论的影响,学者们普遍认为,企业现实需求是职业教育专业课程的决定力量。实用性课程内容以企业为中心,从企业实际需求出发,注重实际生产问题,锻炼学生动手能力。企业完全将自己的诉求和压力强加到学校,导致的结果是:当企业得了病,职业院校的学生们就服药。实用性课程内容选择的哲学指导思想是功利主义目的论,"企业需要什么,我们就开设什么"是对其的典型描述。功利主义实质上是效用主义[①]。课程内容注重将学生培养成能为企业高效工作的机器,忽视了人性。因此,应有意识地增加学生自身发展性课程内容,将学生自身发展放在"联系的专业化"的大背景下。与"联系的专业化"相对的是"分化的专业化",出现在20世纪中叶,意指脑力劳动与体力劳动之间的分工。但"分化的专业化"难以适应灵活专业化发展的现实趋势,限制员工个体创造性,走向末路。"联系的专业化"应运而生,其目标是培养理解科学技术的发展过程,掌握技术、技能的合格公民。再次,关注内容和经验的均衡设置。课程开发的两个要素是内容和经验[②]。由生产技术开发专业课程内容以技术为核心,貌似缺乏经验的存在。技术技能课程内容自带着经验内容,技能是对经验的总结、积累形成的工作诀窍。每一次技术应用和技能操作过程,经验都参与其中。除了作为课程内容存在,经验主要被作为主客体互动的媒介被设计在专业课程中。

3. 内容体系构建

不同种类的知识是课程设计的依据[③]。职业教育专业课程内容是一个以技术知识为主体的、多元化的知识系统[④]。课程工作者的工作重心是要寻求、确定课程内容的中间区域[⑤],在中间区域里不过分强调某种哲学思想。课程内容的中间区域就是技术知识连续体,包括技术理论知识、技术实践知识、技能、技术知识的文化维

---

① 穆勒. 功利主义 [M]. 徐大建,译. 上海:上海人民出版社,2008.
② 伦恩伯格,奥恩斯坦. 教育管理学:概念与实践 [M]. 5版. 朱志勇,郑磊,译. 北京:中国轻工业出版社,2013:500.
③ 丹尼斯·劳顿. 课程研究的理论与实践 [M]. 张谓城,环惜吾,黄明皖,等译. 人民教育出版社,1985:122.
④ 王玉苗,庞世俊. 职业教育课程内容的透视:知识观的视角 [J]. 河北师范大学学报(教育科学版),2008(11):109-113.
⑤ 奥恩斯坦,等. 当代课程问题 [M]. 余强,译. 杭州:浙江教育出版社,2004:10.

度。我国学者黄克孝将职业教育课程内容概括为知识、技能、态度三要素[①]，与本书的技术知识连续体有共同之处。

一是技术理论知识。技术理论知识，而非科学理论知识的选择和确认，是专业课程内容选择的重要理论依据。洛克维诺夫（I. Logvinov）将科学内容的构成分为三种成分，即理论框架、方法和应用。技术理论知识是技术知识连续体的理论框架，它有一套符号化的信息槽，包括名称、绘示、描述等信息。技术理论知识属于学科知识，提供系统的概念、原理、规则，为许多技术任务提供理论的坚实基础。专业课程不应排斥学科知识，必须深度教授一些学科知识，这是对课程和教学有重要意义的原理[②]。技术理论知识有两个来源：其一，来自科学知识。技术是相对于科学的独立领域，但两者并不是对立关系。科学主要是一种符号系统，其功能在于理解；技术知识主要是一个行动体系，其功能在于行动。当前，人们普遍接受科学与技术一体化的观点，两者是共生的和相互培育的关系[③]，很大一部分技术理论知识来自科学知识。其二，来自个体的认知结构。从学习者的观点看，科学的形式是将来可能达到的理想状态，而不是现在的出发起点。具有完备形式的技术理论知识不是生成职业能力的康庄大道，这种完备形式对不是专家的学习者而言是一块绊脚石。技术理论术语不是经验中的直接应用的事物，它能够使知识从纯粹的个人经验和直接经验中解放出来、分离出来，起到抽象作用。技术理论知识是真理的存在方式。技术理论知识由个体认知结构派生而成，代表认知系统中的抽象事物。

二是技术实践知识。技术具有鲜明的实践性。技术实践是实践的基本形式，这是马克思主义技术实践的观点[④]，也是理解历史和现实出发点。有别于科学实践，技术实践是包含制度、文化、器物在内的多维度活动[⑤]。技术实践是实践的基本形式，实践是职业教育课程的逻辑核心，因此，技术实践知识是职业教育专业课程的基本逻辑核心。这个结论在历史上被遮蔽了[⑥]，一直隐藏在科学知识光环之下。技术理论知识就像一张有明晰经纬度的地图，但是"我们行进途中的曲折和坑洼是不会体现在地图上的。"[⑦]个体行进途中的曲折和坑洼只有自己体验得

---

① 黄克孝. 职业和技术教育课程概论 [M]. 上海：华东师范大学出版社，2000：14.

② 布兰思福特，等. 人是如何学习的：大脑、心理、经验及学校（扩展版）[M]. 程可拉，等译. 上海：华东师范大学出版社，2013：21.

③ 约瑟夫·C. 皮特. 技术思考：技术哲学的基础 [M]. 马会瑞，陈凡，译. 沈阳：辽宁人民出版社，2012：6.

④ 于春玲，闫丛海. 技术实践：哲学的观照及嬗变 [J]. 东北大学学报（社会科学版），2013（5）：446-452.

⑤ 张成岗. 理解"技术实践"——基于科学、技术的划界 [J]. 安徽大学学报（哲学社会科学版），2009（6）：11-15.

⑥ 冯永琴. 技术实践知识的性质与学徒学业评价 [J]. 中国职业技术教育，2009（33）：20-26.

⑦ JOSPH J S. The Practical Arts of Eclectic [J]. School Review, 1971（5）：494+496.

最为清楚。人人都是反思性实践者。技术实践知识表征个体实际掌握知识的过程，技术实践知识是一种"行动中的知识"。在反对传统的技术理性和实证主义知识观的基础上，萧恩提出实践认识论。他极力提倡"行动中的知识"概念，即个体需要反思自己的各种经验，在反思中作为一个实践者构建知识，生成"行动中反映"的能力。"行动中的知识"概念是一个自组织框架，目的、规划、目标先于行动且产生于行动中[1]，提出该概念的主要目的是用其消除理论与实践的分离。个体的知识不能脱离属于自己的技术实践经验，脱离自身经验的理论知识是抽象无用的。整合知识的纽带并不是知识本身的逻辑，而是技术实践活动[2]。专业课程内容重点传授技术实践知识，即实践性技术知识[3]。徐国庆主张构建以工作知识为主体的课程内容体系[4]。另外，技术实践知识由显性知识和隐性知识构成，波兰尼在《人的研究》中详细介绍了这两种知识的定义、特点、存在方式。

三是技能知识。如果将技术看作一种外在于人的客观力量，技能就是一种内在于人的主观能力。为个体掌握的技术是技能，或者说技能是具身的技术。熟能生巧，"熟"指技能的纯熟，巧就是指技术。《现代汉语词典》的解释是："技能是应用专门技术的能力"。从横向分类角度分析，技能知识分为不同种类。第一种分类，专业课程中的技能知识分两类，动作难度大的技能和知识含量高的技能[5]。两者并非层次关系，是同层中两个不同子类[6]。第二种分类，将技能分为四类：① 认知技能，主要是思维技能；② 动作技能，主要是心理动作技能；③ 反应技能，主要是对照价值观、情绪情感对事物、情境或同事做出反应，大体指态度，也有学者将其称为管理自我的技能；④ 交互技能，指人与人之间相互影响、沟通、接纳、说服等，也被称为管理他人的技能。第三种分类，分再生性技能和产生性技能。有些技能带有重复的性质，在各种工作情境下没有多大改变，称为再生性技能；还有一些技能需要做出一定的计划，运用某些策略做出决定，执行过程中变现出相当的灵活性，称为产生性技能。从纵向习得角度分析，技能的逻辑起点是经验，它的习得是一个自下而上、反复训练的、归纳的、经验的过程，最终能够经技术上升到科学知识。技能来自技术任务解决的实践过程。从等级评价角度分析，技能知识可分为六级，分别是：

技能等级一：能圆满完成此项技能的部分内容，在现场的指导下，能完成此项技能的全部内容；

---

[1] 多尔. 后现代课程观 [M]. 王红宇, 译. 北京: 教育科学出版社, 2000: 242.
[2] 徐国庆. 职业知识的工作逻辑与职业教育课程内容的组织 [J]. 职业技术教育, 2003 (16): 37–40.
[3] 黄艳芳. 职业教育课程与教学论 [M]. 北京: 北京师范大学出版社, 2010: 5.
[4] 徐国庆. 工作知识: 职业教育课程内容开发的新视角 [J]. 教育发展研究, 2009 (11): 59–63.
[5] 张振元. 技能分类若干问题新探 [J]. 职业技术教育, 2007, 28 (28): 5–10.
[6] 姜大源. 当代世界职业教育发展趋势研究 [M]. 北京: 电子工业出版社, 2012: 399.

技能等级二：能圆满完成此项技能的全部内容，但偶尔需要帮助和指导；

技能等级三：能圆满完成此项技能的全部内容，不需要任何指导；

技能等级四：能高质、高效地完成此项技能的全部内容；

技能等级五：能高质、高效地完成此项技能的全部内容，并能解决遇到的特殊问题；

技能等级六：能高质、高效地完成此项技能的全部内容，并能指导他人完成。

以上横向分类、纵向习得、等级评价三个角度，均可作为专业课程内容的技能知识的描述维度。

四是技术知识的文化维度。技术的人文性表明，经过文化嵌入、文化资本、文化再生产三个过程，技术内聚了人文性。学者佩斯明确指出技术实践概念内在含有文化维度，具体包括目标、价值观、伦理规范，对进步的信念、意识和创造性等[①]。将技术知识的文化维度设计为专业课程内容，可归纳为职业态度和职业道德两部分内容。首先，职业态度指人们对自己从事的职业所持有的评价和行为倾向，具有主观性特点。个体对所从事职业的主观喜好、积极或消极评价都直接影响职业能力形成或产品（服务）生产能力的高低。职业态度与职业能力二者是一种互补共济与良性互动的关系，前者是后者提升的助推器[②]。其次，职业道德属于职业群体的集体意识[③]，具有一定的自觉性、强制性，是个体成为专业技术人员的必备因素。按照涂尔干的理解，职业道德有助于个体成为团队的一员，从而顺利纳入专业人员组成的社会结构中。职业道德具体包括团队合作精神、产品质量负责精神、对技术的执着、为社会其他成员创造财富等。技术知识文化维度可以体现在专业概论课程中，更多蕴含在专业课程实践中，作为一种实践理性而存在。围绕技术任务的做中学本身，即闪耀着技术知识的文化光辉。

（三）以工作任务为载体组织教学内容

如果说选择课程内容是对"筑路材料"的选择，而组织课程内容就是确定"跑的过程"。课程内容的组织属于课程设计的第三步，它涉及方方面面，是课程设计过程中许多问题的集结点。课程内容组织的实质是对内容加以结构化、顺序化，形

---

① PACEY A．The Culture of Technology ［M］．Oxford：BasilBlackwell，1983：6–10．

② 王浪，高涵．职业态度与职业能力关系之辨——基于结构功能主义理论的分析［J］．职业技术教育，2010（13）：9–13．

③ 渠敬东．职业伦理与公民道德——涂尔干对国家与社会之关系的新构建［J］．社会学研究，2014（4）：110–131+244．

成一个学习计划的编制完成①。简要讲,课程内容的组织,必须注意一个协调和一个指向。一个协调是指,协调课程内容与学习者认知规律,完成课程内容的序化;一个指向是指,设计出来的课程指向学习者职业能力生成。从发生的实践顺序看,虽然职业能力是课程实施的结果,但它应该成为课程设计始终瞄准的靶子。套用加涅的观点来说明课程内容的组织的真实含义:将"知识本性"与"认识者本性"结合在一起,形成指向综合职业能力培养的结构化课程方案。借用魏舍尔(Friedrich Theodor Vischer)的观点,"在我们这个领域里有材料专业户和意义专业户",前者贪恋事实,后者贪恋新的思想。通过技术世界的分析,已经对专业课程的母体——产业技术发展体充分了解,占有了一大堆课程设计的材料;通过技术与人性的分析,阐明了人在技术中的发展意义。如果直接将这些材料当作专业课程本身,事实上就犯了"材料专业户"的错误;相反,如果单纯瞄准人性或人的能力进行课程设计,也是不妥的。需要将课程设计的"材料"与"意义"系统地整合在一起,才能设计出真正的专业课程。

1. 内容组织

在如何组织课程内容上,泰勒提出了三大准则:连续性、顺序性、整合性。美国经验主义教育理论认为课程编制过程中,课程内容是围绕"Scope(领域)"和"Seguence(时序、序列)"两个单词展开的,前者表示空间维度,后者表示发展维度。也有学者认为课程组织者需要聚焦七项因素,即范畴、顺序性、继续性、统整性、均衡性、衔接性和学习脉络。借鉴以往学者的观点,本书提出专业教育专业课程内容组织有连续性、整合性、系统性三原则。连续性即深度或垂直组织、整合性即广度或水平组织、系统性即构型或空间组织。史密斯、斯坦利肖尔斯认为学习内容安排有四个原则:从简单到复杂的学习原则、预备学习原则、从整体到部分的学习原则、按时间顺序的学习原则。这四个原则与连续性、整合性、系统性三原则机理一致。

一是连续性原则。连续性指课程内容的纵向联系或垂直组织,直线式地陈述主要课程目标和课程内容,并且在不同阶段予以重复的组织方式。首先,技术知识按复杂程度的连续排列。加涅认为人类学习的复杂程度的演进规律是一样的,即由简单到复杂依次推进。基于以上认识,他提出累积学习模式,分为八个层次。技术知识的复杂程度和学习模式也按照复杂程度排列,分为简单技术知识、中等技术知识和复杂技术知识三个难度等级。其次,技术知识按照构成产业技术空间发展体的三个维度展开,即结构技术指标、技术发达程度指标、技术装备程度指标。技术知识

---

① 黄甫全. 课程与教学论[M]. 北京:高等教育出版社,2002:285.

沿着三个维度连续延伸，表征着技术知识的深度、专业性从低到高的演进。再次，技术知识按照学习主体的成长规律连续排列。从初学者到专家，具体在技术技能型人才的成长路径是技术工人、技术专家、实施专家、战略专家。最后，课程知识选择的逻辑起点总是在企业、学科和主体之间摇摆，难免顾此失彼，形成头痛医头、脚痛医脚的状况[1]。连续性原则不是在三者之间独断的取舍，而是在三者之间找到一个平衡点。

二是整合性原则。整合性指课程内容的横向联系或水平组织，以帮助学习者获得技术知识的统一观点，并把主体行为融合在课程内容中。首先，技术理论知识和技术实践知识的整合。由原来理论与实践分离，整合为理实一体化课程内容，形成一个有机整体。其次，康德认为，知识分先天知识和经验知识两种。对于技术知识体系而言，来自科学的技术知识属于康德所说的先天知识，依据科学概念获得；来自生产实践的知识即经验知识，依据感觉的综合获得。经验内容的整合是通过"直观中感知""想象力中再生""概念中认知"三重综合实现的。相比初学者，专家知识是围绕重要观点或概念来组织的，这意味着课程亦应按概念理解的方式组织。初学者的经验知识按照三重综合组织在一起，需要转化为按照科学概念的知识组织方式。许多课程设计的方法使得学生难以进行有意义的知识组织，通常在转入下一个主题前，只能触及一些表面性的事实知识[2]。再次，学科知识与技术任务的整合。来自技术世界的具体项目或任务被抽象为构思、设计、实现和运作，进而与学科知识相联系。学科知识也需要被解构，重新整合在构思、设计、实现和运作中，让由于彼此竞争导致的碎片知识重新组合为一个整体。

三是系统性原则。系统指合理有序、按部就班的意思。《教育大百科全书》对设计与开发的系统做了论述：自觉运用系统分析和系统设计的技巧，努力识别和解决学习或教学系统中的复杂问题。这种方法的组成要素包括：确定系统边界，识别系统所有输入与输出，并分析系统内的相互作用。用系统性原则组织课程内容的目的，是将课程目标和课程内容在纵向和横向两个方向上同时取得平衡，生成专业课程方案。系统性原则把专业课程方案作为一个整体来看待，这个整体是按照一定互动方式组织起来的结构、功能集合体。多元与整合已经成为现代课程价值取向演变的趋势[3]。课程目标和课程内容来自产业技术，系统性原则让专业课程方案重新构

---

[1] 郝德永. 课程研制方法论[M]. 北京：教育科学出版社，2000：9.
[2] 布兰思福特，等. 人是如何学习的：大脑、心理、经验及学校（扩展版）[M]. 程可拉，等译. 上海：华东师范大学出版社，2013：37.
[3] 付安权. 论课程价值取向研究的传统与变革[J]. 西北师大学报（社会科学版），2013（3）：64-69.

型，以保证与产业技术结构的同源性。巴纳锡[①]、赖格卢斯[②]等从系统观点出发强调，当人类的活动系统或社会系统发生重大系统变革时，作为子系统的教学系统也必然要以相应的方式经历重大变革以维持自身的生存。来自剧变技术世界的产业技术结构的调整，势必要求专业课程方案的同步动态调整。系统论原则让课程内容的组织水平取得长足进步。亨利·哈拉普将20世纪30年代的课程编制系统过程称为"婴儿期——它还不到十岁"。到20世纪60年代开始至80年代早期，随着系统论在教育中的应用，课程设计水平早已取得长足进步。课程设计不再是简单线性的重复活动，它甚至将设计者自身纳入自身系统中。巴纳锡将一般系统论应用于教学设计研究，区分四代设计方式：按照指令设计、为决策者等的设计、一起进行的设计或设计者指引的设计、置身于其中的设计。课程设计也存在着以上四种类型。第四种设计方式逐渐成为当前系统设计专业课程时的主要设计类型。人的活动系统必须由那些处于其中的人、利用这些系统的人以及这些系统所服务的人共同来设计。这其实是设计者被综合进入自己设计的活动中去，或者说属于个体能动性/结构问题。

2. 内容序化

序化是按照一定规律或逻辑对事物的排序，从而形成一定体系或系统。在泰勒三原则里属于顺序性原则，强调每一后继内容以前面的内容为基础，进而加以深入。

（1）序化标准

课程内容的序化标准，既有主观标准，也有客观标准。职业教育专业课程内容序化标准是主观标准和客观标准的混合，充分考虑"知识本性本身"和"认识者本性"最优化的序化状态。

一是主观标准。主观标准来自学习者自身的发展逻辑，即技术工人、技术专家、实施专家、战略专家四个连续发展阶段。四个发展阶段并不意味着随着年龄的增加而自然上升到某个发展阶段，每个阶段的提升需要个体付出时间、精力以获得技术技能的质的改变。由于个体的努力程度或发展机会存在差异，有人可能一辈子从事某一职业，也没有达到较高层次。但职业教育专业课程应公正地为所有学习者提供体验技术工人、技术专家、实施专家、战略专家四个连续发展阶段的机会。按照心理逻辑组织课程内容也属于主观标准，杜威对此做了一些探索，他坚持将课程教材"心理化"，尝试在课程教材和心理之间建立联系。随着心理学理论的蓬勃发展，认知心理学逐渐发展为建构心理学，为专业课程内容"心理化"的组织提供理论阐释。

[①] BANATH B H. Designing Education as A Social System [J]. Educational Technology, 1998, 38 (6): 51-55.
[②] REGELUTH, C M. What Is Instructional-Design Theory and How Is It Changing [C] //REIGELUTH C M. Instructonal-Design Theories and Models: A New Paradigm of Instructonal Theory, (Volume 2). Mahwah: Lawrence Erlbaum Associates, 1999.

二是客观标准。客观标准来自技术世界,与技术知识、项目或任务有关。学者徐国庆在其项目课程理论中,以项目为单位组织内容并以项目活动为主要学习方式的课程模式,就是一种典型的依据客观标准组织课程内容模式。波斯纳等为课程选择序列探索了一个客观的分类框架,包括:

a. 与世界有关的:空间、时间、物理属性;
b. 与概念有关的:类型相关、建议相关、辩证、逻辑前提;
c. 与探究有关的:探究逻辑、探究方法;
d. 与学习有关的:经验前提、相似、难度、兴趣、发展、内化;
e. 与应用有关的序列模式:程序、预期使用频率。

三是主客观混合标准。完全按照主观标准,或者完全按照客观标准序化课程内容,都属于认识上的独断论,对于职业教育专业课程设计而言皆是死路一条。主观标准或者照客观标准,并非必然要二选一。杜威认为,两者都陷于同样的根本性错误,他的分析是有道理的。课程内容组织的主观标准注重"认识者本性",客观标准注重"知识本性本身"。先来看看杜威是如何处理"知识本性本身"和"认识者本性"的。他极力批判了组织课程内容的两种不同派别,即学科逻辑派别和心理逻辑派别。传统学校课程教材的问题只强调经验的逻辑方面,忽视经验的心理方面。在传统学校中,每门学科代表许多独立的门类,而每一门类又自己的独立编排规律。这种内容编排弊病非常明显,知识变成一堆机械的、文字性材料的堆砌。他也给出了教材心理化的解决方案[①],为课程内容的组织方法提供了新思路。职业教育专业课程内容序化标准位于主观标准和客观标准中间的某一点,处于动态微调中。从高等职业教育完整学习周期看,最初学习阶段的专业课程内容序化偏重客观标准,也有一小部分主观标准;中期学习阶段的序化标准位于主观标准与客观标准之间;后期学习阶段的序化标准偏重主观标准,也有一小部分客观标准。

(2)序化程序

教育至少应排除某些缺乏自觉性和自愿性的传递程序。彼得斯(R. S. Peters)提出程序原则概念,认为真正知道教师从事教育活动的各种价值体现在他所从事的教育过程本身之中,而不是在他想要的结果之中。课程内容的组织也是如此,课程内容序化过程,或者说确定"跑的过程"中传递了一些价值信息,这是至关重要的。序化程序分为三步骤:

第一步,确定课程内容的复杂程度。复杂程度并非技术难易程度,而是构思、设计、实现和运作的复杂程度。复杂程度低的课程内容被序化在前列,反之被序化

---

① 杜威. 学校与社会. 明日之学校 [M]. 北京:人民教育出版社,2005:128.

在后列。复杂程度是课程内容系列化的确定标准。课程内容按照从简单到复杂的典型产品或服务为主线展开。

第二步,选择序化类别或形式。课程内容结构分为四大类别或形式:分割、分层、单线和螺旋。螺旋式是当前专业课程内容序化的主要类别,它其实是对分割、分层、单线的超越和扬弃,内含了分界、循环与融合。

第三步,呈现序化结果。以往课程内容序化结果大多以图表形式呈现。技术世界的产业技术空间发展体沿三个维度(结构技术指标、技术发达程度指标、技术装备程度指标)展开。来自产业技术的专业课程内容也在三维空间螺旋展开,形成彼此复杂联结的多样性场域,冷凝为专业课程体系。

(3)螺旋式序化

螺旋式课程理念是布鲁纳在 1960 年提出来的,基本假设是所有教材可以用某种合理形式教授给不同发展阶段的儿童。螺旋排列方式按照学习巩固性原理,在相邻的两个单元、主题或阶段中安排内容相同但深度或广度不同的课程内容,螺旋上升。布鲁纳的螺旋式课程属学科中心课程,围绕学科知识的基本概念和基本原理设计而成。布鲁纳的螺旋式指的是学科的基本概念和基本原理,以后在更高级阶段不断重复它们,直到学习者掌握整个学科知识为止。拉盖、谢菲尔德、福谢也对其螺旋式课程进行了研究。福谢说,"螺旋型课程设计让学生随着不断的成熟,在其学习过程中逐步深入"。螺旋式序化中的"螺旋"指构思、设计、实现、运作四个阶段,从低级阶段到高级阶段都在不断重复它们,逐步深入。螺旋式课程可通过深度、广度、应用三维度完成。其中,深度指螺旋式序化的主轴,广度指不同种类课程内容,应用指以技术任务为序化的基础。螺旋式序化围绕的主轴,即技术工人、技术专家、实施专家、战略专家四个连续发展阶段,表征技术技能人才成长的规律性和阶段特点。将螺旋式上升划分为不同水平或空间,在这些水平或空间里,以难度不同的技术任务为基础,融合技术理论知识、技术实践知识、技能知识、技术知识的文化维度五部分课程内容。相邻水平或空间之间有许多重叠和相互渗透的行为场域,遵循它们各自的特殊发展动力,螺旋上升。课程内容的螺旋上升,同时也发生着载体循环、认知结构循环、抽象域与具象域的循环,以及双元经验的螺旋上升。借助这些螺旋或循环,知识得以生成,主客体得以统一。布鲁纳主张重视知识的形成过程,才算是好的螺旋式课程。专业课程内容的序化既有形式的螺旋,也有知识的生成,基本达到布鲁纳衡量标准。课程序化的教育学思考强调学生对知识的建构过程。相邻的课程内容螺旋式序化构成一个个知识体。专业课程是按照循序渐进的理念对课程内容进行组织而形成的完整知识体,其中的每一个知识体就是一门课程,如图 4-2 所示。

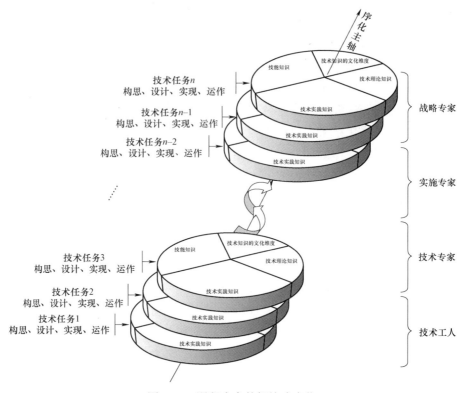

图 4-2 课程内容的螺旋式序化

职业教育专业课程内容螺旋式序化与布鲁纳螺旋式课程相比较，存在三点不同。第一，这里的螺旋指构思、设计、实现、运作四个阶段，而布鲁纳所说的螺旋是学科的基本概念和基本原理。第二，这里的螺旋式序化发生在产业技术空间体，天然联系着技术实践活动，而布鲁纳螺旋式课程基本停留在理论知识层面。泰勒选择课程内容（学习经验）的原则之一："学生应该有机会循序渐进地从事大量实践活动，而不只是简单重复。"构思、设计、实现、运作四个阶段在螺旋循环中提供了充足的实践机会。第三，螺旋过程中的知识生成也有不同。这里认为知识生成于四组"融化—冷凝"和分界、循环、融合中，而布鲁纳认为知识生成于三级螺旋中。三级螺旋具体是：第一级螺旋为动作式认知的维度；第二级螺旋为图像式认知的维度；第三级螺旋为符号式认知的维度。布鲁纳的三级螺旋大体描述出个体学习由客体到主体的单向内化过程，但需要进一步细化。

3. 构建内容体系

课程体系是为完成人才培养目标所提供的全部课程的集合或结构化序列。在《国家教育标准分类法》中，教育课程系指为在一段持续时间内达到预定的学习目标而设计或组织的序化的教育活动。也有学者认为课程体系是对构成要素加以排列组合而成的系统。课程体系主要包括公共基础课程和专业课程两部分。其中，公共基础课程的课程体系按照国家统一要求安排，这里不作研究。

（1）专业课程体系的类型

一是按产品生命周期构建课程体系。产品生命周期即构思、设计、实现和运作，代表从产品研发到产品运行的生命周期。对应四个阶段设置四个专业课程模块，构成层级式专业课程体系。产品和人的生命一样，要经历形成、成长、成熟、衰退这样的周期。劳动者提出解决方案的过程，也具有类似产品生命周期的规律性。技术技能培养需要以产品生命周期的四个阶段为主线来设置课程，将四个阶段需要体现在一个技术任务或项目中，然后将该技术任务或项目开发为专业课程。技术任务或项目为专业课程提供许多难易程度不一的鲜活课程实例。这些难易不同的技术项目或任务代表着技术理论知识、技术实践知识、技能、技术知识的文化维度等输入因素的复杂程度。

二是按技术技能成熟度构建课程体系。从初学者到专家的职业成长规律细化为技术工人、技术专家、实施专家、战略专家四个连续发展阶段，可表征技术技能成熟度。四个连续发展阶段是专业课程体系构成主体，最终形成课程体系也是层级式的。高等职业教育学制为四年（八个学期），四个发展阶段成长历程贯穿八个学期。每个成长阶段都需要完成若干技术任务或项目，或者说，要经验若干构思、设计、实现和运作循环。对个体而言，在每学期学习过程中，完成一定技术任务"量"的积累，技术技能得到"质"的突破。由于个体的差异性，不同学习者在每个成长阶段需要的通过时间是不同的。

三是按理实一体化构建课程体系。大部分职业教育理论的课程体系建设采取理论课+实践课模式。先设置以技术理论知识为主要内容的专业课程，再设置以技术实践知识为主要内容的专业课程。作为培养技术技能和创新能力的专业课程，应是理实一体化课程，理论和实践自然而然地融合在"做中学"的技术任务或项目中。构思、设计、实现和运作循环是由抽象域和具象域构成的，分别对应着理论和实践。域即范围。构思、设计构成抽象域，主要是工程实际问题在人脑中的反映，侧重运用概念再现对象的本质。而实现、运作构成具象域，主要指技术技能人才解决技术实际问题时面对的具体工作范围。构思、设计、实现和运作的每次循环，都将理论和实践内容融合在一起。按产品生命周期或按技术技能成熟度构建课程体系，都属于层级式课程体系。层级式课程体系的显著特点即分层，将课程按层次排列形成课程体系，容易形成三段论式课程体系。按理实一体化构建的课程体系与层级式不同，它是一种螺旋式模块课程体系。

（2）专业课程体系建设流程

螺旋式模块课程体系具体的建设流程，包括选取典型技术任务或项目、序化典型技术任务或项目、知识体系分析、模块化课程、螺旋式模块课程体系五个步骤，最终形成螺旋式模块课程体系，如表4-1所示。

表4-1 螺旋式模块课程体系结构图

学期	技术技能成熟度	典型技术任务或项目	知识体系 技术理论知识（TT）	知识体系 技术实践知识（TP）	知识体系 技能知识（S）	知识体系 技术知识的文化维度（C）	课程体系	课程体系
1—2学期	技术工人（TW）	简单技术任务（L1S1-n）	TW→TETTL1S1-n	TW→TETPL1S1-n	TW→TESL1S1-n	TW→TECL1S1-n	模块TW→TEL1S	专业基础课模块
1—2学期	技术工人（TW）	中等技术任务（L1M1-n）	TW→TETTL1M1-n	TW→TETPL1M1-n	TW→TESL1M1-n	TW→TECL1M1-n	模块TW→TEL1M	专业基础课模块
1—2学期	技术工人（TW）	复杂工程（L1C1-n）	TW→TETTL1C1-n	TW→TETPL1C1-n	TW→TESL1C1-n	TW→TECL1C1-n	模块TW→TEL1C	专业基础课模块
3—4学期	技术专家（TE）	简单工程（L2S1-n）	TW→TETTL2S1-n	TW→TETPL2S1-n	TW→TESL2S1-n	TW→TECL2S1-n	模块TW→TEL2S	专业基础课模块
3—4学期	技术专家（TE）	中等工程（L2M1-n）	TE→IETTL2M1-n	TE→IETPL2M1-n	TE→IESL2M1-n	TE→IECL2M1-n	模块TE→IEL2M	专业核心课模块
3—4学期	技术专家（TE）	复杂工程（L2C1-n）	TE→IETTL2C1-n	TE→IETPL2C1-n	TE→IESL2C1-n	TE→IECL2C1-n	模块TE→IEL2C	专业核心课模块
5—6学期	实施专家（IE）	简单工程（L3S1-n）	TE→IETTL3S1-n	TE→IETPL3S1-n	TE→IESL3S1-n	TE→IECL3S1-n	模块TE→IEL3S	专业核心课模块
5—6学期	实施专家（IE）	中等工程（L3M1-n）	TE→IETTL3M1-n	TE→IETPL3M1-n	TE→IESL3M1-n	TE→IECL3M1-n	模块TE→IEL3M	专业核心课模块
5—6学期	实施专家（IE）	复杂工程（L3C1-n）	IE→SETTL3C1-n	IE→SETPL3C1-n	IE→SESL3C1-n	IE→SECL3C1-n	模块IE→SEL3C	专业拓展课模块
7—8学期	战略专家（SE）	简单工程（L4S1-n）	IE→SETTL4S1-n	IE→SETPL4S1-n	IE→SESL4S1-n	IE→SECL4S1-n	模块IE→SEL4S	专业拓展课模块
7—8学期	战略专家（SE）	中等工程（L4M1-n）	IE→SETTL4M1-n	IE→SETPL4M1-n	IE→SESL4M1-n	IE→SECL4M1-n	模块IE→SEL4M	专业拓展课模块
7—8学期	战略专家（SE）	复杂工程（L4C1-n）	IE→SETTL4C1-n	IE→SETPL4C1-n	IE→SESL4C1-n	IE→SECL4C1-n	模块IE→SEL4C	专业拓展课模块

备注：E代表技术工人（Technical Worker）；TE代表技术专家（Technical Expert）；IE代表实施专家（Implement Expert）；SE代表战略专家（Strategic Experts）；TT代表技术理论知识（Technical Theoretical Knowledge）；TP代表技术实践知识（Technical Practical Knowledge）；S代表技能知识（Skill Knowledge）；C代表技术知识的文化维度（Cultural Dimension of Technical Knowledge）；L1，L2，L3，L4代表四级水平（Level）；S1-n，M1-n，C1-n分别代表简单任务（Simple）、中等难度任务（Medium）、复杂任务（Complex）。

一是选取典型技术任务或项目。典型技术任务或项目来自企业生产实践。选择典型技术任务或项目考虑两点：其一是该技术任务或项目在专业活动中具有典型性和代表性；其二是每个技术任务或项目能够实现构思、设计、实现、运作循环。进一步确定技术任务（项目）名称、内容、所需工具、完成过程等。每一个典型技术任务都是一个完整的作业，不受某一特定岗位或某一具体生产环节的制约。

二是序化典型技术任务或项目。对典型技术任务或项目序化的标准既非完全的主观标准，也非完全的客观标准，而是位于主观标准和客观标准中间的某一点，处于动态微调中。序化过程按照技术工人、技术专家、实施专家、战略专家向上延伸。在每个具体序化阶段，按照技术难度（简单技术任务、中等技术任务、复杂技术任务）在小范围内调整。由此构成 12 项排列有序的典型技术任务或项目，如表 4-1 中"典型技术任务或项目"列所示。

三是知识体系分析。依托典型技术任务或项目，建立与其复杂程度吻合的知识体系。随着知识社会的到来，知识大爆炸，知识总量激增，知识逻辑取向创新能力培养面临着知识的取舍问题。专业课程通过"科学的结构"——构思、设计、实现、运作循环结构来统摄相关学科知识，其知识体系是技术知识体系。技术知识体系包含技术理论知识、技术实践知识、技能知识、技术知识的文化维度。每一个维度上的知识点代表着一个学习结果，由知识、技能、素质三部分构成。由此构成技术知识体系矩阵，如表 4-1 中"知识体系"列所示。技术知识的文化维度具有延展性，以应付产业技术不断进化的需要。完成典型技术任务或项目，除了专业技术要求，还需要社会、自然、法律、商业应用等多种输入因素的融合，这些因素都可以纳入技术知识的文化维度。

四是模块化课程。模块化是将具有半自律性的子系统（模块）按照一定的联系规则进行分解和创造性的再整合的行为。在课程论的基本含义是指构成个性化课程计划的最小单元，也被称为课程单元[①]。澳大利亚培训课程委员会对模块的定义是："模块就是自身完整的具体学习单元，它涉及职业教育的一个或几个方面，建立在符合国家目的和目标的预定的理解水平和技能操作的基础上。模块必须能被单独评价，能在相同或相关研究领域有自己的模块或者与其他模块相连接"[②]。对模块化产生浓厚兴趣并逐步采用是 20 世纪六七十年代的事情。1968 年，英国工程工业培训署在手工培训中引入模块化，标志着这种方法在职业培训中的开端。20 世纪 70 年代，国际劳工组织实施了大范围的任职技能模块，模块化课程得以逐渐在发展中

---

① 黄克孝. 职业和技术教育课程概论 [M]. 上海：华东师范大学出版社，2000：87.
② T. 胡森，T.N. 波斯尔斯韦特. 职业技术教育 [M]. 张斌贤，等译. 重庆：西南师范大学出版社，2011. 4：125.

融合创新，回归本质
——高职院校课堂革命

国家推广，需要指出的是国际劳工组织的 MES 模式强调以每项工作任务作为一个模块。20 世纪 70 年代与 80 年代职业教育的组织和内容方面出现很大差异，职业教育专业课程随着技术世界和劳动市场结构变得更模糊和更具流动性，以往的线性课程显得不合适。模块原则被看作对工业新生产理念的反映，将不同模块课程放在一起组成课程计划，以取得具体职业和工作的最佳安排。模块是整个专业课程计划的一个组成部分，也是课程表安排的中性方案。模块课程可促进不同机构学分互认和人才流动。按照知识体系六大维度，将原来学科体系知识解构、重构，融入典型技术任务或项目中。在表 4-1 中，知识体系 TW→TETTL1S1-n、TW→TETPL1S1-n、TW→TESL1S1-n、TW→TECL1S1-n，构成以技术任务（S1-n）为载体的课程模块 TW→TEL1S，依托技术任务或项目，实现理实一体化。学科知识得以解构重构，实现了跨学科；企业的技术任务得以抽象出来，成为专业课程核心构成。一共有 12 个模块化课程，即 12 门专业课或专业技术任务。将这些模块化课程归纳、分属为三部分，构成专业基础课模块、专业核心课模块、专业拓展课模块。其中，专业基础课模块包括模块 TW→TEL1S、模块 TW→TEL1M、模块 TW→TEL1C、模块 TW→TEL2S；专业核心课模块包括模块 TE→IEL2M、模块 TE→IEL2C、模块 TE→IEL3S、模块 TE→IEL3M；专业拓展课模块包括模块 IE→SEL3C、模块 IE→SEL4S、模块 IE→SEL4M、模块 IE→SEL4C。这三个模块虽然沿用了以往的名称，但与学科体系课程模块有着本质区别。

五是螺旋式模块课程体系。将 12 个模块化课程分配到四学年八学期中，最终得到螺旋式模块课程体系。它以技术任务或项目为载体，实现构思、设计、实现、运作循环。每次循环不是简单的重复性学习，而是内容更加复杂和更加深入，体现了循序渐进、螺旋式上升的教学要求[①]，进而引起技术技能和创新能力螺旋成长。螺旋式模块课程体系实质是结构化课程体系，这与欧洲的政府和高校采用结构化的方法来解决课程体系构建问题的做法很相似[②]。该课程体系打通了技术知识和学科问题之间的界限，使两者无缝对接、顺畅沟通，为技术技能型人才培养提供了根扎现实技术实际问题和系统科学理论的教育系统。

组织课程内容，构建专业课程体系是一项复杂的任务。之所以复杂，是因为系统的每一个成分必须被综合在一起考虑，通盘计划，给每一个课程设计构成要素展现的机会，恰如其时、恰如其地、恰如其分地合成在专业课程形成过程及其结果中。从课程内容的组织流程和结果评价，基于产业技术课程设计基本实现了多尔的 4R

---

① 李茂国，朱正伟. 面向工程过程的课程体系研究 [J]. 高等工程教育研究，2014（4）：1-5+14.
② 内拉德，赫格兰德. 博士教育全球化：动力与模式 [M]. 李毅，张国栋，译. 上海：上海交通大学出版社，2010：附录 A.

标准，即丰富性、回归性、关联性、严密性[①]。丰富性，指课程的深度、范围的多种可能性。回归性，即强调课程内容之间的纵向联系。关联性，指课程内容之间横向关系。严密性，不是学术逻辑的严密性，而是课程内容的达成性。螺旋式模块课程体系的建立，不应视为各个部分组合而成，而应视为在产业技术空间发展体中构型而成。在某种意义上，课程设计就是舍恩所讲的建构[②]。

（四）强化课程思政

1."课程思政"的基本内涵和主要特征

（1）"课程思政"的基本内涵

根据教育部颁布的《高等学校课程思政建设指导纲要》（以下简称《纲要》），我们可以从指导思想、根本任务、总体目标、基本原则、内容重点五方面把握高校"课程思政"的基本内涵。高校课程思政要以习近平新时代中国特色社会主义思想为指导，以立德树人为根本任务，以全面提高人才培养质量、构建高校"课程思政"育人体系为总体目标，以坚持育人导向、坚持全面覆盖、坚持特色发展为基本原则，以中国特色社会主义和中国梦教育、社会主义核心价值观教育、法治教育、劳动教育、心理健康教育、中华优秀传统文化教育为内容重点，深度挖掘高校公共基础课程、专业教育课程和实践类课程蕴含的思想政治教育资源，坚持知识传授与价值引领相统一，发挥所有课程的育人功能，落实所有教师的育人职责，确保各类课程与思想政治理论课同向同行、同频共振、协同育人，构建全员全过程全方位育人的大思政格局。

（2）"课程思政"的主要特征

"课程思政"具有教育体系上的协同育人、教育方式上的润物无声、最大限度地利用好课堂主渠道和教育方法上的如盐融水四个主要特征。

一是教育体系上的协同育人。所谓教育体系上的协同育人就是高校思政课程与公共基础课程、专业教育课程、实践类课程等各类课程将价值塑造、知识传授和能力培养三者融为一体，彼此协作，共同发挥显性思想政治教育与隐性思想政治教育立德树人的功能，助力大学生成长成才。"青少年阶段是人生的'拔节孕穗期'，最需要精心引导和栽培。"[③]教育体系的协同育人要求所有高校教师、所有课程都要发挥育人功能，这符合大学生的成长需要。正如习近平总书记在 2016 年全国高校思

---

① 多尔. 后现代课程观［M］. 王红宇，译. 北京：教育科学出版社，2000：248-260.
② 舍恩. 培养反映的实践者：专业领域中关于教育学的一项全新设计［M］. 郝彩虹，等译. 北京：教育科学出版社，2008：41.
③ 习近平谈治国理政（第3卷）［M］. 北京：外文出版社，2020：329.

融合创新，回归本质
——高职院校课堂革命

想政治工作会议上强调的："其他各门课都要守好一段渠、种好责任田，使各类课程与思想政治理论课同向同行，形成协同效应。"①高校思政课程与"课程思政"要共同做好责任田的"责任人"，努力构建新时代全员全程全方位育人大格局。

二是教育方式上的润物无声。思想政治教育元素和资源蕴含于课程体系、学科体系与知识体系之中。"课程思政"的第一要义就是要充分挖掘和利用所有课程中蕴含的思想政治教育资源和元素，对学生进行灵活多样的思想政治教育，使学生在各类课堂、各门功课中既学到知识，又自然而然地接受思想的洗礼。所以，"要设计实施好勘探、采掘、冶炼、加工的工艺流程，专业课与真善美的结合，找准不同课程'结合'切入点，体现到教学全过程"。②课程思政要把思想政治教育元素和资源润物无声地有机融入教学体系和教学内容中，以循循善诱、春风化雨的方式引导学生。

三是最大限度地利用好课堂主渠道。课堂教学是学校教育的主渠道，"课程思政"应该最大限度地利用好课堂教学主渠道。习近平总书记指出："要用好课堂教学这个主渠道，思想政治理论课要坚持在改进中加强，提升思想政治教育亲和力和针对性，满足学生成长发展需求和期待。"③"课程思政"的总体目标是全面提升人才培养质量，这需要依靠课程思政的全覆盖和课程质量的全面提升。公共基础课程、专业教育课程和实践类课程在实施"课程思政"中，对于思想政治教育资源和元素的挖掘、使用应该各有侧重、各有特色。正如《纲要》所明确的："公共基础课程……注重在潜移默化中坚定学生理想信念、厚植爱国主义情怀、加强品德修养、增长知识见识、培养奋斗精神，提升学生综合素质。……专业教育课程。要根据不同学科专业的特色和优势，深入研究不同专业的育人目标，深度挖掘提炼专业知识体系中所蕴含的思想价值和精神内涵，……实践类课程。专业实验实践课程要注重学思结合、知行统一，增强学生勇于探索的创新精神、善于解决问题的实践能力。"但是，公共基础课程、专业教育课程和实践类课程在实施"课程思政"中有一点是相同的，即要最大限度地利用好课堂主渠道。

四是教育方法上的如盐溶水。习近平总书记指出："人才培养体系涉及学科体系、教学体系、教材体系、管理体系等，而贯通其中的是思想政治工作体系。"④"好的思想政治工作应该像盐，但不能光吃盐，最好的方式是将盐溶解到各种食物中自

---

① 习近平谈治国理政（第2卷）[M]. 北京：外文出版社，2017：378.
② 教育部长陈宝生：推进高校课程思政建设取得实效[N]. 中国青年报，2020-06-10.
③ 习近平谈治国理政（第2卷）[M]. 北京：外文出版社，2017：378.
④ 习近平在北京大学考察时强调：抓住培养社会主义建设者和接班人根本任务 努力建设中国特色世界一流大学[N]. 人民日报，2018-05-03.

然而然吸收。"①如果在实施"课程思政"中单调、生硬地灌输思想政治教育元素和资源，就如同让大学生直接吃盐，极易产生反感和抵制。教育尤其是思想政治教育的力量在于说到人心里去。思想政治工作是一个释疑解惑、用正确的理论武装学生头脑的过程，要讲究方法和艺术，教育者要具备教育的智慧，即遵循思想政治工作规律、教书育人规律、学生成长规律，使思想政治工作给学生以人生启迪、智慧光芒和精神力量，真正做到化于无形、融于细微。只有这样，才能产生较好的教育效果。

2."课程思政"建设面临的现实困境

（1）在思想观念上，对思想政治教育工作重视不够

高等职业教育以培养高技能应用型人才为目标，教育教学中更为强调学生的动手能力和实操能力的培养，思想政治教育常常被边缘化，没有受到应有重视。多数高职学校在党委领导层面更为关注招生就业、职业技能大赛、项目化教学、信息化教学创新、学徒制试点、实训基地建设、校企合作等重点工作，对师生的思想政治建设没有给予足够的重视。平时的政治学习，常以会议传达、书本资料学习等形式来开展，缺乏针对性、有效性，深入思考、认真交流的学习相对较少。教师的政治理论学习效果一般，在教学中对学生的世界观、人生观及价值观引导不足。这些直接或相关的现象和因素，都从深层上影响到高职院校"课程思政"的深入开展。

（2）在教育理念上，对"知识技能"传授与"思想价值"引领之间关系的认识还存在偏差

相较于引导学生"立德树人"的教育而言，高职院校的课堂更加着眼于专业技能的训练与培养。这种"教育器物化"、职业化教育思想，或者将职业技能教育与育人教育彻底分裂开来，或者未能正确认识"思想价值"引领与"知识技能"传授之间的关系，认为在专业课的课堂上融入"思想政治教育"功能会影响专业内容的进度，会弱化专业知识和技能的学习，同时还额外增加了教师备课的负担。如果不能将思想政治教育内容润物细无声地融入专业课知识讲授、实习实训教学中，就难免会出现生拉硬扯、两张皮的现象，这样的"课程思政"完全可能事与愿违。但是，如果处理得当，做到无缝对接，那么，就会产生"思想价值"引领与"知识技能"传授同向同行、相得益彰的良好教学效果。"思政就像一把'盐'，溶进专业教育的'汤'，'汤'在变得更可口的同时，也能真正让学生获益，达到育人功效。"②

---

① 教育部出台《纲要》对高校课程思政建设作出整体设计和全面部署——如何将思政之盐融入课程大餐[N].中国教育报，2020-06-10.

② 樊丽萍."课程思政"尝试"将盐溶在汤里"[N]. 文汇报，2018-01-17（01）.

（3）在队伍建设上，教师队伍"课程思政"的意识、能力和素质有待提高

有些教师虽然在思想上认同"课程思政"教育改革，但在具体教育教学改革实践中，在运用马克思主义基本原理分析问题、解决问题，在课程思政价值元素的提炼、在课程设计、在政治性话语表述等方面，很难做到有机融合、无缝对接。教师的教学对象是学生，"课程思政"教育改革一定要充分考虑到学生的接受程度。实际教学中，教师对学生感兴趣的话题不够熟悉，学生对教师以往的时代背景没有足够了解，客观上存在的"代沟"使得教师提炼出的"思政元素"不一定能被学生理解和接受。同时，高职院校由于职业技能性强的特殊性，专业课教师大多来自理工农医专业的理工科大学，小部分来自企业里的能工巧匠或专业工程技术人员。相对而言，他们对"思想政治"不够熟悉，迫切需要及时有效的能力提升。

（4）在实现途径上，多部门形成合力、系统性推进"课程思政"教育的机制尚待完善

实现"课程思政"改革"教书"与"育人"功能的有机统一，关键在于形成领导高度重视、教学考核激励以及相关处室与各教学系部协同作战的工作机制。目前高职院校"课程思政"改革尚处于探索阶段，尚无完整、系统的顶层制度设计，思政课教师与教学系部教师没有形成合力，也还没有建立有效的教学考核激励制度，只有个别教师在自己专业领域尝试改革，摸爬滚打，孤军作战。

3. "课程思政"建设的基本策略

（1）加强党委对"课程思政"建设的领导

中国共产党的领导是中国特色社会主义大学最本质的特征。高职院校党委必须坚决落实主体责任，把"课程思政"建设作为党的建设和意识形态工作的标志性工程摆上重要议程。党委会要定期研究"课程思政"建设，抓住制约"课程思政"建设中的突出问题，把"课程思政"改革纳入学校教改整体布局，"课程思政"建设情况纳入各系部年终业务考核和内部巡察，在体制机制、队伍建设、支持保障等方面采取有效措施。同时，高职院校领导干部还要深入基层，根据思政课教师、公共基础课教师及专业课教师的"课程思政"工作进展，建立健全学校党委书记、校长及学校职能部门深入一线了解学生思想动态、服务学生发展的制度性安排。党委书记、校长结合自身学科背景和工作经历，要率先垂范，积极支持和主动参与教研活动，深入挖掘所担任课程的思想政治教育内容，带头推动"课程思政"建设。

（2）强化"课程思政"建设的制度设计

"课程思政"是学校、系部、行政机关职能部门以及所有教职员工的共同任务，彼此之间要相互配合、齐抓共管、同向同行，才能形成有效合力，这需要一套行之有效的制度保障。教务处、人事处、组织处及宣传处等机构要主动制定修改相关管

理文件，在制度上明确实施"课程思政"、考评及宣传"课程思政"建设的相关要求。学校教学质量监督部门在评价专业建设和教育教学时，应补充"课程思政"考核指标，促使各专业教师将"课程思政"建设真正落到实处，这也是防止形式主义关键所在。学校教务处、人事处要把"课程思政"建设成效纳入二级院系和教师个人绩效考核范围；学校党委组织部要把教师党支部推进"课程思政"建设情况纳入教师党支部考核指标体系；全校各单位、各部门在涉及教师职务（职称）晋升和各类评优评先表彰中，要明确对"课程思政"的条件性要求。例如，天津市教工委和教委要求天津各高职院校将"课程思政"建设纳入学校重点工作，将参与"课程思政"工作情况与教师的年终考核、职称晋升、职务调整、工资待遇挂钩，并设立"课程思政"专项奖励激励机制。

（3）强化教师队伍思想政治建设

教师是"课程思政"教学改革的主体，他们的思想政治水平和教学能力对于"课程思政"教学改革的成功至关重要。首先，要加强培训，不断提升高职院校专业课教师思政素养。可以聘请马克思主义理论领域的专家学者进行专题培训，重点提高教师运用马克思主义的立场、观点和方法分析问题和解决问题的能力。其次，高职教师也要有主动学习意识，提高思想政治理论水平。再次，要对专业课教师有计划开展实践研修[①]，可以组织专业教师走进革命老区，近距离感悟革命先烈的英雄事迹，锤炼党性修养，提升精神境界，坚定其作为一名教育工作者的理想信念。

（4）深挖课程中的思想政治教育元素

一是要结合不同类型课程的区别和特点，在掌握高职学校"课程思政"共性目标要求的同时有策略地挖掘"思政元素"。挖掘"思政元素"时要考虑课程特点、课程性质，讲究策略，因课制宜。以"机电技术一体化""汽车检测与维修技术"等对实操能力要求比较高的专业为例，在"课程思政"教学改革中，任课教师要侧重于爱岗敬业、潜心专注、一丝不苟、精益求精、尊师重道、守正创新的"工匠精神"思政元素的挖掘。此外，在通识课程中，包括高等数学、计算机等自然科学类课程思想政治内容的挖掘，重点体现运用科学造福人类的奉献精神，探索科学、追求真理、不断进取的创新精神。在人文社科类课程中，挖掘的侧重点在理想信念、政治认同及文化认同等方面。

二是在挖掘方法上要建立相关的对话交流、协同合作制度和平台。首先，要建立"专业课"教师与"思政课"教师"手拉手"集体备课制度，全面提升"课程思政"教改水平。集体备课中，思政课教师首先把思想政治教育中的核心思想整理出

---

① 程德慧. 产教融合视域下高职院校"课程思政"改革的探索与实践［J］. 教育与职业，2019（3）：72-76.

来，专业课（通识课）教师依据这些核心思想，从中选择出适切自己教学的结合点。至于集体备课方式，既可以面对面线下备课，也可以利用"网络集体备课平台"，互通有无、实现资源共享。通过纵向跨学段（贯通高中部与高职大专）、横向跨学科，推动高职院校建立思政课教师与其他学科专业教师交流、切磋、研讨、提升机制。其次，要构建"课程思政"资源平台。"课程思政"建设需要借助团队和资源平台的支持和帮助，要通过设置"课程思政"科研课题、组建相关教学团队、建设"课程思政"素材库和资源库以及开发海量的可视化的网络课程资源等多种形式来帮助教师走出困境，持续推进"课程思政"教学改革。

三是思政元素的挖掘还要充分考虑学生的实际需求。教师在完成教案正式上课前，可以在线上平台先让学生试听，请他们对思政元素的融入性进行评价，教师参考反馈意见进行适当修改，提高授课效果。在课程全部完成后，进行不记名评价，请学生讲出印象最为深刻的思政元素，以及他们在课堂上听课时曾经想到过的思政元素，便于进行后续的课程完善，使课程中的思政元素真正被学生所接受，入脑入心，真正达到"课程思政"教学改革目的。

(5) 大力选树"课程思政"改革先进典型

教育部原部长陈宝生指出："要认真研究党的理论创新成果与各学科专业理论知识的融合方式，既不能做'比萨饼'，也不能做'三明治''肉夹馍'，要做成'佛跳墙''大烩菜'，真正将习近平新时代中国特色社会主义思想融入教材之中。"[①]如何做到二者的有机融合，绝不能急于求成，尚需在实践中做更加深入、持久的探索和总结。高职院校推进"课程思政"教学改革，"可先选择部分关系较密切的课程作为试点，思政课程要为其他课程的转化提供服务，提供政治方向和内容素材"[②]。可以尝试在每一个专业中，选出至少一门课程和一批教师作为示范典型，精抓细做，发挥好示范带动作用；同时要及时总结经验，逐步推开，确保每一门课程、每一名教师都能发挥好育人作用。要大力推选"课程思政"改革先进典型，对立场坚定、情怀深厚、成果突出的教师优秀代表加大宣传力度，发挥示范引领作用。以北京劳动保障职业学院体育课为例，体育教师以"献礼祖国华诞 70 周年"为表演情境，以"老年专业"为试点，对接老年专业学生培养方案和岗位需求，设计了一门"红歌、红操、红夕阳——红色娘子军老年健美操创编与实践"的课程。该课程从健美操作品创作、课程设计、岗位实践各个方面，很好地践行了"课程思政"教学改革思想，在体育课教学中融入了"革命传统"教育、"爱国主义"教育等社会主义核

---

① 易鑫，黄鹏举. 及时把习近平新时代中国特色社会主义思想落实到教材中——九十六种马工程重点教材全面修订 [N]. 中国教育报，2018-02-14（01）.
② 王石，田洪芳. 高职"课程思政"建设探索与实践 [J]. 中国职业技术教育，2018（14）：15-18.

心价值观内容。专家对这样的教学改革给予了高度评价:这样的体育课不仅仅是一门强身健体的课程,更是一门有灵魂、有思想价值内涵的课程。

站在新时代起点,高职院校只有以"立德树人"为根本任务,深入挖掘提炼各类专业课程所蕴含的思政要素,加强基础课、技术课和技能训练课等专业课程的"课程思政"建设,将思想政治教育有机融入各专业教育教学,与"课程思政"有机衔接起来,才能使新时代中国特色社会主义思想"进教材、进课堂、进头脑",实现共同构建全员、全过程、全方位育人"大思政"教育格局。

二、教学资源开发

(一)教材开发

1. 当前高职院校教材现状

我国职业教育不断发展,改革不断深化,带来了职业教育教材建设规模、体系的扩大与健全,职业教育教材在内容、形式、质量等方面也能够保持逐步提升和与时俱进。为提升教材质量,发挥教材基础性作用,国家实施了规划教材建设等项目。到2017年,我国职业院校教材种类超过了35 000种,国家级规划教材为18 169种,占比超过了50%,行业类规划教材也超过了9 500种。由此可见,职业院校教材中国家级规划教材占据着主体地位,职业教育教材体系实现了专业全覆盖、类型较齐全、品种多样化,基本上满足教育教学的需求,实现了教材基础性作用与人才培养的载体作用。

但是职业教育教材建设中的问题是无法忽视和回避的,职业特征未能凸显,职教特色未能体现,难以满足新时代职业教育人才培养的新理念与新要求。

(1)教材内容陈旧,育才能力不足

随着新时代产业技术、市场、管理等多方面的转型升级,产业人才要求发生了结构性的变化,对职业教育人才培养目标提出了新的更高要求,也给职业教育专业设置、人才培养模式、课程体系以及人才培养质量等带来了新的挑战,教材改革是人才培养模式、课程体系改革的最直接体现。当前大部分职业院校教材内容陈旧,脱离行业、企业及职业岗位需求,难以满足行业企业转型升级的需求[1],主要体现在以下三方面:

一是学科体系浓厚,缺乏职业性。我国职业教育在发展之初,是"摸着石头过

---

[1] 高鸿,赵昕. 基于类型教育特征的职业院校教材建设思路探析[J]. 中国职业技术教育,2020(8):15-19.

河",没有属于自身的职业教育体系与发展模式,专业设置、课程内容等方面来源于高等教育。多数高职院校教材沿用的是高等教育的学科知识体系,只注重教材内容理论知识的完整性、连贯性,缺乏充分研究,没有注重职业教育的职业性、实践性等特征,未能体现学生职业能力的培养,缺乏系统设计。

二是产业跟随度低,缺乏即时性。当前,大部分高职院校与行业企业联系不够紧密,专业动态调整与行业企业对接不够深入,导致人才培养模式、课程体系等与行业脱节,最终导致高职院校教材难以吸收行业新技术、新动态、新知识,产业跟随度低。同时高职院校教材的修订周期、更新换代周期较长,导致高职院校教材难以及时反映行业新技术、新知识、新动态,教材动态调整不及时。

三是内容脱离岗位,缺乏实践性。源于高等教育学科体系与开发模式的教材内容难以融入职业性、实践性特征。源于国际先进的工作过程导向、项目化、模块化的模式仍然属于形式上的改良,未能将教学内容与企业实际相融合,本质上没有改变教材内容与职业岗位需求相脱离的现状。

(2) 素养目标缺失,育人功能不够

当今世界,经济全球化对全民思维、生活等方式产生着巨大的影响,伴随着这种影响,西方的文化输入也在逐步增强,正在影响着青少年的价值观、世界观与行为规范。同时,国内民族分裂势力与国外极端势力也在通过各种手段与方式散播着不正确的价值观,导致国内意识形态风险加剧。经济社会的发展,产业、行业的转型升级,不仅要求学生掌握高水平的技术技能,也要拥有良好的职业素养。教材作为职业教育人才培养的主要载体,承载着学生知识获取、技能掌握、素养提升和道德养成的重要功能,对学生身心健康、全面发展起着不可估量的作用。当前职业教育教材过于追求知识的详尽、技术技能的传授,而忽视了教材的育人功能,难以满足新时代的新要求。

(3) 服务对象错位,使用频率不高

长期以来,高职院校学生缺乏学习动力、毅力、创造力和兴趣,容易出现学习倦怠,整体学习能力较差。出现这一现状的原因首先是高职院校学生生源问题,大部分高职院校录取分数线不高,学生学习成绩较差,生源质量较低;其次是学生培养过程问题,而其中教材问题比重不低。当前高职院校教材使用率较低,学生对于教材毫无依赖性,教材对于他们而言可有可无,这也就解释了高职院校学生没有上课携带书本的习惯问题。同时教材内容晦涩难懂,教材形式呆板,难以满足学生个性化、多样性的要求。并且现在的教材是以教师的立场去思考问题,很少有站在学生立场,以学生为中心考虑教材编写,是属于教师的"教材",而非学生的"学材",难以吸引学生自学。

2. "新型活页式教材"开发

2019年1月，国务院发布"职教20条"，提出建设一大批校企"双元"合作开发的国家规划教材，倡导使用新型活页式、工作手册式教材并配套开发信息化资源。2019年12月，教育部牵头制定《职业院校教材管理办法》（以下简称《办法》），倡导开发活页式、工作手册式新形态教材。

2020年9月，教育部等九部门联合印发的《职业教育提质培优行动计划（2020—2023年）》（以下简称《行动计划》）提出要系统推进职业教育"三教"改革，加强职业教育教材建设。要求教材应对接主流生产技术，注重吸收行业发展的新知识、新技术、新工艺、新方法，校企合作开发专业课教材；提出要根据职业学校学生特点创新教材形态，推行科学严谨、深入浅出、图文并茂、形式多样的活页式、工作手册式教材。

（1）"新型活页式教材"内涵

想要探索"新型活页式教材"建设，需要先厘清"新型活页式教材"的内涵。这里从学术和政策两个角度对"新型活页式教材"内涵进行界定。

从学术解读方面，将"新型活页式教材"拆分为三个中心词，分别是"新型""活页"和"教材"，通过《辞海在线查询–辞海之家》（以下简称"辞海"）进行查询。"新型"，在"辞海"中的释义是"新的款式或类型"，出自丁玲《韦护》，其反义词为"旧式"。"活页"，在"辞海"中的释义是"未装订成册而可以随意分合的书籍、簿本、纸张"。"教材"，在"辞海"中的释义是"教学上所使用的材料"，在"辞书"上的释义为"教学时的材料，也称教学内容；包括知识、观念和所使用的一切材料，如教科书、习作、教师手册、补充材料、试卷、标本、模型、图表、录音带、录影带、影片、幻灯片、投影片等"。综上，"新型活页式教材"词语的学术解读为：内含教学上所需要使用的内容与材料，可以随意分合、未装订成册的书籍、簿本、纸张，且以一种新的款式或者类型呈现。

从政策内涵方面，"新型活页式教材"不仅是学术性词语，同时也是政策性词语，具有政策的目标、任务与导向。因此从政策上解读更有利于把握其特征与内涵。

"新型活页式教材"有两个最核心的特征，一是"新"——"职教20条"中明确提出要坚持以习近平新时代中国特色社会主义思想为指导，落实立德树人根本任务，"立德树人、育人导向"是职业教育之根本，也是职业教育教材之根本，"立德树人"为"第一新"；培养高素质复合型、高端型技术技能型人才是"职教20条"中的要求，而高素质、复合型、高端型中均有创新意识与创新精神的内涵，"创新意识与精神的培养"为"第二新"；现代职业教育最基本的理念是"以学生为中心"，作为人才培养载体的"教材"同样需要贯彻这一理念，因此将教师教学的"教材"

转变为学生学习的"学材",此为"第三新"。二是"活"——坚持知行合一、工学结合,校企深度合作共订人才培养方案,及时纳入新技术、新工艺、新规范,这是对职业教育教学内容与教材内容提出的新要求,此为"第一活";倡导使用新型活页式教材并配套开发信息化资源,教材随信息技术发展及时动态更新,"现代信息技术的融入"为"第二活";"活页式"是教材(学材)的装订形式,可用于学生进行学习记录、补充与拓展等,并且教师也可以增加、减少、修改教学知识与教学内容,活页的装订形式为"第三活"。

从政策角度来看,"新型活页式教材"的内涵为以立德树人为根本任务,坚持育人导向,及时纳入新技术、新工艺、新规范等新内容,依托信息技术开发信息化资源并动态更新,融入创新教育,以灵活的模块组合与装订形式呈现出适合学生学习的"学材"。

从"新型活页式教材"内涵出发,构建了图4-3所示的建设框架。在"新型活页式教材"建设过程中,立德树人的根本任务和以学生为中心的基本理念必须贯彻建设全过程;活页式结构与形式是呈现的载体,是所有建设内容的建设基础;校企双元,纳入行业、企业新内容是建设内容的关键元素;与教学内容相配套的信息化资源、信息化技术与手段是教材信息化建设的技术支撑;创新教育是教材建设的重要内容。

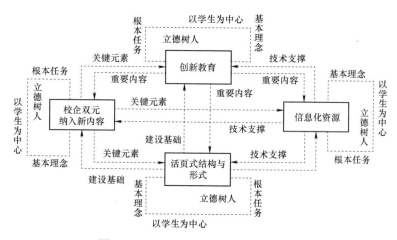

图4-3 "新型活页式教材"建设框架

(2)"新型活页式教材"建设

① 坚持立德树人根本任务,发挥教材育人功能

职业教育教材是培养"又红又专"技术技能人才的重要载体。所谓"红",即教材的政治建设,必须将正确的政治方向、爱国教育放在教材建设的首位。"专",

一方面是职业素养、专业素质的体现,另一方面是专业技术技能的表现。

教材的政治建设,必须为教材注入"中国魂"。首先要体现党的领导,在教材中融入马克思主义中国化实践内容,融入习近平新时代中国特色社会主义内容。其次要将党的教育方针进行细化与具体化,融入教材建设的全过程,使教材的建设理念、教材的建设内容与教育方针、教育改革实现融合。再次要体现爱国情怀与民族自豪感,润物细无声地融入爱国教育内容,融入中国和中华民族精神,激发民族自豪感。最后要体现中华民族优秀传统文化,将中国特色社会主义先进文化融入教材建设中。

教材的职业素养、专业素质主要体现在"教材思政",也就是将思想政治教育与教材专业知识、技能内容进行有机融合。首先,对于专业课教师而言,必须摒弃思想政治教育与专业课无关的观点,牢固树立"全员育人"观念,与思政课教师携手开展全员育人,因此,无论是课堂、教材、课程都必须融入思政元素。其次,在制定教材框架过程中不仅需要体现专业知识与技能,而且要主动梳理课程中所蕴含的思政教育元素,形成教材思政教育的主线,将思政教育主线融入教材内容及其他资料编写的全过程,形成教材知识、技能、思政融为一体的内容体系,实现教材的全过程育人。最后,教材必须融入职业观念、职业素养与专业素质。职业教育人才培养最终面向相关行业、企业,相关行业、企业的岗位要求、职业道德与职业素养也要融入教材建设中。

当然,教材的政治建设、职业素养建设并不是单独设置、孤立存在的,两者之间通过教材知识、技能相互联系与融合。教材的政治建设忌讳生搬硬套式与说教式,需要通过知识、案例等形式呈现,润物细无声地达到立德树人的根本任务。职业素养与职业道德的教育需要通过技能等实践活动实现,通过实践任务的设置达到素养养成的目的。

② 坚持学生主体中心地位,培养学生创新能力

职业教育生源质量整体上低于高等教育,学生无论在学习兴趣、学习管理、学习能力等方面均有较大程度的不足或缺失。在教材开发过程中,需要在学生角度充分考虑其认知能力,编写学习难度适中、语言适宜、适应未来发展的教材。

一是突出学生主体中心地位。教材内容编排要遵循从简单到复杂的原则,学生的认知和能力发展具有循序渐进的发展规律,在教材编排的过程中,应该设置清晰、明确的目标与方向,突出学习重点与难点。教材内容遵从"螺旋上升"规律,"螺旋上升"是周期性重复、高质量上升发展,对教材内容编写应该满足学生知识与技能反复学习与应用的需求。教材编写以建构主义理论为指导,建构主义提倡以教师为指导、以学生为中心的学习,教材内容编排过程中,通过任务、项目、情境等将

知识与技能进行结合，为学生奠定良好的理论与实践基础，通过基础性练习与拓展性活动，让学生在知识习得与技能训练"反复推演"的过程中获得建构式的成长。

二是注重学生创新能力培养。遵循学生发展原则，职业教育教材内容选择不仅需要注重学生知识与技能的培养，适应学生的知识水平、认知能力与专业能力，同时需要关注学生未来职业发展所需的方法与社会能力。

三是适应学生个性化需求。教材内容选择不仅需要满足学生共性要求，同时也需要适应个性需求。个性化内容不是标新立异，而是在共性内容基础上，将内容以模块进行呈现，模块化内容可以进行自由组合，经过组合的内容实现了教材内容的个性化。

③ 坚持校企"双元"合作开发，凸显教材职业能力。

"职教20条"明确了职业教育是类型教育，为职业教育发展指明了方向，因此职业教育教材应是"类型教材"，是有别于普通教育的教材。这种"有别性"不仅体现在编写的方式与体例上，更为重要的是教材内容的职业性和实用性，既来源于生产过程，又服务于实际生产。

一是整合学科与职业新体系。由概念、原理等基础理论知识组成的学科知识具备系统性和理论性，单一的学科知识难以发挥职业教育教材的职业性与实用性。而单一以职业能力为导向的职业教育教材过度强调技能、技术，忽略基本的理论知识，不符合立德树人的根本任务。因此，对于职业教育教材而言，如何整合和处理两者关系显得尤为重要。首先需要确定教材基本单元。以职业能力为主、基础理论知识为辅的基本单元能够将基础理论知识与技术实践知识有机融合，最大限度地发挥职业教育教材的优势。其次是变化教材的组织体例。学科知识体系教材是"章—节"式组织体例，学科知识与职业能力整合后的职业教育教材应该转变为"项目—任务—能力"式组织体例，这样才符合职业教育特点。最后是教材的组织逻辑。现代职业教育课堂已经发生了变革，越来越注重德技兼修，因此，职业教育教材的组织逻辑应该与现代职业教育课堂相匹配，确保教材在课堂中的重要地位。

二是重构单元与模块新体例。活页式教材不仅仅是装订形式的"活"，同时必须保证教材内容的"活"，教材内容的"活"体现在新技术、新工艺、新规范的不断纳入上。装订形式的"活"保证了教材更新时不会被破坏整体，如何保证教材内容更新时不破坏内容的整体性是新型活页式教材需要达成的重要目标。需要达成这一目标，可以将教材内容化"整"为"零"，也就是实现理论知识与实践知识的最小单元化，这一思想与模块化思想刚好不谋而合。所谓模块化，来源于信息技术领域，由于其产品开发周期缩短、成本降低、使用灵活便利等优点，被广泛使用于教育学在内的诸多领域[①]。同时模块是系统最小单元，具有不可分割性；模块本身是一个完整的整体，整体之间又相互独立，组合灵活且遵循特定逻辑[②]。模块化这些特性刚好适用于活页式教材的开发，只需保证活页式教材内容基本单元的独立性，在进行教材更新时即可保证其整体性。

三是融入行业与企业新动态。职业教育作为类型教育，最重要的特征就是其面向职业岗位，培养职业能力。因此，职业教育教材必须反映产业、行业、企业最新技术、工艺和规范。如何保证教材内容能够反映最新动态是职业教育教材的核心问题。首先，教材编写团队由学校教师、企业专家共同组成。企业专家对于新技术、新工艺和新规范了解深入，掌握程度高，能够保证教材内容的职业性与实用性；但是企业的技术、案例不能直接转化为教材内容，而需要经过学校教师精心设计与处理，将其转变为可操作性、可适用性的技能、典型案例，同时教师的教学能力与专业性能够保证教材符合教学规律和学生发展。其次，教材内容融入X证书考核内容。X证书内容是由行业产业最具代表性、最具权威性的企业、行业组织以及学校共同开发的，代表着该专业最新的发展动态、最全面的岗位知识与技能，能够适应产业转型升级，保证学生未来就业岗位与职业发展的可持续性。最后，学生的职业技能、岗位适应能力最终需要得到行业、企业的认可，因此在教材中应该适当引入企业评价，既能保证评价体系的科学性、层次性和完整性，也能够提前获取学生职业能力的情况，有利于学校、教师及时调整教学、教材内容，提升高素质技术技能人才的培养质量。

④ 利用现代教育信息技术，突出教材灵活功能

从教育教学规律的角度看，教材具有一定的稳定性和规律性，这也是教材质量的重要保障。教材的开发需要经历框架设计、内容选取、编写审核、出版应用等一系列过程，这也是教材内容相较于产业、行业、企业的发展有滞后的重要因素，而职业教育与产业、行业发展具有天然的联系，职业教育教材必须快速更新技术、工艺与规范。因此，职业教育教材的主要矛盾是产业、行业的快速发展与教材开发过程相对滞后之间的矛盾，现代信息技术的出现为解决这一矛盾提供了有力的支撑。

一是数字化实现教材的即时性。伴随着信息技术的崛起与发展，"互联网+教育"成为热门的话题，互联网正成为推动教育教学改革的重要力量，"互联网+教材"也

---

① 王启龙，马树超. 我国职业院校教材建设的成效、挑战与对策［J］. 职教论坛，2018（12）：24-29.
② 付强，徐继存. 模块化教学及其对我国高中课程改革的启示［J］. 课程·教材·教法，2011，31（12）：93-97.

渐渐成为教材理论与实践研究的热点。"互联网+教材"实现了教材的数字化，数字化最大的特征是即时性，能够在短时间内完成内容的更新，恰好解决了职业教育教材更新滞后的矛盾。同时，数字化教材的结构多变、呈现方式多样，教材内容可以转变为在线视频、在线动画，解决纸质教材单一、枯燥等问题。并且，数字化教材还能够实现"时时可学、处处能学"，最大限度地扩展学生的学习时间与空间，保证了学习的即时性与便利性。

二是信息化实现教材的功能性。职业教育教材需体现岗位技能与职业能力，在教材内容选取过程中，必然会出现教师难以讲解、学生难以理解的内容。现代信息技术的融入，实现了教材的多样化功能，用短小、精炼的微课、动画等讲述比较抽象的理论知识和工作流程，用 VR/AR 技术将体积庞大、结构复杂、危险性高的零部件、技能、工作流程立体化呈现，用虚拟仿真软件解决学生实践实训时间、空间问题，运用大数据分析、人工智能等手段，挖掘、采集、分析学生学习数据，实现评价智能化。信息技术在教材中的广泛使用，有助于教材发挥学生职业能力培养的载体作用，也有助于教学效率和教学质量的提升。

3. 工作手册式教材开发

工作手册式教材是目前一种相对较新的教材提法，也是国家政策鼓励开发的职业教育教材形式。根据"职教 20 条"的要求，工作手册式教材应以职业能力为教材主体内容，充分利用企业资源，对接企业，对接岗位，同时具有新时代职业教材的特点。

（1）工作手册式教材的基本内涵

工作手册式教材的中心词是教材，《教育词典》中定义："教材，根据教学大纲和实际需要，为师生教学应用而编选的材料，主要有教科书、讲义、讲授提纲、参考资料等"[①]。教材是用来达到教学目的而使用的教授或学习的材料。传统的职业教育教材以教师为中心，重视知识的呈现，忽视学生的学习规律、学习习惯；目前的职业教育教材在形式上强调以学生为中心，将教材设计成任务工单。单纯为教、为学而编的教材都不是适合职业教育的教材。工作手册式作为修饰语既赋予教材职业化的内容属性，又体现出教材简明、专业、实用的形式特点。因此工作手册式教材应当以工作过程的内在逻辑顺序序化教材内容，按工作任务来整合和匹配知识、技能，仿真模拟学生未来的工作过程和情境[②]，引导学生在知识学习中完成技能训练和态度养成，并在此基础上内化成职业能力。

---

① 李诚忠. 教育词典 [M]. 哈尔滨：黑龙江科学技术出版社，1989.
② 李政. 职业教育新形态教材：内涵、特征与编写策略 [J]. 职教论坛，2020（4）：21-26.

工作手册式教材与企业工作手册在内容选择上相同，呈现的是行业或岗位相关知识以及操作步骤等，是从事某一行业人员所必须查阅的资料，可作为工具书使用。工作手册式教材的主体是教材，是根据教学大纲和实际岗位需要，为师生教与学应用而编选的材料。工作手册式作为修饰语既赋予这种教材内容的职业化，又在满足教学需求的同时考虑到学生未来的使用需要。

随着信息技术的发展，传统教材已逐渐从单一的纸质教材向新形态立体化教材转变，工作手册式教材的形式是"纸质教材+配套电子资源"的立体化呈现。配套资源是围绕某个职业能力所制作的不同类型的辅助性材料，与纸质教材同步开发，保证资源的使用匹配度，即动画、视频、游戏、仿真（VR）等形式多样的配套资源需进行必要性与合理性的设计。配套资源的开发没有完成时，需进行周期性调整更新。在形式上创新版式设计、内容编排等方面，紧密对接行业岗位的同时考虑学生的需求。

（2）工作手册式教材开发

一是统筹规划，完善教材建设机制。完善的教材建设机制有利于促进校企双方的沟通合作，从而保证教材开发的进度和质量。为保证教材开发的顺利进行，由学院领导牵头成立教材开发委员会，由学院领导、专业课程教授、行业企业专家及技术骨干共同组成。由教材开发委员会制定教材开发方案，初步确认教材开发依据、教材开发质量评价指标、教材开发团队构成、任务分工等，同时明确教材开发奖惩措施，强调教材开发质量和效率。

二是深入调查，明确教材开发内容和形式。内容的选取是工作手册式教材开发的关键，教材内容的选择一定是根据岗位能力需求以及学生的学习需求来确定。以学校 VOLVO 校企合作项目开发"汽车顾问式销售"教材为例（如表 4-2 所示），教材开发团队采用 VOLVO 经销商问卷调查、专家咨询、现场走访 VOLVO 项目班毕业生，了解汽车销售顾问岗位职业能力构成情况，依据行业标准、专业教学标准、岗位任职标准、职业能力标准，深入研讨销售顾问岗位能力模型及清单，并针对岗位能力清单提炼、抽象工作任务与过程，确定教材整体框架[①]。同时教材内容和呈现形式的确定也参考任课教师和学生的合理建议，例如销售案例的选取、资源的呈现形式、教材的排版等。

---

① 兰金林，石伟平. 职业教育教材内容的选择与组织：职业知识的工作逻辑[J]. 职业技术教育，2019，40（31）：30-35.

表 4-2 "汽车顾问式销售"课程内容对应岗位能力清单

项目	工作任务	能力清单
项目1 汽车销售礼仪	任务1.1 仪容礼仪 任务1.2 仪表礼仪 任务1.3 仪态礼仪 任务1.4 汽车销售礼仪综合应用	（1）容貌清爽，衣着得体，站坐行姿态规范； （2）面带微笑、易让人产生好感； （3）展现良好的职业素养
项目2 品牌历史及文化	任务2.1 品牌历史 任务2.2 品牌服务理念	（1）能向客户介绍品牌历史、文化及特色； （2）能向客户准确传达品牌的服务理念
项目3 展厅销售流程	任务3.1 潜客开发 任务3.2 展厅接待 任务3.3 需求分析 任务3.4 产品介绍 任务3.5 试乘试驾 任务3.6 二手车置换 任务3.7 议价与成交 任务3.8 金融保险 任务3.9 新车交付 任务3.10 客户关怀	（1）能陈述销售流程每个环节并列举其中操作要点，并能够有效独立完成销售流程； （2）在团队协作及客户接待中，经常能建立与他人的个人关系并进行维护； （3）在沟通中能使对方产生共鸣； （4）能运用常用的需求分析方法； （5）熟知产品的卖点及核心竞品的特点； （6）能够独立完成试乘试驾； （7）能结合不同场景，灵活运用常用谈价议价方法； （8）能有效促进团队目标达成

三是紧密合作，实施教材开发任务。校企紧密合作是教材开发的保障。在教材开发过程中，教师成员要进企业，企业成员要赴学校，双向沟通，各领任务。以"汽车顾问式销售"课程为例，销售经理及内训师协助教师团队将岗位典型工作任务及能力清单进行梳理、提炼，并提供真实销售案例，丰富教学资源，确保"学生学习的正是企业需要的"。企业成员依据工作经验，对工作手册式教材在简明、专业、实用方面进行把关。教师成员按照高职教育规律、学生学习规律选择和组织教学内容，不能只关注实践的灵活性而忽视其规律性，从而使职业教育教材变为技术手册式的操作指南[1]。教材内容上注重创新精神、工匠精神、职业精神的培养，将立德树人的理念充分融入教材。

四是与时俱进，保持教材内容更新。教材内容的及时更新是实现教学时效性的有力举措。准确把握随信息技术发展和产业升级最新动向，及时融入营销过程中的新技术、新方法、新模式，工作手册式教材每三年修订一次，并定期更新配套资源，例如销售过程真实情景案例视频、动画等。教材的更新并不是为了更新而更新，而是及时适应行业发展，为了满足学生岗位能力培养的适切性。更新的过程也是校企合作深度螺旋式递进的过程，通过持续优化教材，使教材的生命周期随着教材质量的提升而延长。

五是结果导向，建立教材评价制度。建立结果导向的教材评价制度，跟踪调

---

[1] 陆俊杰. 类型教育视野下职教教材的定位与实现策略 [J]. 职教论坛, 2019（10）：46-51.

查教材的实际使用反馈，以用户视角评价教材开发质量并及时进行教材的修订、优化。教材编写完成后，首先应送一线任课教师和行业企业专业人员进行审核，根据审读意见修改完善后方可出版。其次将教材质量评价纳入毕业生调查内容，将问卷反馈结果作为教材质量评定考核指标之一。同时对用人企业进行调查，将用人单位对学生在实践过程中的具体能力掌握程度的评价纳入教材质量重要指标。

（二）教学资源开发

优质教学资源已成为高职院校实现立德树人目标的有效抓手。为满足人才培养现实需要，高职院校必须不断优化和创新教学资源，而这又依赖优化创新资源的能力，即依托一定模式整合资源结构，以不断满足人才培养要求，切实提高人才培养质量。不同的高职院校具有不同的办学条件和育人基础，因而，开发教学资源的能力也会有所不同。然而，教学资源开发、建设是一项系统工程，仅仅依靠某个高职院校的力量往往难以有效实现，多所高职院校应该紧密配合、协同完成。

1. 职业教育教学资源发展现状

教学资源是教材建设的重要组成部分，2019年国务院颁布的"职教20条"，再次强调"要开发与教材配套的数字化资源"，这对职业教育教材建设步入科学化、信息化和整体化的发展轨道具有重要的意义。

我国职业教育数字化教学资源建设开始于21世纪初期。2006年，国家示范高职院校建设计划提出"创建共建共享型教学资源库"，2015年教学资源库建设成为职业教育领域的重点建设项目。2019年，"职教20条"提出"健全专业教学资源库，建立共建共享平台的资源认证标准和交易机制"等更高的要求，各级政府在此方面投入了大量资金。截至2016年，中央财政共投入专项资金5.2亿元，拉动社会资金6亿元；在2017年和2018年间，仅省级资源库项目就投入资金31亿元。目前已建成国家、地方和院校等多层级教学资源库，其中112个国家级资源库涉及19个专业大类，开发素材资源371万条，建设标准化课程6 067门，包括网络课程（含精品课程、微课、慕课等）、教学（资源）平台（系统）、教学资源库、教学课件和数字教材，参建院校1 330所，企业用户达到21万[①]。

然而数字化教学资源库建设工作也存在不足，主要是利用率和质量问题。根据国家级职教专业教学资源库项目管理年度访问统计，2015年和2016年全国职业院校师生人均访问数据库约2次，2017年上升为6次。2018年总访问量有较大提升，达到6.7亿人次，但每位用户年均直接访问量仍不足20次。较低的直接访问量说明

---

① 黄慧婷. 学习理论视角下高职专业教学资源库个案研究 [D]. 北京：北京师范大学，2020.

教学资源库没有得到有效利用，巨额资金投入的效益并不理想[①]。教学资源库的质量问题表现在：呈现形式单一且陈旧、缺少人性化、不能体现教育学规律和职业教育特色；缺乏针对性和实用性，开放性和互动性差，不能有效支持教师的教学与学生的自主学习等。如果不解决这些问题，就无法真正发挥数字化教学资源的"能学"和"辅教"功能，实现教育的现代化和信息化只能是空谈。

2. 开发教学资源的意义

（1）提高教学质量

职业教育教学实践具有显著动态变化的特征，尤其行业企业岗位需求、人才培养规格、高职院校学生成长要求等方面的不断变化，要求高职院校不断创新办学体制机制、优化人才培养模式、完善课程体系、加强师资队伍建设以及改善实习实训条件等。在适应内外部环境变化过程中，高职院校何以能够实现人才培养目标和可持续发展，取决于高职院校在宏观层面上通过办学育人实践创新产生的综合效应，也取决于高职院校在微观层面上开展教学资源建设的效度水平。教学资源的开发，不仅有助于丰富高职教学资源类型、内容，也有助于提高高职教育教学质量。

（2）丰富高职教学资源

资源是高职教育教学有效开展的前提。没有充足优质的教学资源做保证，即便是合理科学的高职教育教学目标也难以实现。资源的量度、丰度和效度等，会不同程度地影响高职教育教学过程开展及其目标实现。在新时代高职教育竞争日渐激烈的背景下，高职院校之间的教学资源竞争无疑是焦点和核心。高职院校如果能够在激烈的教学资源竞争中取得优势，可以最大化满足和保证办学育人目标的实现。反之，如果拥有的教学资源竞争力偏弱，高职院校占有或享有的资源也相对有限，不利于人才培养过程的有效开展。

（3）促进高职院校内涵建设

内涵建设是高职院校持续发展的重要基础和动力源泉。高职院校内涵建设是一项系统工程，主要包括办学体制机制创新、人才培养模式创新、课程建设、师资队伍建设、实习实训基地建设、教学设备建设、教学场所建设、后勤服务保障条件建设等诸多方面。而内涵建设的主要目的是提高人才培养水平，增强高职院校办学实力。因此，每个方面的内涵建设都必须且应该服务于复合型技术技能型专业人才的培养，否则会直接影响到人才培养过程的有序开展和人才培养目标的顺利实现。作

---

① 艾雨兵，贾让成，等. 职业教育专业教学资源库建设成本效益探讨［J］. 中国职业技术教育，2018（35）：41—47.

为课程建设的重要范畴,教学资源建设是课程建设的关键内容,也是课程教学目标实现的有效载体。因此,推动教学资源建设,有助于促进高职院校课程建设,保证人才培养目标的实现,推动高职院校内涵建设。

3. 需注意的几个问题

受建构主义和情境学习理论影响,德国职业教育认为,为促进综合职业能力发展,有效的学习只能在复杂的职业情境中,通过行动导向的自主学习才能实现。学习不是教师自上而下的知识传递,而是学习者在真实工作情境中自我调节式的知识建构过程[①],教学媒体支持这一过程的实现,为不同职业情境中的专业化互动和交流提供保证。与认知主义强调个体认知过程不同,基于情境学习理论的媒体开发强调真实的工作任务,关注工作环境对学习活动的约束或促进作用;建构主义则认为,媒体无法让信息在学习者个体之间进行直接传递,但领会编码信息能引发受体大脑中信息(知识、含义、动机等)的形成,即世界是由媒体主观构成的。因此,先进的职业教育数字化媒体是开放性的综合化学习系统,它不刻意追求"科学"的教学设计和"系统化"的学习内容,而是为师生的工作与学习过程提供专业化设计和建构的空间。为帮助学生顺利进入"工作世界",学习系统被设计成为"指导性的工作系统"[②],即帮助学习者顺利完成在特定领域、环境和条件下的综合性工作任务。

(1) 按照多种逻辑体系设计内容结构

现代社会的工作世界极为复杂,涉及的知识打破了传统学科和专业界限。职业教育资源的知识呈现方式无法遵循特定的逻辑,具有多样化的结构特征,如:a. 基本常识型:以某一领域常识和基本规律为主要内容,不追求知识的系统性和完整性,不强调概念和学科结构;b. 学科知识型:以学科概念和原理为基础,保证学科结构和知识体系,强调发现式和探究式学习;c. 工作任务型:选择典型工作任务,以解决实际问题的过程为逻辑主线,既强调内容,又关注过程,帮助学生形成行动能力;d. 社会角色型:围绕学习者承担的企业和社会角色(如工人、雇主或消费者等)组织内容,强调技术与人和社会的关系,促进职业素养和设计能力发展。

学习内容有多种呈现方式:a. 简单组合,即将多个学科的知识编辑在一起,各科彼此独立;b. 混合型,即将专业知识用一条线索(问题或任务)串联起来,

---

① BOEKAERTS M, CORNOL. Self-Regulation in the Classroom [J]. Applied Psychology, 2005, 54 (2): 199-231.

② The Cognition and Technology Group at Vanderbilt. Anchored Instruction and Its Relationship to Situated Cognition [J]. Educational Researcher, 1990 (3): 2-10.

整体上有一定逻辑，但各部分有相对的独立性；c. 化合型，即完全打破学科界限，学习内容不是按照传统学科框架，而是按照工作过程或组织构成，围绕职业实践活动进行呈现。

（2）关注学生的体验，激发学习动机

通过生动活泼的呈现方式提高学习动机，每个学习单元配有大量图表和漫画进行专业理论的说明，并通过角色扮演、绘图或小组讨论等引导自主学习和处理复杂的工作关系。按照"包豪斯"（Bauhaus）设计思想，数字化教学资源追求简约，这体现在数字资源设计和访问的快捷和易操作方面。采用简单设计环境和工具如Power Point，即使对软件技术不太了解的人也能进行教材和教学设计，关键是看技术如何有效地支持教学过程，即遵循"技术服从教学"的原则。正如职业教学论专家曼德尔（H. Mandl）教授所强调的："数字化学习的关键不是技术问题而是人的设计问题。如果数字媒体在技术上是出色的，但在教学上却是糟糕而令学习者感到沮丧，这将毫无意义。"

（3）遵循行动导向的学习原则

教学设计遵循行动导向原则，即由师生共同确定的活动产品来引导教学组织过程，学生通过主动、全面的学习，达到脑力和体力劳动的统一。主要表现在：a. 教学目的是全面素质的发展，既包括专业知识，又包括社会、伦理和政治教育等社会知识和技能。b. 学生自我管理式学习。根据需要设定学习目标，确定学习资源、选择学习方法并评价自己的学习结果。c. 学生根据需要选择学习内容，不必重复已经掌握内容，可随时利用评价标准评价自己的学习成果，实现个性化学习。d. 工作过程完整的学习经历。不管要解决的问题的大小和复杂程度如何，都要完成从确定生产任务、制订工作计划、做出决策、实施、质量控制到评估反馈这一整个过程。学生不仅要学习范围广泛的知识技能，而且要在实践中完成客户订单，重视学习的外在结果，把"应做什么"变为"会做什么"。教师根据学生特点，按照教学内容和要求选择或编制媒体。作为教与学因果链中的重要因素，媒体与教学的目标、内容和方法，师生的能力以及社会文化环境等共同组成了不同的教学模式。

（4）强调在情境中的知识建构

数字化教学资源与人才培养模式、课程与教学理念密切相关。德国职业教育强调情境学习，学生在真实（或虚拟）学习和工作环境中，在他人（同伴、教师、师傅）的协助下，通过沟通与交流，对与职业工作有关的知识、技能、态度与价值观进行主观上的建构。教师不提供现成结论，而是提供材料，设置一系列情境让学生自行探究、判断，并得出结论，学生在完成综合性工作任务的过程中获得对工作的认识（工作过程知识）①。以现实生活和工作环境为基础，通过情境设计介入知识建构过程，可以有效地支持学习；学生从教师、同学甚至是竞争伙伴那里获得所需的知识和技能，同时加强调道德行为和态度的学习，提高在困难条件下和实践中解决综合问题的能力。

（5）强调开放性和交互性

数字化教学资源的实质是开放性学习系统，为师生在教学过程中提供教学设计和专业发展的设计空间，允许教师根据需要随时更新或添加学习内容，允许学生保留和分享自己的学习成果和经验。学生在复杂工作情境中处理专业问题并开发解决方案，通过与工作对象和工作人员的有效交互实现学习，这符合"教学交互层次塔"理论的要求，即学习是通过不同层面的教学交互实现的②。在此教师的职业角色发生了变化，责任范围扩大而复杂化，从讲授者转变成为学习过程的策划者、组织动员者、自我管理学习的咨询者和参谋。教学资源引导以学生为主体的互动过程，学生通过角色扮演、价值分析、模拟工作等活动获得知识和情感体验，将知识学习、开发和研究性学习，甚至社区服务等社会实践结合在一起，通过实践增强创新意识和能力，增进学习、工作与发展的密切联系，形成思想品德。

三、课程开发

（一）开发困境

课程开发是一项非常复杂的实践活动，在具体的开发过程中也暴露出许多现实问题，尤其体现在课程开发的工作模式上。"工作模式是使系统性的课程开发有序进行的保障"③，工作模式出现问题意味着职业教育课程开发的效果将大打折扣。当职业教育课程开发落实到具体的行动上，众多人员参与其中时，开发过程中的主体、方式以及人员配合等都影响着课程开发的实际成效。

1. 开发主体不明确，责任模糊

受职业教育课程特点与实际需求状况的影响，进行职业教育课程开发的人员往

---

① JONASSEN D. Learning from, in, and with Multimedia [A]. DIJKSTRA S, et al. Multimedia Learning [C]. Frankfurt: Lang, 2001: 41-67.

② BECKER M. Learning with Tutorial Working Systems [A]. RAUNER F, MACLEAN R. Handbook of TVET Research [C]. Dordrecht: Springer, 2008: 475-481.

③ 闫智勇，吴全全，杨宏娜. 工作过程系统化课程视角下应用型大学教师专业化发展对策[J]. 中国大学教学，2017（8）：80.

往来自多方面、多机构。因此，明确成员实际参与的课程开发内容与承担的角色将是首要任务。然而，现实中较突出的问题在于参与职业教育课程开发的人员并不十分清楚自己的身份定位，对于自己所应承担的任务也没有清晰的认识，尤其是教师。他们拥有较强的教学能力与经验，却在实际的课程开发过程中作用甚微，课程开发似乎仅仅变成了岗位专家、课程专家的主要任务。虽然岗位专家、课程专家对职业教育课程开发提供了宝贵的技术与专业支持，但真正接受并实施课程的主体是教师，他们在课程开发与设计中必须承担具体的开发任务，才能更好地推进课程实施。

2. 开发方法不严密，效果欠佳

职业教育课程开发过程大体可分为六个环节，即市场需求调研、任务与能力分析、课程结构分析、课程标准编制、教学设计和教学资源开发。开发过程中每一个环节的落实与细节都至关重要，但是目前存在的问题是由于缺少统一规范、操作性强的开发方法细则，在实践中容易造成课程开发人员开发方法不当、做法错误等，影响课程的最终呈现。例如，在市场需求调研的环节中，经常采用调查问卷的方式作为掌握知识和能力结构的关键性方法，但结果显示，采用这种方式的价值并不大。此外，在课程开发的具体实施过程中，某些地方或职业院校会直接省略任务与能力分析这一环节，直接由教师进行分析，或者非正式地组织岗位专家和任务分析专家进行指导分析，使该环节仅流于形式。这样的开发方法难以符合课程开发原则，开发出的课程也难以合乎人才培养的要求。

3. 开发人员不配合，效率低下

课程开发是一个需要参与人员高度配合的过程，在职业教育课程开发的六个环节中，每一个环节都需要至少两方面或两个机构的人员参与。当多方参与到同一环节之中，相互配合就显得至关重要。然而现实的情况是，由于各方所属体制、环境不同，工作思路以及工作方式有所差异，故而让这些具有不同领域工作经验和想法的人员短期内达成一致理念与工作方向并非易事。而理念冲突与思维方式的不同极容易导致工作中各种问题的出现，在合作过程中难以达成配合或者合作效率较低，甚至出现因合作不善而导致开发人员参与积极性低或缺席的情况，影响课程开发的进度。

（二）开发范式

近年来，倡导"实践本位""能力本位"的工作过程系统化课程开发理论，凭借其观点的先进性、结构的完整性、操作的科学性、应用的广泛性和成果的迁移性，帮助众多高职院校开发了一系列国家级、省部级骨干专业和精品课程，为实现创新性、示范性院校的转型升级及"双高校"建设，开辟了一条凸显职业院校办学特色、推动专业建设发展、助力课程改革、提升人才培养质量的通幽之道。

1. 工作过程系统化课程开发范式的内涵

工作过程系统化课程开发范式全称为"基于开放性参照系和交互耦联的双系统化工作过程的课程开发范式"[①]，典型性工作过程系统和普适性工作过程系统是其关键要素。

一是典型性工作过程系统。它是指在某个工作领域范围内，根据其从属的生产工艺、行业规则、职业规范和从业资格等标准与要求，从某岗位或岗位群的待办项目中进行典型工作和核心任务的抽取、筛选、归置与整合，形成工作要素简洁化、岗位特征鲜明化、工作任务典型化、工作步骤结构化、操作流程可视化、工作绩效可迁移化的典型性工作环节，构成胜任某项工作所需的简化步骤、高效机制和动态系统。同时，借助教育学、心理学和行为学理论进行结构性优化和系统性升级，实现行为领域归置和教学领域转化。

二是普适性工作过程系统。工作过程是个体的内在心理机制与外显动觉系统相互统合、对客观世界进行加工改造的序列化行为，而"咨询—计划—决定—实施—检查—评估"的完整闭环是高效完成每个行为的基本步骤，是从心理学、行为学和逻辑学层面对个体在工作时的潜在意识和心理机制的抽象概括与共性凝练，是行为主体相对固定的结构性指征和系统化要素，是符合行为主体的思维认知特点和个体行为逻辑的自然法则与客观规律。

2. 工作过程系统化课程开发范式的具体操作

工作过程系统化课程开发范式是工作流程在教学场域的集中呈现和具体应用，工作理念、工作内容、工作流程、工作方法和工作环境等具有开放性的职业性、参照性因素通过典型工作筛选、行为领域归纳、学习领域转换、学习情境创设的教学性转换，进入高职教育场域，让学生达到知悉工作内容、习得工作技能、培养职业思维和适应工作环境的课程目标。其具体操作主要分为总体设计与具体实施。

（1）工作过程系统化课程的总体设计

总体设计主要负责在对岗位和工作进行考察与调研后，将岗位或岗位群的典型任务和核心能力进行行为领域分解与归置，并逐个转化为教学领域的教学目标和教学场域的创设，且在每个教学场域下设至少主题接近、类型相似、成果可比的三个教学情境，布置学生完成。在实施具体的教学工作时，教师只需按照教学情境以及下属的典型工作环节逐一开展，根据普适性工作过程系统化原则设置每个典型工作环节的任务单，指导学生填写后严格执行、及时跟进、适时纠错、按时提交，学生

---

① 姜大源. 当代德国职业教育主流教学思想研究——理论、实践与创新[M]. 北京：清华大学出版社，2007：190+33.

完成后结束课程学习（如图4-4所示）。

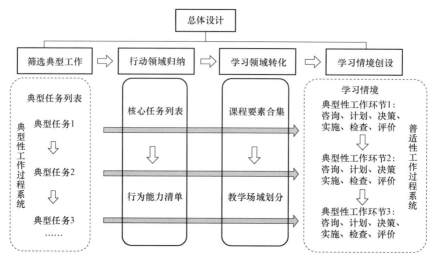

图4-4 工作过程系统化课程开发范式的总体设计

一是勘察岗位现场，筛选典型工作，甄选课程内容。典型工作任务分析是工作过程系统化课程开发范式的逻辑起点和开篇工作，在工作过程系统化开发的序列化工作中发挥着"领头羊"和"指挥棒"的作用。与基础教育和普通教育课程内容的偏静态性质有所不同，职业教育的专业知识和技能训练都与职场紧密相连。同时，当下技术领域指数式的演进速度和职场日新月异的更迭速度也要求与其配套的职业教育行业极具应用时效、动态性质和进化空间。因此，以深入岗位所在、勘察职位现场、调研岗位的前沿信息和核心任务作为课程开发的首要之举，其必要性不言而喻。典型工作任务筛选分为三大步骤：首先，选定岗位样本。考虑现实需要和行业发展可能，以2:1的比例选择现有岗位和未来岗位作为岗位调研的样本。其次，采集样本数据信息。高职院校教师或业内资深人士下沉至岗位一线，采用实地调研、线下面谈、线上采访、问卷调查等方法，对样本岗位涉及的关键性工作任务进行系统采集。最后，以任务性质、工作目标、工作要素、时间排序等指标，整理和筛选出具有代表性的典型性工作任务清单。这样的任务清单以教师的专业理论背景和业内人士的丰富经验为铺垫，以调研资料和数据信息为支撑，从基础理论、人员结构、信息来源、采集方法等方面确保后续的行动领域归纳、学习领域转换、学习情境创设等课程结构重塑等工作朝着科学、合理、有序的方向发展。

二是归纳行动领域，提炼核心能力，确定教学目标。"行动领域指的是与职业的、生活的以及公众的有意义的行动情境相互关联任务的集合。"①作为中间环节，行动领域归纳承载的承上启下的作用是至关重要的。由于典型工作筛选主要是从内容维度开展，所涉任务有可能品类众多、杂乱无章，需要将同一辖区内所需能力接近、功能性质类似、复杂程度相当的任务进行简化提炼与二次整合，随后逐条细化、分解为若干核心行为和关键任务，最终形成与行为能力关联性强、逻辑关系逐层递进的行为标的体系，高屋建瓴地为学习领域和教学情境设计环节提供系统化的方向引领与目标指南。进行行动领域归纳是工作过程系统化课程设计的关键性步骤，一方面，行动领域归纳能够帮助来自基层的工作流程、核心能力和职业素养等重要信息真正进入教育场域并发生教育性转化，最终成为工作过程系统化课程知识体系构建的影响因子，成为确定课程教学目标的重要指征；另一方面，行动领域清单作为学习领域转换、学习情境设置的上级引领，是工作过程和行动逻辑作为课程组织参照系发挥作用的直观反映，事关课程架构重塑、教学目标调整、知识内容序化、学习单元细化、情境创设跟进等实质性、核心性工作，对课程改革的整体运作和终极效果起着牵一发而动全身的作用，应当予以高度重视、准确分析、整体统合、严格把控和评估。

三是转换学习领域，划分教学场域，重塑课程结构。学习领域是将行为领域的目标体系解构、转化为由教学目标表述和学习内容呈现的教学主题与学习单元，主要由"能力描述的学习目标、任务陈述的学习内容和总量给定的学习时间（基准时间）三部分构成"②。作为衔接最紧密、概念最接近、内容相似度最高的环节，行为领域归纳与学习领域转换有着密切联系和本质区别。学习领域作为行动领域的下一层级，是对应行为领域目标指令建立的教师教学行为和学生学习体系，是划分教学场域和塑造课程结构的依据。而两者的差别在于，行为领域的行为主体是社会人或职业人，学习领域的行为主体则倾向于学习者和课程受众；行为领域涵盖的是已成形、可溯源的典型性工作任务和核心性行为动作，而学习领域则需化解其背后的成因等隐性机制，并转化为教学领域内的操作项目和学生的学习行为合集。可见，学习领域承载的是职业要素和行为要素从外围到内核、从形象到抽象、从一线岗位到教育领域的教学论加工与对偶性转换。学习领域建立的知识系统和学习主题，是工作过程系统化课程的主心骨与大动脉，直接决定了教师教什么、学生学什么，学习领域设置的科学性、逻辑性与合理性很大程度上决定了课程的效果和改革的成败。

---

① 姜大源. 工作过程系统化课程的结构逻辑[J]. 教育与职业，2017（13）：11.
② 邱海英. "完整行动模式"教学范式的理论与应用[J]. 广西教育，2019（1）：60.

四是创设学习情境，划分学习单元，搭建教学环境。学习情境就是课程的每个学习单元。为高效创设学习情境，课程开发人员需要充分利用前三个步骤的阶段性成果，根据学生的智力类型、知识储备、成长规律等客观因素，设计更恰当的教学单元、更立体的学习环境和更饱满的教学方案。首先，遵循行为记忆路径成形与固化的规律，按照并行、递进、包容的原则，在同一学习领域下，统一范畴内设置三个或三个以上的由易到难、由简至繁、结构相近、成果可比的教学情境，通过学习情境的迁移实现多次学习、反复训练、持续熏陶，为学生的过程性知识习得、行动化思维养成和智慧性技能塑造创造充分的机会与条件。其次，将咨询、计划、决策、实施、检查、评价"六步教学法"嵌入教学实施中，让学生作为学习主体以过程性、生成性、开放性的学习方式获得过程性知识，养成科学有序的思维模式与行事习惯，为其他领域的学习以及未来步入职场奠定良好的行为基础。最后，实现职业要素的氛围化和泛在化。教学单元的创设应当包含工作对象、工作手段、工作环境等职业要素参照系指标，注重培养职业氛围、创设职业环境、架设职业平台，将不同的工作情境对学生专业的不同诉求加以展现，为学生提供贴切的学习主题和适当的行为环境，创造浓郁的职场氛围和职业文化，让理论知识、课堂文化与企业文化、职场文化不断碰撞并产生化学反应，给学生带来新鲜感的同时更带来新的认知与提升。

（2）工作过程系统化课程的具体实施

"职业教育的教学过程是对客观存在的工作过程基于教学论加工后的结果，是在学习情境（课程单元）基础上构建的一套相互之间存在逻辑关系、用于教学的系统化工作过程。"工作过程系统化课程的实施，主要是在总体设计第四步的教学情境展开。首先，作为工作过程系统化教学实施工作的横向坐标、工作过程系统化总体设计的最后一步——学习情境创设，需将所有下设的典型工作环节备齐，形成典型性工作系统。其次，六步教学法作为教学设计的纵向坐标，是学生完成每个典型工作环节的标准化步骤。教师需要按照六步法则制定学习任务单，并在检查、完善学生的表格填写内容后，对其完成情况加以跟进、监督和指导。

一是咨询。学生在接到学习任务书后，即可自由组队，根据典型工作环节第一步的要求，分析咨询任务的目的和任务，并填写咨询单。"教师需要在这一环节观察学生的分析思路和信息获取方法与途径，必要时予以提醒纠正，确保获取方法的正确性、效率性和收集信息的准确性。"

二是计划。将小组成员收集到的信息全部汇总，根据信息性质和功效进行分类，并提出拟订方案目的、工作步骤、注意事项和组员分工的多套可行性方案，填写计划单。教师指导学生制作计划单，并在学生完成后及时评价。

三是决策。学生根据决策单项目，基于现有计划的难易程度、时间成本、经济成本、成效优劣进行可行性、经济性、可操作性等指标比对，并在完成决策单填写后，采用小组讨论、组员投票等方式做出最后决定。教师应当深入、系统挖掘各个计划的优劣势，必要时给出科学、合理的意见，辅助小组做出选择。

四是实施。实施计划是学生完成典型工作环节的实质性步骤。学生需要在细化完成步骤、明确组员分工、确定完成时间、制定评价指标等充实方案的工作后，严格按照方案细节逐步实施，并且需要及时检查、不断反馈和调整计划，以确保方案目的实现。教师需要根据自身知识储备和以往经验整体把握各个小组的完成进度，及时处理和记录相关问题。

五是检查。检查是每个小组在完成本次工作环节的主体工作后，按照原定计划或决策方案要求，对本次工作进行组内自检、查缺补漏。教师应当以旁观者或局外人的身份，更清醒、冷静地看到团队在工作过程中出现的主要矛盾和重大问题并及时提醒与纠正。

六是评价。在所有小组完成任务后，全体学生和教师需要对各组的阶段性成果进行组内自评、组间互评和教师点评。学生可以参照相关评价标准反思和交流本组各步骤的开展情况以及组员表现，从规划部署、决策选择、实施方法、合作方式、团队效率等方面分享体验、汲取经验，为下一环节的任务做好准备。教师应做好记录与点评，提出优化建议和整改方案。

（三）开发策略

1. 在教学内容层面，注重知识性与技能性的平衡

工作过程系统化开发理论有两个显著特点，即课程设计和教学实施的行动性、工作过程与教学过程的对偶性。以行动逻辑作为课程开发的导向，将典型工作和核心能力作为筛选、整合课程内容的依据，将典型性工作过程和普适性工作过程作为教学情境创设与学习任务执行的流程，这一系列的操作无一例外地将学生的职业化培养、技能化提升放在了课程目标的突出位置，凸显和满足了一线岗位对在校学生与应职人员的能力诉求。但需要注意的是，课程教学作为人才培养的一个环节，其知识目标、能力目标和素养目标的统筹与兼顾缺一不可，教学的理论性和实践性、知识性和技能性的平衡也不可忽视。过于重视理论知识的传授、忽略能力提升和内涵蕴蓄与过分强调实践经验的积累及职业能力的提升、忽略学生知识体系和理论架构的搭建，同样不可取。要根据学生职业发展需求将知识与技能进行合理配比、有效叠加，让静态、惰性的知识构成与动态的能力培养成为相辅相成、相得益彰的教学要素，成为科学合理、高效循环的教育教学生态环境的中枢神经和骨干力量。

2. 在课程设计层面，注重时效性与发展性的平衡

典型性工作过程系统是工作过程系统化课程开发进行教学内容整合与教学情境创设的主要依据，是课程实施过程中典型工作环节的信息来源。而典型性工作过程是真实工作过程经过教学转化后的抽象化形态，与现实中的职场工作流程有着高度的粘连性和对偶性，需要教育工作者长期扎根相关工作岗位或从业人员在教学论指导下进行实践到理论的升华方能获取。在设计典型性工作系统的过程中，课程开发人员应当秉持立足现在、放眼未来的理念，紧跟行业发展步伐、把握行业发展脉络，用全局观的意识、前瞻性的视角、统筹性的方法来设定课程目标，组织教学实施，在课程理念、知识架构、教学内容、实施流程等环节高度还原真实工作岗位环境、满足当下职业需求的同时，将学生的思维模式、学习能力、行为方法和办事能力等应对职业未来发展的核心能力作为重要的教学目标，凸显课程的时效性与发展性融合、基础性与拓展性交互的特点，让学生在结束课程学习后不仅能获得基本的工作能力和职业技能，更能快速适应、从容应对未来社会发展对职业提出的全新要求和未知挑战。

3. 在课程应用层面，注重原则性与灵活性的平衡

人才培养方案中有通识类和专业类课程。通识类课程在应用工作过程系统化理论时，应当注重灵活、有机的应用。例如，思政课在人才培养方案的课程定位中属于基础性和通识性课程，其课程定位和教学目标更倾向于学生思维能力、道德水准和综合素养的培养。思政课具备应用工作过程系统化开发理论的潜质和属性，但不可否认的是，其在专业能力和职业技能培养上无法与专业课程、职业训练相提并论。因此，在应用工作过程系统化理论时，应当坚持思政课的理论精髓、育人目标的核心要义。在进行教学内容重组、教学目的重设等工作时，侧重发挥普适性工作过程的优势，注重对学生的思维方式、工作方法、团队合作能力和沟通交流能力进行引导与打造；在教学语言体系的转化中，应当注重利用理论中的工作化要素和系统化理念，对学生进行专业性启蒙教育和职业化氛围塑造。应用工作过程系统化理论是为了真正提高课程实效，如果仅仅为了改革而改革，将理论生搬硬套，必然适得其反、得不偿失。

4. 在教学目标层面，注意全面性与专业性的平衡

教育不能过于片面，不能培养不会思考、不会批判的"单向度的人"。正如石中英先生所说："教育作为一种人道主义的事业，其价值不仅仅在于维持个体直接的生命活动，更在于使个体生活得更有意义、更高尚。"因此，以职业化取向作为教学的载体，我们应当有所警醒。如果职业教育的价值取向仅表现出对技能、对技术的关切，学生受教育中的所有环节都带有职业因子和技术倾向，基础类、普适性、

通识类课程也都无一例外地贴上了职业化标签，如果学生仅片面地重视专业和技术的发展而忽略基础性知识的构建与全面性能力的拓展，其视野中仅剩下职业和技术，这样的教育是狭隘和短浅的，高等教育场域"通"与"专"的生态平衡将被打破，姜大源倡导的"工作过程系统化课程的目标是人在自身职业生涯中的可持续性发展"也将难以为继。这是任何教育理论、教育类型都应当防范的。教育应当让学生在职业视域之外学会反思、学会学习、学会生活、学会独立，意识到"职业活动只是个体生活的一部分，在职业生活之外，人的生存还存在广阔的空间"。

四、本章小结

作为高职院校教师，在课堂教学过程中究竟应该给学生"教什么"？这是值得每一位教师深入思考的重要问题。教育不是简单的理性知识堆积，知识不等于能力，知识与技能传授是高职院校课堂教学的起点，更为重要的是，要通过知识与技能的传授，内化为学生的能力，并在这个过程中逐渐形成学生正确的人生观、世界观和价值观。教学内容是指教师以专业知识体系为依据，以教材、教学资料、社会文化为基础，密切结合新工艺、新技术、新材料，以服务于教学过程中知识、能力、情感三大目标为目的，以促进教与学的互动并充分结合学生学习经验为导向而精心选择、凝练生成的课程教学基本教学资源，是教师课堂教学的施教蓝本。

高质量的课堂教学要讲究方法，要引起学生的兴趣，引发学生思考。要达到这一目标，我们必须真正站在学生的角度来思考问题，通过教学内容的合理选择与高度凝练、教学方式方法的有效运用、教学过程的精心安排，深入浅出，旁征博引。这样才能打破以教师的"教"为主的传统课堂，转变为以学生的"学"为主的课堂，让每堂课深入人心。而选择合理的课堂教学内容，构建合理的教学内容体系乃是课堂教学过程中的核心环节，直接关系到教学质量和人才培养质量。

第五章

高职院校教学方法革命

教学方法是指教师和学生为达到教学目的而开展的教学活动的一切方式、方法、途径的综合,包括教法和学法两个方面,是实现教育培养目标之必然。教学论认为,教学方法作为无形的纽带,维系着教师的教和学生的学,并直接影响着教学水平的提高和教育目的的实现。苏联教育家巴班斯基说过:"学生的学习成绩,在很多方面取决于选择和运用教学方法最优结合的技能、技巧如何。"教学方法的革命具有很强的操作性,不同的专业、不同的教师操作起来会有一定的差异。

一、教学方法革命的定义

教学方法是影响教学质量的重要因素,关涉到教学任务的完成、教学目标的实现以及学生能力的培养和发展。根据《现代汉语词典》的解释,"革命"是指"根本改革"。从语义辨析的角度看,"革命"有着革新陈旧的色彩和倾向,意味着旧秩序的打破和新秩序的建立,在本质上是从一种平衡过渡到另一种平衡,以不断变化着的方式去适应深刻变化了的环境。借助语言学的解释加以理解,"革命"更多指的是"事物的质变而非量变"。同时,"革命"既可以指规模较大的改革,也可以指小规模小范围的革新;既可以指长期的、有目的、有计划的改革,也可以指短期的革新[1]。关于教学方法革命,加拿大著名教育改革专家麦克尔·富兰认为,教学方法革命"是一个过程而不是一个事件"[2]。美国学者拉斯卡认为,教学方法变革是

---

[1] 李森,陈晓端. 课程与教学论 [M]. 北京:北京师范大学出版社,2015.
[2] MICHAEL F, et al. The New Meaning of Educational Change [M]. 2nd. London: Cassell Educational Limited, 1991.

"教师发出和学生接受学习刺激的程序变化"[①]。苏联教育家巴班斯基认为，教学方法革命是"教师和学生在教学过程中为解决教养、教育和发展任务而开展的有秩序的、相互联系的活动办法的变化"[②]。王策三先生将教学方法革命理解为"为达到教学目的，实现教学内容，运用教学手段而进行的，由教学原则指导的，一套方式组成的，师生相互作用的活动变化"[③]。李秉德先生认为，教学方法变革是"在教学过程中，教师和学生为实现教学目的，完成教学任务而采取的教与学相互作用的活动方式的变化"[④]。另有学者将教学方法革命理解为，"在教学过程中教师和学生为实现教学目标、完成教学任务所采取的由一整套教学方式组成的操作程序的变化"[⑤]，是"教学本身或环境教学在教育安排的条件下所发生的一切变动"[⑥]。综合国内外学者对教学方法革命的定义可以看出，在"教学方法革命"这一特定的概念中，"革命"包含两个方面的含义：首先，它是指教学方法按其自身发展的内在规律所表现出来的变化。在变化形式上表现为渐变，在变化原因上表现为内因性变化。其次，它是人们有目的、有意识地基于文化动因对教学方法进行的改革。

二、教学方法革命的理性认识

（一）教学方法没有普适性

没有任何一种教学方法适用于所有的课堂，即使目前最常用的讲授法，也因教学内容、教学设计、学生接受程度、课堂提问、教师风格等而有所不同。教育部推广的优秀的教学方法，例如，专题式教学方法、案例式教学方法、互动式教学方法、体验式教学方法、参与式教学方法等，都有此种教学方法"生长"的特定条件，这些条件包括教学内容、教学设备、学校文化、学生的年龄兴趣、教师的专业特长和教学经验等，一旦这些条件发生变化，相应的教学方法也必定发生变化。我们要树立一种对教学方法的理性认识，既要看到教学方法的价值和功能，也要看到教学方法的价值和功能发挥是有条件和范围的，即任何一种教学方法都可能是有用的，却不是万能的，不存在适合于所有学校、所有教师和学生的教学方法，过度强调教学方法的可模仿性和可操作性容易使教学方法改革走向机械主义和形式主义。因而所

---

① 顾明远．教育大辞典［Z］．上海：上海教育出版社，1998.
② 巴班斯基．教育学［M］．吴式颖，等译．北京：人民教育出版社，1986.
③ 王策三．教学论稿［M］．北京：人民教育出版社，2005.
④ 李秉德．教学论［M］．北京：人民教育出版社，2001.
⑤ 李森．现代教学论纲要［M］．北京：人民教育出版社，2005.
⑥ 江山野．简明国际教育百科全书（课程卷）［M］．北京：教育科学出版社，1991.

谓教学方法适用性问题，从根本上说是选择与创新的问题，只有富有个性化的选择与创新，才有合适的教学方法。

（二）教学方法改革不是简单移植

教学方法改革意味着立足现有资源基础之上的创新，而不是对其他学校教学方法的简单移植。任何一种教学方法的选择都要结合本校现有的教学资源，既不以求全责备的心态看待本校已有的教学方法，也不以奢求万能的心态苛求新的教学方法。教学方法改革不是以一种教学方法替代另一种教学方法，也不是唯有新的教学方法才能拯救教学，而是要在立足本校现有资源基础之上，结合本校具体问题，寻求教学方法的最优化。"最优，不是最大和最小的简单平均数。最优是指对现有条件来说，对学生和教师在当时的实际可能性来说，以及一定的准则来看是最好的。"只有立足于全面优化，教学方法改革才能成为促进教学实效整体螺旋上升的重要力量。教学方法改革当然要改变一些旧的、不合理的东西，但是，更重要的是要在立足本校现有资源基础之上，借鉴他校教学方法改革的经验，积极创新，寻找适合本校自身的教学方法。

（三）教学方法改革要优化组合

教学方法改革要树立多种教学方法优化组合运用的观念。教学方法改革并不意味着在教学过程中仅仅使用一种教学方法，案例式教学法就只能使用案例，专题式教学法就只能使用专题。现代思想政治理论课教学内容的多样性和复杂性，使得单一的教学方法往往不能达成教学目标，现代教学方法改革往往是多种教学方法的优化组合运用。例如，在教育部推广的专题式教学法中，即应实现讲授法与案例法、启发式、讨论法、读书法、演示法等多种具体教学方法的有机结合。教学方法具有个性，每种方法都有其优点和局限，各种方法互相取长补短、科学组合，才能切实提高教学质量。

三、教学方法革命的实施路径

（一）教学模式改革

教学模式可以定义为是在一定教学思想或教学理论指导下建立起来的较为稳定的教学活动结构框架和活动程序。作为结构框架，突出了教学模式从宏观上把握教学活动整体及各要素之间内部的关系和功能；作为活动程序则突出了教学模式的有序性和可操作性。互联网信息技术发展的突飞猛进，有力推动了社会、经济、文化、教育的深层次变革，以大数据、云计算、物联网等引领的互联网及新媒体为现代职业教育教学模式的创新发展提供了新思路、新途径和技术支撑。

在 2011 年颁布的国家《教育信息化十年发展规划（2011—2020 年）》中指出，实现教学的信息化发展要时刻谨记以教育理念创新作为先导，以优质教学资源和信息化学习环境为基础，以创新的教学模式和学习方式作为核心。由此可以看出，传统的教育教学中"以教师为主体"的教学模式逐渐将被以"学生为主体"的开放式的新型教学模式取代。在这种全新的变革中，其核心就是要改变传统的填鸭式教学模式，将先进的科学技术和具体的教育活动相结合，强调以学生为主体，以创新合作的探究式学习模式作为课堂的主角教学模式。

1. 翻转课堂教学模式

"翻转课堂"的概念最开始的英文表达为"Inverted Classroom[①]"以及"Classroom Flip[②]"这两种，后面则逐渐被"Flipped Classroom[③]"取代，现在国外的研究中普遍用"Flipped Classroom"来表述"翻转课堂"。2000 年，"翻转课堂"作为一种独立的概念被美国研究学者 Lage 和 Platt 在《经济学教育杂志》上被明确提出，同年 Bake 教授也针对"翻转课堂"在十一届大学教学国际会议上进行报告。2011 年《环球邮报》上一篇名为《课堂技术发展简史》展示了近几千年来人类教学方面的变迁和改革，其中在 2011 年出现的重大的课堂革新技术就是翻转课堂。

2011 年 Technology Entertainment Design 会议中，Sal man Khan 对翻转课堂教学模式进行了定义，他认为翻转课堂教学模式是一种学生课前通过在家中观看教学视频，于课中在教师的指导下完成作业，并及时发现问题和解决问题的学习过程。

作为"互联网+"时代的一种新型教学模式，翻转课堂模式贯彻了"先学后教"的教学理念，有助于学生实现由"被动学习"向"主动学习"的转变。在教学角色方面，教师由知识传授者变成了学习的指导者，学生由被动者转变成主动研究者；在教学的形式上，由"课堂讲解—课后练习"的教学形式转变成"课前学习—课堂研究"的形式；在教学的内容方面，由灌输式的知识讲授转变成主动式的问题探究；在评价方式上由传统纸质评价转变成多角度、多方式、多元化的评价方式；在技术

---

① The Flipped Classroom［EB/OL］．［2012－03－16］．http://digitalsandbox.weebly.com/flipped-infographic.html.
② MERIS S. A First-hand Look inside a Flipped Classroom［EB/OL］．［2012-03-18］．http://www.eschoolnews.com/2012/02/09/a-first-hand-look-inside-a-flipped-classroom/.
③ The Flipped Classroom［EB/OL］．［2012－04－12］．http://batchgeo.com/map/8a3b1332c605d5384c33f3d2a18ec545.

应用上，由内容讲解转变成自主学习、交流沟通的形式。

（1）特点

传统教学过程通常包括知识传授和知识内化两个阶段。知识传授是通过教师在课堂中的讲授来完成的，知识内化则需要学生在课后通过作业、操作或者实践来完成。在翻转课堂上，这种形式被颠覆，知识传授通过信息技术的辅助在课后完成，知识内化则在课堂中经教师的帮助与同学的协助而完成，从而形成了翻转课堂。随着教学过程的颠倒，课堂学习过程中的各个环节也随之发生了变化。

① 教师角色的转变

翻转课堂使得教师从传统课堂中的知识传授者变成了学习的促进者和指导者。这意味着教师不再是知识交互和应用的中心，但他们仍然是学生进行学习的主要推动者。当学生需要指导的时候，教师便会向他们提供必要的支持。自此，教师成了学生便捷地获取资源、利用资源、处理信息、应用知识到真实情境中的脚手架。伴随着教师身份的转变，教师迎来了发展新的教学技能的挑战。在翻转课堂中，学生成为学习过程的中心，他们需要在实际的参与活动中通过完成真实的任务来建构知识。这就需要教师运用新的教学策略达成这一目的。新的教学策略需要促进学生的学习，但不能干预学生的选择，教师通过对教学活动的设计来促进学生的成长和发展。在完成一个单元的学习后，教师要检查学生的知识掌握情况，给予及时的反馈，使学生清楚自己的学习情况。及时的评测还便于教师对课堂活动的设计做出及时调整，更好地促进学生的学习。

② 课堂时间重新分配

翻转课堂的第二个核心特点是在课堂中减少教师的讲授时间，留给学生更多的学习活动时间。这些学习活动应该基于现实生活中的真实情境，并且能够让学生在交互协作中完成学习任务。将原先课堂讲授的内容转移到课下，在不减少基本知识展示量的基础上，增强课堂中学生的交互性。最终，该转变将提高学生对于知识的理解程度。此外，当教师进行基于绩效的评价时，课堂中的交互性就会变得更加有效。根据教师的评价反馈，学生将更加客观地了解自己的学习情况，更好地控制自己的学习。学习是人类最有价值的活动之一，时间是所有学习活动最基本的要素。充足的时间与高效率的学习是提高学习成绩的关键因素。翻转课堂通过将"预习时间"最大化来完成对教与学时间的延长。其关键之处在于教师需要认真考虑如何利用课堂中的时间，来完成"课堂时间"的高效化。

③ 学生角色的转变

随着技术的发展，教育进入一个新的时代，一个学生可以进行自我知识延伸的时代。教育者可以利用 Wikis、Blogs 等技术工具高效地为学生提供丰富的学习资源，学生也可以在网络资源中获取自己所需的知识。在技术支持下的个性化学习中，学生成为自定步调的学习者，他们可以控制对学习时间、学习地点的选择，可以控制学习内容、学习量。然而，在翻转课堂中，学生并非完全独立地进行学习。翻转课堂是有活力的并且是需要学生高度参与的课堂。在技术支持下的协作学习环境中，学生需要根据学习内容反复地与同学、教师进行交互，以扩展和创造深度的知识。因此，翻转课堂是一个构建深度知识的课堂，学生便是这个课堂的主角。

（2）翻转课堂教学模型设计

翻转课堂实现了知识传授和知识内化的颠倒。将传统课堂中知识的传授转移至课前完成，知识的内化则由原先课后做作业的活动转移至课堂中的学习活动。根据翻转课堂的内涵以及建构主义学习理论、系统化教学设计理论，本书构建出较为完善的翻转课堂教学模型。该教学模型主要由课前学习和课堂学习两部分组成。在这两个过程之中，信息技术和活动学习是翻转课堂学习环境创设的两个有力杠杆。信息技术的支持和学习活动的顺利开展保证了个性化协作式学习环境的构建与生成。

① 课前设计模块

教学视频的制作在翻转课堂中，知识的传授一般由教师提供的教学视频来完成。教学视频可以由课程主讲教师亲自录制或者使用网络上优秀的开放教育资源。自麻省理工学院开放课件运动以来，世界上涌现了一批高校、组织或者个人进行开放教育资源的建设，例如，哈佛、耶鲁公开课，可汗学院课程、中国国家精品课程、大学公开课等。教师可以在优质开放教育资源中，寻找与自己教学内容相符的视频资源作为课程教学内容，提高了资源的利用率，节省了人力、物力，也使学生接触到国际性优秀教师的最新教学内容，然而网络上的开放教育资源可能会与课程目标、课程内容不完全相符。教师自行录制教学视频能够完全与教师设定的教学目标和教学内容相吻合，同时教师也可以根据学生的实际情况对教学内容进行针对性讲解，并可根据不同班级学生的差异性多版本地录制教学视频。在具备这些优势的同时，自行录制教学视频也给教师的教学技术和时间提出了挑战。教学视频的视觉效果、互动性、时间长度等对学生的学习效果有着重要的影响。因此，教师在制作教学视频时需要考虑视觉效果、支持和强调主题的要点、设计结构的互动策略等，帮助学生构建内容最丰富的学习平台，同时也要考虑学生能够坚持观看视频的时间。在教师开发视频课程时，还需注意如何使得学生积极参与到视频的学习中去。事实表明，当学生在首次参加视频课程时，大多数不是在认真听讲而是在做笔记。[1]为

---

[1] Flipped classroom defined [EB/OL]. [2012-03-18]. http://digital-sandbox.weebly.com/flipped-classroom.html.

了避免这些问题反复出现，教师应在重点内容上为学生提供视频副本，这样学生就可以集中精力思考正在解说的内容。课前针对性练习在学生看完教学录像之后，应该对录像中的收获和疑问进行记录。同时，学生要完成教师布置的针对性课前练习，以加强对学习内容的巩固并发现学生的疑难之处。对于课前练习的数量和难易程度，教师要合理设计，利用"最近发展区"理论，帮助学生利用旧知识完成向新知识的过渡。对于学生课前的学习，教师应该利用信息技术提供网络交流支持。学生在家可以通过留言板、聊天室等网络交流工具与同学进行互动沟通，了解彼此的收获与疑问，使同学之间能够进行互动解答。

② 课堂活动设计模块

翻转课堂的特点之一就是在最大化地开展课前预习的基础上，不断延长课堂学习时间、提高学习效率，关键就在于如何通过课堂活动设计完成知识内化的最大化。建构主义者认为，知识的获得是学习者在一定情境下通过人际协作活动实现意义建构的过程。[1]因此，教师在设计课堂活动时，应充分利用情境、协作、会话等要素充分发挥学生的主体性，完成对当前所学知识的内化。

一是确定问题。教师需要根据课程内容和学生观看教学视频、课前练习中提出的疑问，总结出一些有探究价值的问题。学生根据理解与兴趣选择相应的探究题目。在此过程中，教师应该有针对性地指导学生选择题目，根据所选问题对学生进行分组，其中，选择同一个问题者将组成一个小组，小组规模控制在5人以内。然后，根据问题的难易、类型进行小组内部的协作分工设计。当问题涉及面较广并可以划分成若干子问题时，小组成员可以按照"拼图"学习法进行探究式学习。每个小组成员负责一个子问题的探索，最后聚合在一起进行协作式整体探究。当问题涉及面较小、不容易进行划分时，每个小组成员可以先对该问题进行独立研究，最后再进行协作探究。在翻转课堂中，技术工具和信息资源是学生学习的基础。个性化学习环境的创建能够使学生成为自我激励的学者，拥有强大的自主学习控制权。学生能够通过教学指导和技术工具进行自我组织的探究性学习。个性化学习环境的设计是基于可协作学习环境中发生的学习而不是整齐划一地传授知识。随着免费而简便工具被应用频次的增多，创建的个性化网络学习环境变得十分简单，并可利用这样的环境为学生的社交、职业发展、学习和其他活动提供支持。一旦找到所需的网上资料，就可以使用RSS进行存储、标签识别、分类或监控，还能够非常简单地对资料进行多目的转化，无须掌握网页构成的专业知识。在翻转课堂个性化学习环境中，教师主要发挥领路人的作用，帮助学生制订学习计划和使用学习工具。

---

① 何克抗. 建构主义——革新传统教学的理论基础 [J]. 电化教育研究，1997（3）：3-10.

二是独立探索。独立学习能力是学生应该具备的重要素质之一。从个体的发展角度来说，学生的学习是从依赖走向独立的过程。著名教学论专家江山野认为，学生的"独立性"有四层意义：每个学生都是一个独立的人，学习是学生自己的事情，这是教师不能代替也是代替不了的。教师只能让学生自己读书，自己感受事物，观察、分析、思考问题，帮助他们自我明白事理，掌握知识；每个学生都独立于教师的头脑之外，不以教师的意志为转移。教师要想使学生接受自己的教导，首先就要把学生作为不以自己意志为转移的客观存在，作为一个具有独立性的人来看待，使自己的教育教学适应他们的实际情况；每个学生都有一种独立的要求，他们在学校的整个学习过程中也就是一个争取独立和日益独立的过程。每个学生（有特殊原因的除外）都有相当强的独立学习能力[①]。总之，独立性是一种客观存在的根本属性。在翻转课堂的活动设计中，教师应该注重和培养学生的独立学习能力。教师要从开始时选择性指导逐渐转至为学生的独立探究学习方面，把尊重学生的独立性贯穿于整个课堂设计，让学生在独立学习中构建自己的知识体系。

三是协作学习。协作学习是个体之间采用对话、商讨、争论等形式充分论证所研究问题，以获取达到学习目标的途径。学习协作活动有利于发展学生个体的思维能力、增强学生个体之间的沟通能力及学生相互之间的包容能力。此外，协作学习对形成学生的批判性思维与创新性思维，提高学生的交流沟通能力、自尊心与形成个体间相互尊重的关系，都有明显的积极作用。因此，在翻转课堂中应该加强协作交互学习的设计。在翻转课堂的交互性活动中，教师需要随时捕捉学生动态并及时加以指导。小组是互动课程的基本构建模块，其互动涉及 2 人或 2~5 人。在翻转的课堂环境中小组合作的优势：每个人都可以参与活动；允许和鼓励学生以低风险、无威胁的方式有意义地参与；可以为参与者提供与同伴交流的机会，并可随时检查自己想法的正确性；提供多种解决问题的策略，集思广益。指导翻转课堂小组活动的教师，要适时地做出决策，选择合适的交互策略，保证小组活动的有效开展。常用的小组交互策略有头脑风暴、小组讨论、浅谈令牌、拼图学习、工作表等。

四是成果交流。学生经过独立探索、协作学习之后，完成个人或者小组的成果集锦。学生需要在课堂上进行汇报、交流学习体验，分享作品制作的成功和喜悦。成果交流的形式可多种多样，如举行展览会、报告会、辩论会、小型比赛等。在成果交流中，参与的人员除本班师生以外，还可有家长、其他学校师生等校外来宾。除在课堂直接进行汇报之外，还可翻转汇报过程，学生在课余将自己汇报过程进行录像，上传至网络平台，教师和同学在观看完汇报视频后，在课堂上进行讨论、

---

① 余文森．略谈主体性与自主学习［J］．教育探索，2001（12）：32-33．

评价。

五是反馈评价。翻转课堂中的评价体制与传统课堂的评价完全不同。在这种教学模式中，评价应该由专家、学者、教师、同伴以及学生自己共同完成。翻转课堂不但要注重对学习结果的评价，还通过建立学生的学习档案，注重对学习过程的评价，真正做到定量评价和定性评价、形成性评价和总结性评价、对个人的评价和对小组的评价、自我评价和他人评价之间的良好结合。评价的内容涉及问题的选择、独立学习过程中的表现、在小组学习中的表现、学习计划安排、时间安排、结果表达和成果展示等方面。对结果的评价强调学生的知识和技能的掌握程度，对过程的评价强调学生在实验记录、各种原始数据、活动记录表、调查表、访谈表、学习体会、反思日记等的内容中的表现。

2. 基于SPOC的翻转课堂教学模式

SPOC（Small Private Online Course）小规模限制性在线课程，最早由美国加州大学伯克利分校的阿曼德·福克斯教授提出。SPOC是课堂教学的有益补充，具有弹性化学习、多元化授课、海量资源选择的特色，被称为"下一代的教科书"。SPOC的产生源于MOOC（慕课），被视为"后MOOC时代"的新模式，也可以视为MOOC与传统校园课程相互融合的产物。基于SPOC的混合式教学模式设计，主要包括以下四个部分：教学目标与内容体系设计、个性化教学策略设计、教学活动设计及教学评价体系设计。

（1）教学目标与内容体系设计

教学目标体系的设计需要了解学生目前的水平与期望学生达到的水平间的差距。同时，学生对自身的学习情况最为了解，学生参与到个人学习目标的制定中，可以使自身知识与能力得到更好的发展。教学内容体系的设计主要包括以下三个方面：课程基本信息设计、教学内容设计和教学资源的设计。课程大纲、学习目标、学习时间要求、评分方式和标准等课程基本信息可以使教学有序进行，特别是便于学生整体把控。翻转课堂以对学生在SPOC中遇到的问题进行针对性的解惑为主，因此，教师需要在深刻理解教材的基础上，进行教学内容的重新设计，在考虑学生下位技能的基础上有一定深度与范围限制，且明确重难点。而教学资源可以采用引进、改造、自创等方式[①]。

（2）个性化教学策略设计

教学策略就是解决如何教的问题，制定基于SPOC的翻转课堂个性化教学策略需要思考的问题很多，以下四点尤为重要。

[①] 陈然，杨成. SPOC混合学习模式设计研究 [J]. 中国远程教育（综合版），2015（5）：42–47.

一是灵活选择教学方式。正如翻转课堂不是机械地将教学顺序重排,而是根据学科内容、学生特点和教学环境等动态调整教学节奏一样,教学方式亦是如此。知识类型、学生特征、教学进度等多种因素是选择教学方式,保证教与学相匹配的基础。

二是创设情境引导交互。基于SPOC的翻转课堂保持着联通主义学习的特点,需要以教学交互为中心。在教学时空无限扩充的情况下,掌握教学交互的特征与规律,创设情境引导学生从浅层次的操作交互、寻径交互深入到意会交互、创生交互显得尤为重要。

三是MOOC平台为学生的自主学习提供了很大的便利,允许学生根据自己的认知特点、能力水平来选择适合自己的学习路径。比如进度比较慢的学生可以反复观看教师发布的基础资源,循序渐进,效率高的学生则可以跳跃性地获取更多资源。

四是基于SPOC的翻转课堂将教学活动延展到课前、课中与课后的任意一个时间段,学生接收信息的渠道多种多样,利用便利的网络环境给学生提供及时的、具有针对性的资源,可以增强学生的积极性,提升教学的效果。

(3)教学活动设计

基于问题驱动的探究活动可以促进学生对知识的应用与反思,教学活动的设计以问题解决式为主线,包括课前导学、课中研学、课后练学三个环节,强调"一个任务、两种个性、三次内化"。

一是一个任务。实现翻转课堂的关键在于一个设计优秀的"学习任务单"。学习任务单应该包含学习指南、学习目标、问题设计、互动性学习资源、学习测试、学习反思与学习档案等内容。课前,教师将班级分成了多个学习小组,每个小组均由学习层次、能力和风格不同的学生构成。课前导学中,学生根据学习任务单,观看教师发布的SPOC课程视频,加入班级讨论组,在完成学习任务的过程中发现疑惑、提出问题,并尝试通过小组协作、师生沟通等多种途径充分利用信息技术解决问题,形成课堂学习报的材料。

二是两种个性。课中研学环节的主要目标是聚焦并解决问题。根据学生课堂上的学习反馈,以及SPOC平台记录的学生学习数据分析,教师可以很快确定需要重点解决的问题,引导学生深入讨论,并提供"个性化"的指导。学生在课堂中通过独立探索、合作探究、成果交流等"个性化"学习方式能够使彼此的思维空间更加开阔,形成多种解决问题的方案,拓展课内学习的深度。

三是三次内化。导学活动使学生能够很快发现自身的知识储备存在哪些不足,通过与组员的交流,及时更新交换某些观点,完成一次内化,从浅层学习向深度学习过渡。课中研学加固了知识的意义建构,尤其是通过协作解决问题的过程以及彼此的交流与评价,组员逐渐形成共同的合作意识与文化氛围,知识的第二次内化顺利进行。课后练学包括 SPOC 平台上的测评与交流以及实验室的项目实践、线下小组见面会等。在多元的学习社区与学习空间中，通过展示优秀作品，师生、生生互评，使学生始终处于一种分析自我、评判他人、创造应用的氛围中，加速了知识的迁移与运用，也加强了群组间的协作，完成知识的第三次内化。整个过程使得班级中的个体以及学习共同体都处于一种从反思到实践的良性循环中，具有独特文化氛围的小组学习结构为深度学习的实现奠定了坚实的基础。

（4）教学评价体系设计

翻转课堂学习评价的核心不是选拔和甄别，而是在关注个体差异的基础上，让每一个学生能够自主、持续的发展。根据人本主义理论以及多元智能理论的指导，教学评价可以学习态度、学习能力与学习成效三大方面为主，采取过程性评价与总结性评价相结合，量化评价与质性评价相统一的方式，设置多种评价形式。

（二）教学设计改革

教学设计是根据教学对象和教学目标，确定合适的教学起点与终点，将教学诸要素有序、优化地安排，形成教学方案的过程。它是一门运用系统方法科学解决教学问题的学问，以教学效果最优化为目的，以解决教学问题为宗旨。

1. 教学设计的定义

加涅认为"教学设计是一个系统化规划教学系统的过程。教学系统本身是对资源和程序作出有利于学习的安排。任何组织机构，如果其目的旨在开发人的才能均可以被包括在教学系统中。"[①]

帕顿在《什么是教学设计》一文中指出："教学设计是设计科学大家庭的一员，设计科学各成员的共同特征是用科学原理及应用来满足人的需要。因此，教学设计是对学业业绩问题的解决措施进行策划的过程。"

赖格卢特对教学设计的定义基本上同对教学科学的定义是一致的。因为在他看来，教学设计也可以被称为教学科学。他在《教学设计是什么及为什么如是说》一文中指出："教学设计是一门涉及理解与改进教学过程的学科。任何设计活动的宗旨都是提出达到预期目的最优途径，因此，教学设计主要是关于提出最优教学方法的处方的一门学科，这些最优的教学方法能使学生的知识和技能发生预期的变化。"

美国学者肯普给教学设计下的定义是："教学设计是运用系统方法分析研究教学过程中相互联系的各部分的问题和需求。在连续模式中确立解决它们的方法步骤，然后评价教学成果的系统计划过程。"

[①] R.M. 加涅. 教学设计原理 [M]. 5 版. 皮连生, 等译. 上海：华东师范大学出版社, 2018.

归纳以上的观点,对教学设计的一般定义描述为:以学习论、教学论、教育传播学、信息技术等作为指导思想的理论依据,采用系统方法,分析学习需要、确定学习目标和任务体系,整合教学策略和制定解决方案,开展评价活动和试行解决方案,并在评价基础上改进工作和方案的有序过程。教学设计的目的是实现教与学的最优化。

2. 教学设计的特征

(1) 教学设计以系统理论与方法作为其方法论基础

教学设计的最根本特征是追求教学系统的整体优化。系统理论把事物看成是由相互关联的部分所组成的具有特定功能的整体。它要求人们着眼于整体,从整体与部分、整体与环境之间的相互联系、相互制约中选择解决问题的优化方案。例如相对于一堂课来说,不仅要考虑这堂课中的各个要素,把它本身作为整体来看待,同时,还要考虑这堂课与本单元教学甚至本课程教学的关系。所以,教学系统作为一种"人为系统",其本身是分层次的,而且由于参照点不同,系统的构成也是灵活多变的。当我们把课堂教学作为一个系统来对待时,系统教学设计主要是从"输入(建立目标)—过程(导向目标)—输出(评价目标)"这一视角来看待其整体优化问题的。教学设计有利于保证真正从行动上落实教学系统的整体观念,克服以往的局部改革对旧教学机制触动不大的缺陷。

(2) 教学设计能完整合理地看待学习与教学之间的关系

教学设计致力于设计、开发、利用及评价恰当的学习环境、学习资源和学习经验,教学设计把"学习"看成是学生认知结构或业绩行为发生的持久变化,这一变化既体现为过程又反映在结果上。"学习过程"遵循着一系列复杂的身心内部加工,诸如产生警觉、知觉选择、复诵强化、编码组织、提取回忆、执行监控、建立期望等;"学习结果"则是身心状态的积极转变,例如认知完善、情感陶冶、态度转变、动作精致、交往和谐等;两者共同构成了学习的内部条件。教学不仅仅体现为教师教与学生学的共同活动(劳动)性质,更重要的是,教学是人们精心创设的环境,通过外部条件的作用方式,激发、支持和推动学习内部过程的有效发生和学习结果的达成。因此,学习的内部条件(学习过程与学习结果)与学习的外部条件(教学)共同决定了学生的发展潜力。然而,教学本身却是围绕着学习展开的,教是为学服务的。为学习设计教学即意味着不能仅仅考虑教师教得方便、教得精彩、教得舒畅,而是把学习与学生作为焦点,以教导学、以教促学。

(3) 教学设计重视教学活动的循序操作

所谓重视教学活动的循序操作,就是要突出教学在促进学习过程中的程序化与计划性。也就是说,教师在备课、上课等一系列教学工作中都应有相对明确的操作程序和基本要求。这些程序和要求有些是同教师以往的经验积累相吻合的，或者他们在实践摸索中已经知晓，有些则是集学习理论、教学理论与技术、传播理论等多学科数十年研究得出的尝试性结论。人们不能把循序操作看成是对"教无定法"的否定，当然也不是让人死守教条、刻板行事，而是强调教学外部条件应环环相扣、层层落实。

3. 教学设计三要素

美国著名的教学设计研究专家马杰（R. Mager）指出：教学设计依次由三个基本问题组成。首先是"我去哪里"，即教学目标的制定；接着是"我如何去那里"，包括学生起始状态的分析、教学内容的分析与组织、教学方法与教学媒介的选择；最后是"我怎么判断我已到达了那里"，即教学的评价。教学设计是由目标设计、达成目标的诸要素的分析与设计、教学效果的评价所构成的有机整体。所以，要进行有效的教学设计，必须围绕以上三个基本问题展开。

（1）制定恰当的教学目标

教学目标是在教学之前，预期教学之后学生将从教学活动中学到些什么。制定教学目标时，应了解学生应该学习什么知识，获得哪些能力，同时对这些内容有清楚的表述。这涉及两个内容：教学目标的类型和教学目标的表述。

① 教学目标设置的类型

布鲁姆等人在其教育目标分类系统中将教学目标分为认知、情感和动作技能三大领域。

一是认知领域的教学目标。认知领域是指预期教学后，在学生认知行为方面可能产生的改变。认知领域的教学目标包括知识、领会、应用、分析、综合和评价六个层次，形成由低到高的阶梯。

二是情感领域的教学目标。情感领域是指预期教学后，在学生情意方面可能产生的改变。根据价值内化的程序，情感领域的教学目标分为五个层次：接受、反应、评价、组织和个性化。

三是动作技能领域的教学目标。动作技能领域指预期教学后，在学生动作技能的行为方面所产生的改变，包含知觉、模仿、操作、准确、连贯、习惯化等层次。

② 教学目标的描述

有了教学目标，就需要把它描述出来。如何科学陈述教学目标是教学目标设计中需要解决的重要技术问题。

一是行为主义目标设置方法。马杰提出用行为术语陈述教学目标，编写行为目标有三个要素，即行为的表述、条件的表述和标准的表述。

行为的表述，指用可观察的、具体的行为表述教学目标，以便教师能了解学生是否已经达到其目标。基本方法是使用一个动宾结构的短语，行为动词说明学习的类型，宾语则说明学习的内容，如能操作计算机，能列举出 3~5 个质数和合数，能辨别拼音中ɑ与ǔ的发音。

条件是指学生在什么情况下表现行为，也就是说在评定学习者的学习结果时，该在哪种情况下评定。如要求学生操作计算机，要说明是在教师或说明书指导下操作还是独立操作。行为产生的条件通常包括环境因素（空间、光线、温度、气候、室内或室外、安静或嘈杂）、人的因素（独立进行、小组集体进行、在教师指导下进行等）、设备因素（工具、仪器、图纸、说明书、计算器等）、信息因素（资料、教科书、笔记、图表、词典等）、时间（速度、时间限制等）。在描述行为产生的条件时，要注意区分学习过程与学习结果产生的条件。如"通过一个月的训练，学生能……"，这里的"通过一个月的训练"指的是学习的过程，而非学习结果产生的条件。所谓的条件是用以评定学习结果的约束因素，说明在何种情况下评定学习结果。

标准是指衡量学习结果的行为的最低要求。对行为标准作出具体要求，使教学目标具有可测性的特点。标准的表述一般与"好到哪种程度""精确度怎样""完整性如何""在多少时间内"等问题有关。

根据马杰的三要素编制的方法，可以把语文教学目标"通过教学培养学生的分析能力"具体描述为"提供报纸上一篇文章，学生能将文章中陈述事实与发表议论的句子进行分类，至少 85%的句子分得正确"，这样一来，教学目标就变得明确、具体，利于指导教师和学生的教学活动。

二是认知观点目标设置方法。行为目标易导致教学目标描述的机械化，且一般教学目标若用某种具体行为描述出来，有使教育局限于某种具体行为训练的危险；而且有许多心理过程无法行为化，因此描述内部心理过程的术语也不能完全避免。格伦兰（N. E. Gronlund）提出先用描述内部过程的术语陈述概括的教学目标，然后用可观察的行为作例子使这个目标具体化。例如"培养学生的环境保护意识"，这些内在的心理变化不能直接观察和测量，因此我们列举若干行为样例，如"学完本节课后，学生能够自觉收集和处理废旧电池"。

格伦兰的方法不仅避免了用心理过程术语描述目标的抽象性和模糊性，同时也防止了行为目标可能产生的机械性与局限性，所以许多心理学家比较支持他的观点，其应用也比较广泛。

（2）合理分析与组织教学要素

学生是学习的主体，要想有针对性地进行教学设计，必须进行学情分析，应着重分析学生的起始能力、已经形成的背景知识和技能、学生是怎样进行思维的。

一是学生起始能力的诊断。加涅对学习结果的分类及其关于学习条件的思想，为学生起始能力的诊断提供了理论基础及诊断的基本思路。加涅将学习的结果分成了智慧技能、认知策略、言语信息、动作技能及态度五类。根据智慧技能学习的不同复杂程度,他又在该范畴中分出若干个亚类,即辨别、概念、规则和高级规则(解决问题)。辨别是概念学习的基础,概念是规则学习的基础,运用若干个简单的规则是解决问题获得高级规则的基础。如"三角形的面积"一课,学生需要通过实验,自己总结与概括三角形的面积计算公式,并运用公式解决简单的实际问题。这一内容属于规则学习的范畴,而规则学习的前提条件是获得运用有关概念的能力。例如,三角形的面积=底×高÷2,这个公式中包括了"三角形""面积""等于""底""高""乘""除"七个概念,如果这七个概念中的任何一个概念没有掌握,规则学习都将无法进行。同时,学生必须掌握"剪""拼""转化"等策略,否则将不能自主地推导出三角形的面积计算公式。因此,准确地诊断学生的起始能力是进行有效教学设计的基本前提。

二是学生背景知识的分析。学生在学习知识时,总要与背景知识发生联系,以有关知识——包括正规和非正规学习获得的知识来理解知识,重构新知识。教师对学生背景知识的分析,不仅包括对学生已具备的有利于新知识获得的旧知识的分析,还包括对不利于新知识获得的背景知识的分析。

(3)构建合理的教学评价指标

教学设计中所提出的教学目标是否达成,需要对教学效果进行评价。评价的主要目的是了解学生的学习历程,既要关注学生学习的结果,更要关注他们学习的过程;既要关注学生的学习水平,更要关注他们在学习活动中所表现出来的情感与态度。教学效果评价的方式应是多种多样的,既有课堂上的应用练习,也应结合课堂观察、对学生的访谈、作业分析等综合加以设计。通过比较全面的教学效果评价,了解学生在知识与技能、学习思考、解决问题、情感与态度等方面的基本情况,为进一步完善教学设计提供比较科学的依据。

(三)教学评价改革

教学评价是依据教学目标对教学过程及结果进行价值判断并为教学决策服务的活动,是对教学活动现实的或潜在的价值做出判断的过程。教学评价是研究教师的教和学生的学的价值的过程。教学评价一般包括对教学过程中教师、学生、教学内容、教学方法手段、教学环境、教学管理诸因素的评价。2020年,中共中央、国务院印发《深化新时代教育评价改革总体方案》,明确提出"坚持科学有效,改进结果评价,强化过程评价,探索增值评价,健全综合评价,充分利用信息技术,提高教育评价的科学性、专业性、客观性"。传统教育教学评价存在评价方法单一、评价内容片面、重智育轻德育、重分数轻素质等问题，在以往的技术条件下很多问题难以解决。随着大数据、人工智能、区块链等新兴技术快速融入教育领域，它们为推动教育教学评价改革创新提供了条件，有助于开展面向教育教学全过程的纵向评价以及包括德智体美劳全要素在内的横向评价，推动评价方式和评价内容的重构，为教育教学评价改革创新提供可行途径。

1. 教学评价理念的变革

德国哲学家、心理学家和教育学家赫尔巴特认为，学生和教师就是"大船"和"舵手"，大船若要到达成功的彼岸，必须依靠舵手把握航向[1]。强调教学的目标是传授知识，教师是授予者，学生是接收者，教师决定着整个教育过程，学生必须服从教师。苏联著名教育家凯洛夫同样认为，教师是教学活动的中心，教科书是学生知识的来源，教学过程就是教师带领学生掌握知识技能的过程。在他看来，学生知识的掌握与巩固、技能的培养和发展都取决于教师。在"教师中心论"的指导下，课堂教学评价自然把教师作为主要评价对象，课堂教学指标及内涵主要描述教师的教学能力、教学表现、教学艺术和教学效果。这种以教师为中心，评价指标侧重教师教什么、怎么教、教得如何的教学评价就是"以教论教"。这种教学评价忽视了学生的学习行为、思维状态和情绪反应。目前，各高职院校课堂教学评价标准，指标大多指向教师的情感态度、知识水平、教学内容、组织能力、表达能力和教学方法等，而对学生的学习过程、学习行为、学习方式、学习能力、应用能力、学习效果以及情感培养等内容，却关注得较少。

人民教育家陶行知先生认为，先生的责任不在教，而在教学生学，教的法子根据学的法子[2]。教师不能只按照自己的观点和想法，或者根据教学内容来设计教学方法，而应该根据学生的学习需求、认知规律、学习兴趣和学习特点来设计教学方法，即在教学前要认真做好学情分析。学生学习是主动学习，不是坐而受教。研究表明，一个有效课堂教学的所有环节都需要学生的主动参与，需要学生在活动中建构自己的知识理解框架，也就是在活动中达成彼此知识的通约。在这个意义上，学生的活动就是认识世界的实践，没有以学生活动为中介的教学只能是无实践的教学，是不能让学生抵达认识的彼岸的[3]。可见，课堂教学质量并不取决于教师会讲课，会灌输知识，而取决于学生的主观能动性，让他们搜集信息、加工信息、学会

---

[1] 陈学宏. 走向人本主义教育的学校管理 [M]. 成都：电子科技大学出版社，2007：180.

[2] 陶行知. 湘湖教学做讨论会记——罗谦笔记 [M] // 陶行知全集：第 2 卷. 成都：四川教育出版社，2005：11.

[3] 林永和，孙宝存. 砥砺奋进：教学质量与督导——全国新时代教育改革优秀论文选 [M]. 北京：国家行政学院出版社，2018：35.

"联系"与"思考",通过新旧知识的相互作用、改造和充实,从而实现自我成长和发展。因此,评价课堂教学的质量,衡量课堂教学的价值,必须以学生学习为视点,看"教"是否围绕着"学",服务于"学",评价"教学是否促进了学生成长"[①]。由此可见,学生的学习结果、感受习得、发展状态、学习成效就是课堂教学评价的主要标准。因此,"以学论教"可以作为高职院校教学评价标准构建的价值取向。

2. 教学评价革命的途径

(1) 强化过程评价,注重教学评价的动态性和诊断性

传统的教学评价方法以总结性评价方式为主,而强化过程评价的教学评价方法主要通过基于技术的数据采集和分析将评价渗透到教学环节之中,利用信息技术跟踪和监测教学的全过程,如课堂考勤、课堂表现、历次考试分数、作业练习分数等,建立学生线下/线上、校内/校外学习和活动的成长档案,对自然状态下评价对象的真实学习行为轨迹进行跟踪,可以实现基于数据分析证据的差异化和适应性教学,提供对教育数据的全过程采集和教育结果的适时反馈,服务学生全面发展和个性成长。

(2) 优化增值评价,关注学生努力程度和进步表现

开发多样的评价模型,不以学生考试成绩作为评价的唯一标准,通过大数据、人工智能技术采集学生知识、情感、态度、思维和行为等全过程数据,从发展性角度评估学生的努力程度、学习绩效等,关注学生在原基础上的进步程度,形成纵向比较,激发学生内生动力,引导学生德智体美劳全面发展。

(3) 健全综合评价,强化评价主体和手段的多元性

教学评价主体的多元性表现在教师评价、小组评价、企业导师评价、自我评价甚至是机器评价的融合发展,推进内部评价与外部评价的整合;教育评价方法的多元性即采用基于智能技术的试题测试、实践操作、面试答辩等不同方法进行综合评价,增强教学评价的客观性、公正性和有效性。

---

① 姚利民. 高校学生评教研究 [M]. 长沙:湖南大学出版社,2013:176.

第六章

高职院校教学技术革命

信息技术作为现代科学技术的基础与核心，它的发展必然会对教育的改革创新起到重要作用，并对当代社会产生深远影响，特别是以现代信息技术和现代教育/教学理念为基础而形成的现代教育技术的出现，对传统教育的变革起到了重要推动作用。现代科学技术的广泛应用，以及信息技术教育的全面实施，将有力地促进教学内容和教育体系的改革，推动教学方法、教学手段的更新，并将在一定程度上改变传统教育教学模式，促进高职院校课堂教学的变革。

一、课堂教学对信息技术的需求

在时代变迁、技术扩散与教育变革三者相互激荡的历史潮流中，高职院校课堂教学转型与发展迎来了前所未有的机遇，同时在实际的变革进程中却又面临着一系列非常突出的问题。对这些现实问题进行清晰明确的界定，并通过理论研究与实践探索寻找到产生这些问题的根源，是成功驾驭信息时代高职院校教育教学变革的复杂性，可持续地推进信息技术在高职院校课堂教学中的深度融合应用，最终真正完成高职院校课堂教学之关键历史转型的基础与前提。我国长期以教为中心的教学历史，形成了典型的与以教为中心相适应的教学文化。这种教学文化对高职院校课堂教学中教师、学生、教学管理及教学条件等方面产生了重要影响。

（一）教师教学需求

1. 教学目标

在传统教学中，许多教师将教育目标主要聚焦于教给学生知识。考察现实高职

融合创新，回归本质
——高职院校课堂革命

院校课堂教学，"教给"在某种程度上也可以被描述为"交给"，即教师主要是将书本知识交予、传递给学生。在信息爆炸、新知识层出不穷的现在，教育的目标已更新为发展学生的能力和素养，以保证其在日益变化的世界中找到学习和发展的方法。OECD 教育研究与创新中心指出，"教育能够提高竞争力"远比"教育系统在多大程度上使学生掌握了知识、技术和能力"以及"教育系统使学生掌握了哪些知识、技能和能力"值得政府更多的投入。①在传统教学目标的引导下，教师只是教给学生一些知识结论，学生在课堂上独立活动的时间和空间完全被教师占用。这些传统观念使得教师在教育过程中始终是教学的主角，而学生只是观众、看客，在课堂上教师在上面讲，学生在下面听，培养出来的学生犹如工厂中的产品，千人一面，缺少一定的个性与创造性。在教学过程中，由于教师处于绝对主导地位，还出现了诸如"填鸭式""满堂灌"的教学陋习。对于教育，有一种流行的比喻："教育是塑造人的灵魂的工作"。这个比喻把教师的工作类比为工程师、雕塑家的工作。实际上，雕塑家的工作对象是木头、石块，这些原始的木头和石块最后变成什么样的艺术品，完全取决于雕塑家对它们如何操作，它们本身不起任何能动作用。然而学生最后变成什么样的人，除了家长、教师等外界力量的作用，更重要的是学生自身的能动性在其中发挥作用。有一种观点认为，好教师就是能将课讲得让学生一听就懂。当然，教师讲课让学生听不懂绝不是好课，但是，如果教师将书本知识解释得让学生无须过多思考就能直接吸收，那么学生只是学到一些知识结论，思维能力没有得到发展，创新能力没有得到锻炼。

2. 教学内容

不少教师认为教材内容就是教学内容，所以表现出过于注重教材内容的特征。有学者认为过于注重教材内容将会产生三个方面的不良影响：首先，强调对教材内容的全面覆盖使教师丧失了对教学内容的判断力，不能够判断哪些是该少教或不教的内容；其次，过于强调对内容的覆盖也会对学习者产生不良影响，它强调注重记忆、机械重复的浅表学习的学习策略；最后，强调教学内容的覆盖会阻碍教师使用加强学习结果、发展学习技巧的方法和活动。②"过分忠实依赖于教材内容阻碍了以学习者为中心的教学的发展。"③在强调终身学习的时代，过度追求已有、客观的知识而放弃生产新信息并不能促进学习者真正的学习。这样的学习并不是促进学习

---

① OECD 教育研究与创新中心. 重新设计学校教育：以创新学习系统为目标 [M]. 詹艺，译. 上海：华东师范大学出版社，2018：2.

② 玛丽埃伦·韦默. 以学习者为中心的教学——给教学实践带来的五项关键变化 [M]. 杭州：浙江大学出版社，2006：33.

③ 玛丽埃伦·韦默. 以学习者为中心的教学——给教学实践带来的五项关键变化 [M]. 杭州：浙江大学出版社，2006：32.

者掌握有效的知识技能，而是潜在地控制了学习者。事实上，几乎所有教材中的知识，学习者都能够通过信息技术的方式获得。这种过于注重对教材知识的覆盖的教学必然限制高职院校教师课堂教学思维及模式，因为，教师忙于传递大量复杂的内容及其原理，而忽略了课堂教学的真正主体——学生。

3. 教学过程

关于教学过程，我国高职教师往往把教学过程等同于讲课。我国一直有注重掌握学科系统知识的传统，导致教学过程沦为灌输教材上的"真理"或者结论，并通过文本形式的考试检测其结果。传统的高职课堂教学主要采用"以教为中心"的教学模式，包括以教师为主导的课堂组织形式、以教师讲授为主的传授方式、以教材为传授内容的知识传承方式[1]。有研究人员通过调查发现，当前很多高职课堂以教师为中心的教学还是最为常见的教学方式，存在教学模式和手段仍以教师讲授为主，教学大纲和课堂计划是基于已有的知识体系设计而不是从学生的需求出发，教师评价学生仍主要是以书本为知识点的考核方式，教师教学激情不够、教学时间和精力投入不足等问题比较突出[2]。

在"知识本位""教师中心"等理念的影响下，高职教学过程及模式比较单一，没有通过更多元、现代化的方式充分提升高职院校课堂教学的吸引力。有相关研究发现，高职院校教师已具备一定的信息化教学能力，但在"互联网+"的教育背景下开展有效教学能力不足，目前教学形式还是以面授为主，借助信息技术创新教学模式和研究能力仍有很大的发展空间[3]。信息技术介入高职院校的课堂教学，将使课堂教学结构及过程发生的根本性变化。如图6-1所示，在技术进入课堂之前，教学主要依赖于师生在教室这一固定而封闭的物理空间中面对面的人际交互展开。就交互而言，因技术手段的缺失，教学中教师和学生之间的交互呈现出以教师为中心的放射状结构。课堂教学进程中的交互主要发生在师生之间，且这种交互在很大程度上还是单向的，学生和学生之间没有交互，甚至这种交互在传统的课堂中还是被禁止的，因为它会给师生之间的交互带来干扰。在这种情况下，教师在课堂教学结构中处于毫无争议的枢纽地位，因此是课堂教学中毫无疑问的权威。如果教师缺位了，那么整个课堂教学的结构将迅速瓦解，教学将无法持续。再来看图6-2，新技术进入课堂以后，为师生之间的交互提供了除基于面对面的人际点对点交互之外的新选择，从而在根本上重构了课堂教学的基本结构，使其从高集中度的放射状结构

---

[1] 朱欣. "以学生为中心"教育理念的历史审视与价值定向[J]. 现代教育管理，2012（4）：6-9.

[2] 陈凡. 以学生为中心的教学何以可能——基于51所大学本科课堂现状的实证研究[J]. 高等教育研究，2017，38（10）：75-82.

[3] 韩锡斌，葛文双. 中国高校教师信息化教学能力调查研究[J]. 中国高教研究. 2018（7）：53-59.

转变成为集中度相对较低的网络状结构。在这种新的结构中，不仅师生之间有交互，生生之间也有交互。而生生交互带来的直接结果是：学生从原来传统的课堂教学结构中被动的消费者转变成对同伴来说重要的学习资源与伙伴。与传统课堂中放射状的教学结构相比，因信息技术融入而形成的这种新型的网络状教学结构的稳定向更强，学生在这一结构中的地位更加凸显，教师在这一新的结构中尽管仍然处于相对比较重要的枢纽节点上，但显然已经不是课堂教学毫无争议的权威和主宰了。在这种情况下，教师如果能够适应新的教学结构，那么将可以充分地发挥自身的作用，带领这一新的教学生态系统不断进化，走向更高阶的水平；反之，如果不能适应这一新的教学结构，那么他作为枢纽节点的位置在重要性上将会进一步消解，并退化为和学生一样，成为这个网络状结构中普通的一点，最终失去履行教师职能、引领课堂教学的机会。

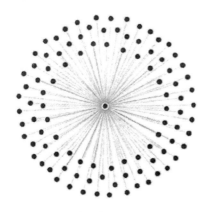 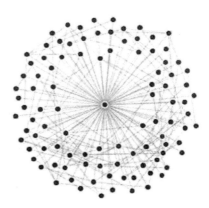

图 6-1 传统教学课堂结构图　　　　图 6-2 新型教学课堂结构图

4. 教学评价

在传统的教学目标观、教学过程观等的影响下，教学评价也必然沦为对知识中心教学成果的检测。例如，有研究指出我国高职院校教学评价存在以管理价值为主，忽视了多元价值需要，评价过程以科学主义的评价范式为主，评价的生态制度错乱，评价制度简单粗放，手段与目的错位等问题。[①]总结来看，我国高职院校课堂教学评价的问题主要表现以下几个方面：a. 评价主体依然以教师为主，学生的自我评价及学生互评大都停留于形式，并没有形成系统有机的评价体系；b. 评价内容过于注重对知识与技能掌握程度以及认知技能的检测，而忽略了对非认知因素及跨学科能力的考量；c. 评价方式依然注重以文本为对象，以分数为标准的手段。总体来说，

---

① 卢婧. 我国高校教学评价的现状及未来发展［J］. 黑龙江高教研究，2018，36（10）：83-86.

高职院校课堂教学评价并没有与教学目标、过程形成合理的生态系统，发挥出以评促教、以评促学、以评促发展的良好态势。

（二）学生学习需求

1. 学生学习观念

我国高职院校学生学习观念相对消极、被动，缺乏积极主动的发展意识和学习责任感。赵显通以实证研究的方法发现学生主要有六种学习观：知识获取观、知识记忆与再现观、知识应用观、学习理解观、学习解释观、学习成长观。[1]而不少研究发现，我国高职院校学生的学习观念相对消极被动，例如马仲岭提到现在的学生没有人生规划，缺乏学习动力，自主学习和自主研究能力不足的问题尤其突出[2]。还有学者对比研究我国和美国大学生学习观念发现，我国大学生独立学习意识较差，对教师、学校、体制和家长的依赖性较高，从而导致被动的学习态度和较低的学习责任感。[3]高职院校课堂教学转型除了教师要做出主动的调整，学生的观念及行为的转变也不可忽视。学生中心、学习中心课堂能够有效施行的一个重要条件就是学生积极的学习观念。"学生必须承担学习的责任。这包含独立、自主的学习者所必须具备的智力、学习技巧和意识的培养。"[4]要使学生接受学习的责任，实现以学习为中心，首先要创造有助于学习的课堂环境、条件和气氛，通过外部条件的转变促进学生内部观念的调整，从而为促进高职院校课堂教学的转型提供条件。

2. 学生学习行为

目前我国高职院校学生学习的行为主要是课堂上的听课以及课堂外基于文本材料的自学。在信息化时代的背景下，我国高职院校学生信息素养整体水平偏低，数字化学习能力相对不足，其自主学习能力也普遍较低，大多数学生还是沿用高中的学习方式，只完成教师布置的任务。刘青对学生英语自主学习现状进行了调查，发现学生在自我组织和自我监控两方面存在明显缺陷，学习行为上缺乏必要的积极主动性，学生英语自主学习程度总体偏低[5]。王笃勤根据对学生元认知水平的调查，分析出目前学生自主学习能力较差，自主学习能力亟待提高，主要表现在学习计划不明确、自制力不强、自我评估较少、课堂利用效率较低等方面[6]。自主学习指一

---

[1] 赵显通. 基于现象描述分析学视角的大学生学习观研究 [J]. 重庆高教研究，2018，6（2）：92-102.
[2] 马仲岭. 本科教育应注重大学生自主学习能力的培养 [J]. 教育探索，2011（4）：90-91.
[3] 李冰梅，格兰德·克尔夫人. 中美大学生学习观念比较与启示 [J]. 比较教育研究，2003（7）：37-40+45.
[4] 玛丽埃伦·韦默. 以学习者为中心的教学——给教学实践带来的五项关键变化 [M]. 杭州：浙江大学出版社，2006：65.
[5] 刘青. 大学生英语自主学习现状调查研究 [J]. 当代教育科学，2010（5）：54-55.
[6] 王笃勤. 大学英语自主学习能力的培养 [J]. 外语界，2002（5）：17-23.

种控制自我学习的能力,是主动的学习过程。培养学生的自主学习能力是教育的重要目标[①]。影响高职院校学生自主学习能力的因素是多方面的,信息素养就是其中的重要因素之一。信息化时代,信息素养已成为阻碍学生自我潜能充分发挥和制约教育信息化取得实效的瓶颈,提高学生信息素养,强化他们的信息意识,使其掌握基本的信息获取、分析、整合、利用和评价方法,已成为当务之急。《教育信息化2.0行动计划》明确提出,"要加强学生信息素养的培育。加强学生课内外一体化的信息技术知识、技能、应用能力以及信息意识、信息伦理等方面的培育,将学生信息素养纳入学生综合素质评价;完善课程方案和课程标准,充实适应信息时代、智能时代发展需要的人工智能和编程课程内容;继续办好各类应用交流与推广活动,创新活动的内容和形式,全面提升学生信息素养。"[②]

(三)学校管理需求

1. 评价文化

(1)评价理念陈旧

一是以"教"为中心。当前,高职院校教学评价多数以"教"为中心,从"教"的角度,一方面通过学生、督导、同行三方主体,共同对教师的教学态度、内容、方法、效果等开展评价;另一方面以教师为主体,对学生的课程学习进行量化评分和成绩鉴定。这种以"教"为本位开展教学评价,缺乏对"学"的过程、"学"的结果与目标契合度的关注,难以有效衡量教学质量,准确区分教师的教学水平。

二是过于强调评价鉴定作用。评价是评价主体根据某项工作或活动所期望达成的目标要求,对评价对象开展检测、鉴定、评判或考核的过程,以此判断评价对象的努力程度和结果与待达成目标的契合度,并根据评价结果进行相应决策调整的过程。评价具有导向、鉴定、诊断、调控和改进作用。当前,无论是评"教"还是评"学",评价结果多数用于鉴定教师教学业绩和学生学习成绩,以此判断、比较不同教师、不同学生的教学绩效,具有一定的片面性,未能充分发挥教学评价的综合作用。

(2)评价主体不全面

常见的高职教学评价中,评"教"主体以学生、同行、督导为主,其中督导以退休时间不长的教育专家或教授居多,鲜有涉及与职业教育紧密合作的企业方;评"学"主体以任课教师为主,很少将学生自评或互评纳入评价范围。只有教育利益

[①] 庞维国. 论学生的自主学习 [J]. 华东师范大学学报(教育科学版),2001,20(2):78-83.
[②] 中华人民共和国教育部. 教育部关于印发《教育信息化2.0行动计划》的通知 [EB/OL]. (2018-04-18) [2019-03-20]. http://.moe.gov.cn/srcsite/A16/s3342/2018041t20180425_334188.html.

相关方均参与教学评价，才能提高评价的可靠性和有效性。作为与经济社会发展紧密联系的高等职业教育，政府、行业、企业、学校、教师、学生、家长均是其利益相关方，高职教育高质量发展是他们共同的期待，教育评价需凝聚他们的共识和价值取向。

（3）评价要素不健全、标准不规范

大多数高职院校教学评价聚焦于教师的课堂教学。课堂教学是教学全过程中的教学实施环节，是教师的课程整体设计、单元教学设计的行动体现，能基本反映教师课前的付出成本、课中的努力程度和课堂教学执行力，但仅以课堂教学评价教师，不能全面科学地反映出教师的教学能力、水平和质量。而且，大多数高职院校的课堂教学评价标准对学生、督导、同行等不同评价主体运用同一指标体系，未能区分不同评价主体的不同维度和不同观测点。

（4）评价方式简单、不够科学合理

在评"教"方面，主要采取组织学生、督导、同行三方对教师课堂教学评分形式，少有兼用相关检查、访谈、回访等形式，每学期主要以三方一次性评分衡量教师的教学质量，注重结果性量化评价，忽略过程性质化评语的诊断功能。在评"学"方面，多数课程以学期末的一份试卷一考定音，少数课程虽有教学过程中的形成性考核评价，但仍以笔试从认知领域测验学生对知识点记忆、理解情况的居多，较少从情感领域、动作技能领域评价学生的学习过程体验感受、能力形成等。而且，课程考核评价标准能否有效检验课程教学目标的达成，在当今教学实践中未能引起足够的重视。

（5）评价工具落后

工欲善其事，必先利其器。随着新一代信息技术的蓬勃发展，信息技术逐步融入教育教学的各个环节。当前，多数高职院校尚未建立专门的教学评价与诊断分析系统，教学评价工作仍是以人工操作 Office 办公软件来采集、分析、处理数据，在评价数据的累积、存储和纵向、横向对比分析方面较为欠缺，这大大阻碍了高职院校科学系统的教学评价体系建立和教学评价、诊断分析、反馈改进工作的开展。建立教学评价和诊断分析信息化系统，创新教学评价工具刻不容缓。

2. 教学管理

教学管理的信息化水平较低是限制高职院校课堂教学转型的原因。如很多高职院校对信息化的重要性认识不足，教学管理思想落后；教学信息化目的不明确，缺乏整体规划；投入经费少，重"硬"轻"软"；缺少信息化人才，权利分配不均；教学管理者信息化素养欠缺。赵宏等人发现高职院校教学管理中存在以下问题：集权式教学管理，组织结构行政化；繁杂式教学管理，各部门管理内容冗余拖沓；教学管理团队基本从学校到学校,专业性不强;教学管理体制统一化,忽视以人为本;教学管理目标模糊,不重视市场;教学管理流于形式,信息化利用不充分等问题。丁哲学等人提出高职院校教学管理中存在管理观念落后、管理制度不完善、教学管理队伍不稳定、教学质量监控体系不健全。同时,在高职院校中教学管理情况同样不太好,如出现教学管理组织机构设置与产学结合的职业教育模式不匹配,高职院校管理组织结构大多模仿普通高校而未突显职业院校的特征,学制计划不能适应产学结合的实际需要,课程安排和教学内容无法适应产学结合的需要等现象。

3. 教学条件

优质的教学资源和良好的教学环境也是实现课堂教学转型的重要影响因素。我国高职院校课堂教学条件对课堂教学转型的阻碍主要表现为三个方面:

一是单调的教学环境。部分高职院校以听课教室作为主要的教学环境,这样的教学环境潜在地体现着以教为中心、知识为本的教学观念,同时又反过来进一步巩固学生对学习的认知。学为中心、发展为本的教学和学习环境还有很大的开发空间,从时间、空间上、技术手段上对教学环境作出更多的调整和改变才能为高职院校课堂教学转型提供有利条件。

二是单一匮乏的教学资源。我国高职院校课堂教学的资源大都以书本等文本为主要内容,不论是在课上还是课下,文本始终是教学和学习的主要依据。在科学技术、经济、文化全球化背景下,停留于单一文本教学资源的教学和学习很难开阔学习者的视野、发展学生的批判能力。

三是传统的教学组织形式。大班教学是我国高职院校课堂教学的主要组织形式,班级容量从几十人甚至到上百人。在不拘泥于学习资源、学习方式和学习环境的时代背景中,大班教学的组织形式的教育意义在很大程度上已形同虚设,一方面学生不能在大班教学中与教师和同学发生生动的互动,另一方面教师也无法兼顾不同发展水平、个性特征和兴趣的学生的需要。综合来看,我国高职院校课堂教学的条件还存在很多突出的问题,这些问题从外部条件上抑制了以学习为中心教学理念的落地,限制了课堂教学转型实践的有效性,必须要根据学习和教学转型的需要予以调整。

二、信息技术与教育信息化

20世纪90年代,将IT在教育中的应用作为实施面向21世纪教育改革重要途径的美国"信息高速公路"计划,在世界各国引起了巨大的反响,许多国家也相继制定将IT应用到教育中的规划。正是信息高速公路的建设,教育信息化的概念才得以被提出。自 20 世纪 90 年代末以来，我国的网络技术得到了迅速普及，教育的改革和发展与信息技术的关系也日益密切，"教育信息化"的提法逐渐进入大家的视野。如今，我国政府不仅在各种文件中正式使用"教育信息化"这一概念，也高度重视教育信息化建设。

（一）教育信息化的内涵

尽管教育信息化这一概念已在我国广泛使用，但是目前国内相关学者对教育信息化的定义却不相同，主要有以下几种观点：

从过程上看，许多学者都认为教育信息化是一个动态的不断发展的过程。李克东曾在 2004 年发表的《教育信息化与基础教育改革》中指出，教育信息化是指以先进的教育思想为指导，将信息技术广泛深度应用在教育教学领域，通过开发、应用信息资源，旨在培养适应现代信息社会需求的新型人才，从而进一步推进我国教育现代化的发展进程。南国农在《教育信息化建设的几个理论和实际问题（上）》一文中指出，教育信息化是利用现代信息技术开发教育资源，优化教育的教学与管理过程，最终目标是实现学生信息素养的提升，从而促进教育现代化。而祝智庭却认为，教育信息化是指通过在教育领域应用信息技术促进教育教学的改革和优化教育发展的过程，实质上是利用现代信息技术达到一种新的教育形态，这种新的教育形态可被称为"信息化教育"。杨晓宏、梁丽在《全面解读教育信息化》中参照国家信息化的定义，认为教育信息化是在国家及教育部门等上层部门的领导与规划下，通过在教育系统的各个领域如教育教学、教学管理、学校管理等环节中深度、全面应用信息技术，从而全面推进教育现代化的实现。

从属性上看，教育信息化包括两层属性：一是教育属性。教育信息化通过利用现代信息技术开发优质教育资源、促进师生之间的双向沟通与交流，实现远距离学生之间的交互性学习。因此，开放、共享、交互、协作是教育信息化的典型特征。二是技术属性。教育信息化是指在教育领域通过利用各种现代化、智能性的信息技术产品来优化教学过程，使教师与学生之间的活动突破时空限制，变得更加人性化。因此，从这一层面看，教育信息化具有数字化、网络化、智能化等基本特征。

从本质上看，国内一些学者针对教育信息化展开了相应的探讨，他们的说法也不尽相同。黄荣怀等认为，教育信息化最根本的特征就是借助信息技术手段实现优质教育资源的共享。孙启美指出，所谓教育信息化则是利用现代信息技术和现代教育理论把学校建设成一种充满信息、方便学生获取信息和培养创新人才的新型的学习环境。杨晓宏和梁丽在《全面解读教育信息化》一文中指出，教育信息化的本质就是"信息化教育"。"教育信息化"与"信息化教育"二者之间是相互依存、互相伴随的关系,"教育信息化"的过程就是开展"信息化教育",培育适应信息社会需求人才的过程。

(二) 教育信息化的发展历程

教育信息化是一个具有典型时代特征的问题,对教育信息化发展历程的研究可以帮助我们从历史脉络中汲取养分。国外和我国经济发展程度不同,导致教育信息化发展阶段也有不同特征。

国外为了迎接信息时代挑战,适应信息化社会,教育信息化起步较早,总体可划分为三个阶段:

第一阶段是计算机辅助教学(Computer Assisted Instruction,CAI)阶段。这一阶段是从20世纪60年代初至80年代中期。在这一阶段,教师主要是利用计算机的快速运算、动画图形和仿真等功能,辅助其解决教学中的某些重难点,这些CAI课件主要是以演示为主。

第二阶段是计算机辅助学习(Computer Assisted Learning,CAL)阶段。这一阶段是从20世纪80年代中期至90年代中期。在这一阶段,信息技术在教育中的应用则由辅助教师的教学为主逐步转变为辅助学生的学习为主。比如,学生可以利用计算机来辅助搜集学习资料、进行自我测评、制订合理科学的学习计划,教师进行辅导答疑等。由此可以看出,在该阶段,主要是借助计算机辅助学生完成学习目标。

第三阶段是信息技术与课程整合(Integrating Information Technology into the Curriculum,IITC)阶段。在这一阶段,信息技术与具体学科的教学过程有效地融合在一起,从而营造出一种新型教学环境,这种教学环境更有利于小组之间的互动与合作,使"自主、探究、合作"的教与学的方式在教学过程中得以真正体现,既能使教师发挥主导作用又能充分体现学生的主体地位。

相比国外,虽然我国政府一直都比较重视教育信息化工作,但教育信息化的起步较晚,其发展进程可划分为以下阶段:

第一,起步阶段。这一阶段以20世纪80年代初期的计算机教学为标志。1981年,我国教育部代表团出席了在瑞士洛桑举行的第三届世界计算机与应用大会。这次大会是由联合国教科文组织与世界信息处理联合会联合举行的。教育部在听取参会专家意见的基础上,根据世界中小学计算机教育发展的需求,于1982年决定在清华大学和北京大学等五所高校的附中开设计算机选修课的试验,从而拉开了我国中学计算机学科教学的序幕。1983年,教育部为了加强对开展计算机教育工作的研究与指导,交流此项工作的经验,召开了全国中学计算机教育试验工作会议,并且建立了"全国中学计算机教育试验中心",制定了以了解和掌握计算机的基本工作原理和知识、逐步培养逻辑思维和分析问题、解决问题的能力为目标的计算机选修课的教学大纲。

第二，应用阶段。该阶段是以20世纪80年代中后期开始的计算机辅助教学与管理为标志的，主要是引入计算机信息技术，促进学习手段的改变以及教育改革管理的提升。1986年，原国家教委基教司成立了专门负责中、小学校CAI的应用与研究的机构——全国中学计算机教育研究中心，该中心主要是负责组织计算机辅助教学课件的评审和推广的相关工作，对计算机辅助教学的发展起了巨大的推动作用，使计算机辅助教育在我国进入了具体的实施阶段。这一阶段，我国诞生了CMI（Computer Managed Instruction，计算机辅助管理）、CAI（Computer Assisted Instruction，计算机辅助教学），如CAI课件、电子备课系统等；此外，我国的计算机教学在软件和硬件环境、学习理论和教学模式等方面也有了较大发展，其中"问题解决型"计算机辅助教学成了20世纪80年代末90年代初我国最普遍的软件类型。该类型的计算机辅助教学模式主要是以学生已有的知识结构和认知能力为基础，通过创造一定的问题空间，引导学生解决问题。由此可知，该阶段的计算机辅助教学的主要目的是提高学生的创造性思维和培养学生探索知识、分析问题、解决问题的能力。

第三，融合阶段。该阶段是以20世纪90年代后期开始的教育信息化基础设施建设为中心的。这一时期，各类院校在信息化基础设施建设方面，特别是网络硬件环境方面，取得了巨大成就。主要表现在：大部分高职院校接入了因特网，建成了多媒体教室、信息化办公、一卡通和主干网络或校园网络达到100 M甚至1 000 M或万兆，高职院校信息化体系初现规模；主管部门和高职院校自身也比较重视信息化建设，并针对学校管理模式制定了信息化建设目标和规划。

第四，创新阶段。这一阶段主要是在近些年开始，其目的是提高人们教育信息化应用能力为中心的建设，它是教育信息化发展的最高形式，也是教育信息化的发展方向。为全面落实"加快教育信息化进程"的要求，2012年1月13日，教育部颁布了《教育部关于开展教育信息化试点工作的通知》，指出以信息化促进人才培养模式创新为目标，培养一批适应教育信息化不同阶段所需的不同专业技术人才与师资队伍。以应用为导向，以基础建设营造应用环境，以教学、科研拓展应用渠道，以培训促进应用效能，以评价提升应用水平。

（三）我国教育信息化的发展

我国教育信息化虽然起步较晚，但发展较为迅速。目前，我国教育信息化发展已取得显著成效，总体来看，主要表现在以下几个方面：

第一，教育信息化基础设施建设初具规模。基础设施的全面建设为教育信息化的深度、广泛应用奠定了基础。目前，以电信运营商网络、中国教育和科研计算机网（CERNET）、中国教育卫星宽带传输网（CEBSat）为主要支撑的教育信息网络已初具规模、覆盖全国。其中，中小学的教育信息网络服务主要由运营商网络服务支撑，而 CERNET 主要为众多高校、科研机构提供网络服务，中国教育科研网格（ChinaGrid）则整合多类型的教育资源服务于教育科研。全国 1 600 多所高校全面普及，3 万多所中小学、5 600 多所职业院校已在不同层面建成校园网络。此外，大部分农村中小学已建有计算机教室，装备了信息化终端设备，学校网络条件下的教学环境逐步改善。

第二，数字教育资源建设与应用逐步深化。数字教育资源的建设与应用取得重要进展，初步形成覆盖各级各类教育的数字教育资源体系。在高等教育和职业教育方面，全国教师教育网络联盟成立，我国教育部先后通过组织多次全国教师教育优秀教材遴选活动，选拔了 200 多套的优秀网络课程、多媒体课件及卫星电视教材等。此外，通过精品课程建设工程的推动，开发了一批高质量、示范性强的网络精品课程。在中小学教育方面，成立了国家基础教育资源中心，为基础教育资源的规划建设、资源采集、开发应用等方面提供重要支撑。2004 年，教育部向农村中小学免费提供了多套教学光盘、卫星电视教材等资源。

第三，教育信息化应用水平得到显著提升。在基础设施与数字教育资源建设的基础上，信息化在教育教学中到了广泛应用。全国范围的大部分初高中均已独立开设了信息技术课程，这对师生信息素养的提升有一定的促进作用。此外，越来越多的新型教学模型开始涌现，网校作为典型的新型教学模式正逐步得到大范围应用与推广。

第四，相关技术及行业标准逐步完善。在相关技术方面，现代信息技术如卫星通信技术、流媒体及网络技术的逐步发展为现代远程教育的顺利开展提供了有效的技术支撑，从而促进了全国范围的东西区域的教育资源共享及互动沟通，创建了网络联合教学新模式。在行业标准建设方面，我国教育部成立了教育部教育信息化技术标准委员会，并构建了现代远程教育技术标准体系，实施标准化测评认证工作，先后创建了 40 多项教育技术领域的相关标准，从而为实现异构环境中的教育资源共享整合提供了实践指南。

综上，虽然我国教育信息化在基础设施、数字资源、信息化应用及标准建设等方面取得了显著成效，但在深度应用、均衡发展方面还存在不容小觑的问题。究其原因，一方面，信息技术变革教学方式、教育模式需要较长时间的探索与实践，短时间内信息化在教育教学、教学管理等方面的应用水平还处于浅层次的应用，未达到深度应用的水平；另一方面，由于处于转型时期，同时由于教育任务的复杂性，我国教育信息化还面临发展极不均衡、全民终身教育体系还未构建等问题。总体而言，我国教育信息化还面临以下挑战：

首先，应用能力的提升问题。在经历过前期以教育信息化基础设施全面建设为主的阶段，如何提升师生信息技术应用能力成为现阶段面临的核心问题。信息技术应用能力是信息化社会教师和学生必备的能力与素养，师生信息技术应用能力不断提升也是教育信息化可持续发展的必要保障。在 2005 年，我国教育部专门推进了"全国中小学教师技术能力建设项目"，旨在促进教师信息技术应用能力的全面提升。关于信息技术应用能力的理解，业界存在一定的认知偏差。不少人认为应用能力是简单使用办公软件、教学媒体的能力，由此教育信息化评估被解读为对师生使用办公软件、使用 E-mail 时间长短的调查。然而，信息技术应用能力不应该仅仅体现在操作技能的浅层次上，还应该体现利用这种信息化工具、信息化环境变革传统的教学方式，帮助学生构建信息化环境下的学习方式和实现能力与素养的提升。

其次，教育信息化均衡发展的问题。教育的均衡发展对于社会均衡发展、构建和谐社会具有重要意义。经过前期的建设，我国教育信息化发展整体水平有很大改善，但在均衡发展方面还存在较大问题，东部地区信息化基础设施及教育信息资源较为丰富，而西部及偏远地区的教育信息化建设则相对滞后。虽然在促进教育信息化均衡发展方面，我国教育部也做出了一些努力，如"农村中小学现代远程教育工程""携手助学项目"等，这些项目的推进对促进教育信息化基础设施建设及信息化资源的均衡配置方面有一定的作用和功效，但对于实现真正达到缩小数字鸿沟、实现全国范围的均衡发展还有一段距离。总之，在未来很长一段时间，我国教育信息化要重点解决教育信息化均衡发展问题，最终要通过利用教育信息化共享教育资源，实现教育公平。

最后，终身教育体系构建的问题。随着信息技术的发展和社会对人的能力需求不断提升，如何构建完善的全民终身教育体系，培养 21 世纪的新型创新人才则是当前发展中又一重要问题。我国政府高度重视教育体系的构建，早在 1998 年，教育部就颁布了《面向 21 世纪教育振兴行动计划》，明确指出"构建终身学习体系，实施现代远程教育工程，为国家知识创新体系以及现代化建设提供充足的人才支持和知识贡献"。当前，我们正在向构建终身学习体系的学习型社会迈进，如何利用信息技术手段实现标准研制、能力培训、考核与认证等方面的一体化的终身教育机制是教育信息化发展面临的重大挑战。

三、信息技术与教学改革

信息技术对教育发展具有革命性影响，目前已经成为世界各国的广泛共识。但信息技术何以对教育发展具有革命性影响，却是一个需要认真论证的重大理论问题。对这一理论问题最有力的回答，莫过于教育信息化的创新实践。而在理论层面上对教育信息化在创新发展中取得的一系列实践成果进行分析，则有助于深化我们对这一问题的理解与认识，并为信息技术促进高职院校课堂教学转型的实践探索提供支撑与引领。

（一）信息技术打破以教为中心的传统

知识掌握为本和讲授为主，是以教为中心教学最突出的特征。信息技术的独特功能及其在教育中的应用，从以下几个方面动摇了以教为中心教学的根基。

1. 技术创新驱动教育发展是历史趋势

在农耕文明的时代，经济社会发展非常缓慢，对人才的需求也不甚迫切，因此教育的演进也非常缓慢，技术在教育发展进程中发挥的作用尽管不甚明显，但仍能给后人以启示。和农耕文明的手工劳动这一生产方式相适应，这一时期教育的生产方式也是手工劳动，其典型表现形式即"学徒制"，其借助的技术手段主要是口耳相传的语言和文字。语言和文字的发明，是人类教育历史上第一次技术革命，并塑造了教育的基本形态。早期有组织的教育尝试，如希腊的体育馆、中世纪大学和英国文法学校、中国的国子监等，都严格限于开放给少数精英学生，持续时间也相对较短。在这一体系之外，涉及一些实用技能的培养，则主要是通过学徒制的方式来完成。教育的主要内容和形式是大量隐性知识和经验通过师傅和徒弟之间个别化，有时甚至是一对一、面对面的人际交互完成的。在这一时期，教育主要是家庭的责任。

工业革命让人类的社会生活走出了农耕文明，步入了工业时代，在工业革命大潮中涌现的近代科学技术不仅塑造了人类的社会生产与生活，也重塑了教育。我们今日看到的以学校为代表的现代教育体系正是这一具有300年历史之工业文明的产物。与机器大生产的生产方式相适应，印刷机等技术装备应用于教科书的印刷，才让现代意义上的学校逐渐取代了私塾这一古典的教育组织机构。在教育的发展及印刷技术的影响下，现代学校教育制度以分班授课和分科教学为核心，无论是在规模还是在效率上，都使得教育系统与工业社会对人才的大规模、专业化需求相适应。其最为集中和典型的表现形式是"班级授课制"。这一制度框架包含三个基本内容：以教师为中心，以课堂为中心，以书本为中心。这就是时至今日仍然能够看到的传统教育的三个中心。近代以来历次教育改革追求的也正是破除这三个中心，但因为缺乏相应的关键技术创新，历次教育改革都没有能够成功实现这一目标。

20世纪50年代以来，计算机的发明及其在社会生活各领域的广泛应用推动着人类从工业文明走向信息时代，教育变革与创新发展迎来了新的历史曙光。信息科技革命对社会生产方式的影响前所未有地凸显出来，推动着社会产业结构开始由资本和劳动密集型向知识与技术密集型转化。以计算机为代表的当代信息技术是人类社会继蒸汽机的发明和电能的利用之后社会生产力发展进程中的第三次飞跃。蒸汽机的发明和电能的利用放大了人的肢体，增强了人类改造自然的能力，而计算机的出现，使人类智能倍增，极大地增强了人类认识世界的能力。这使教育第一次迎来了进行彻底的技术革新，并以此为基础确立新的生产方式与制度框架，跨时区、跨文化、跨语言地为全球社群提供教育服务的历史机遇。美国教学系统技术系教授邦克探索了构成"我们—所有人—学习"框架的十项关键趋势：电子图书世界中的网络搜索；数字化学习和混合学习；开放源代码和自由软件的可用性；起杠杆作用的资源和开放式课件；学习对象库和门户网站；开放信息社群中学习者的参与；电子协作与交互；另类现实学习；移动学习与泛在学习；个性化学习网络。桑新民在论及当代信息技术驱动的教育变革时曾指出："信息技术在传统文化—教育领域中引发了一场裂变，解构了印刷时代教育文化之鼎的三足：阅读（Reading）、写作（Writing）、计算（Arithmetic）（简称3R）。"从现实的层面上来看，信息技术给教育文化带来的深刻裂变首先集中地体现在教师教学方式的改变上；其次，信息技术给教育文化带来的深刻裂变更重要的是体现在学生学习方式的改变上。如果教师的教和学生的学都变了，那么课堂教学无疑也就变了。因此，教师教学方式和学生学习方式在技术驱动之下发生的深刻变化，正昭示着信息技术在促进课堂教学变革上具有的强大潜力和历史必然。

2. 信息技术对传统教学的价值取向和教学方式产生巨大冲击

如前文所述，在传统教学中，教师将教学目标聚焦于教给学生知识，"教给"在某种程度上也可以描述为"交给"，即教师主要是将书本知识传递给学习者。叶澜教授对于现行课堂教学在教学价值取向上的偏好是这样描述的："大部分教师对于教育价值的选择还停留在'传递知识'上，其中有一些教师虽已关注到学生技能、技巧，甚至能力和智力的发展，但大多仅为点缀。至于认识范围以外的目标则更少涉及。"在教学思维方式上，有简单的应试思维，即"考什么，就教什么"；有唯上思维，即"权威（书本和专家）怎么说，就怎么教"；有经验思维，即"我怎么受教，我就怎么教"；有从众思维，即"大多数人怎么教，我就怎么教"。受这些教学价值取向和教学思维方式影响，传统教学在教学方式上表现出"讲授中心"和"重视训练"的特征。以讲授为中心导致教师教学行为方式的单一化，忽视了激发动机、思维示范、方法指导、互动交流、反馈评价等教学方式；强调通过布置大量作业对学生进行训练，忽视了引导学生对新知识进行理解、感受和内化。

在现代信息技术被广泛使用前，囿于条件限制和传统教学文化的阻力，学生只能被动接受教师讲授的知识。而随着以多媒体、网络、快速、海量、交互等为特征的信息化时代来临，新一代的学生一出生就面临着一个无所不在的网络世界，网络就是他们的生活，数字化生存是他们从小就开始的生活方式，他们被称为"数字原住民"。"数字原住民"掌握知识的途径和方式是多样化的，他们习惯于在网络世界里探求知识，找寻自己感兴趣的内容，从被动的接收信息变为主动的选择信息。他们在认知方式、学习动机上都和过去有差异，表现在信息的接收、处理和提取的认知过程等方面。

显然，传统教学理念和教学方式已不能满足新一代学生的需求。《国家中长期教育改革和发展规划纲要（2010—2020 年）》指出"信息技术对教育发展具有革命性影响，必须予以高度重视"。信息技术作为现代科学技术的基础与核心，它的发展必然会对教育的改革创新起到重要作用，并对当代社会产生深远的影响。布兰斯福特等人认为，技术在创建有效学习环境方面有五种迎接挑战的机会：a. 通过录像、演示、模拟数据等进行互联网连接，将真实世界的问题带进课堂；b. 通过技术提供"支架"支持，拓展学习者的理解；c. 学习者有更多的机会获得来自教师、同伴的反馈，从而反思学习过程，提升自身的学习；d. 创建本地甚至全球的学习共同体；e. 扩大教师学习的机会。在教学领域里面，知识传播已不仅仅是以前的那种简单的从声音到耳朵的单一形式的传递，而是图、文、声、像并茂的复合传递形式。在课堂上，计算机技术、多媒体技术、网络技术、虚拟现实技术、人工智能技术、数字音像技术的广泛运用，不仅改变了传统的教学方式，也丰富了教学形式，而且对于学习者知识和能力的发展也具有一定的促进作用。

以现代信息技术和现代教育教学理念为基础而形成的现代教育技术的出现，是对传统的教育的重大突破，将有力地促进教学内容和体系的改革，有力地推动教学方法和手段的更新，并将在一定程度上改变传统的教育与教学模式，实现学习主体化、多元化、社会化，这对全面提高教育质量，适应我国 21 世纪经济社会迅速发展的各类人才有着重要的现实意义。

3. 信息技术对教师角色转变提出挑战

随着信息技术在教育中的应用，教学方式、方法发生巨大改变，教师的地位和作用也必然会相应地发生一些变化。陈佑清等人认为，改革课堂教学中的讲授行为是促进高职院校学生进行探究性学习的重要前提，需将课堂讲授控制在一个合理的范围之内，并着重讲解有助于学生探究意识与能力的知识。冯其红等人认为，教师应当转变教育思想和教育观念，充分调动学生的主动性，预留更多的时间和空间；尊重差异性，给予学生更多选择性；强调知识学习与实际应用的结合，注重培养学生的学习能力以及创新能力。郑云翔等人也提到教师应该转变教学观念，从"以教为主"向"以学为主"或"教学并重"的观念转变,从"传授者"向"引导者"转变,从"权威者"向"平等对话者"转变,从"教材传输者"向"课程创造者"转变,同时也需要改变已有知识体系和能力素养,如信息技术素养等。以上这些理论观点在不同程度上为信息时代教师角色转变指明了方向。总体而言,教师需要从学生的学习兴趣出发,鼓励学生积极参与学习过程;需要从"知识呈现者"向"引导者"转变;需要从教学内容的掌控者向学习过程的掌控者转变;需要在教学过程中灵活运用各种教学方法和辅助手段来培养学生的创造力和创新能力。

(1) 教师要成为学生学习的合作者和引导者

信息化时代,教师应积极为学生构建开放、自主的学习环境,提供多种渠道,方便他们获取知识,并鼓励与实践相结合,培养积极乐观的学习态度,掌握良好的学习策略。教师要努力成为学生学习的引导者和组织者,而不仅仅是一个传统知识拥有者的角色。在教学过程中,教师应当根据不同的教学要求和目标,采用讨论法、探究法、发现法等多样教学方式与学生进行广泛的交流,组成学习共同体,以合作者的身份融入课堂教学活动中去。在宽松、和谐的情境中,教师和学生进行有效的沟通与对话,教师不再是至高无上的权威,师生间的交流和沟通变得更加通畅,学习效率得以有效优化。学生学习由被动变为主动,学习压力变为学习动力,学生学习的积极性得到充分调动,时刻保持着对知识的渴求与愿望,学生成为学习真正的主体。

(2) 教师要成为教学实践的反思者

著名教育心理学家波普尔曾说:"正是怀疑和问题鼓励我们去学习、去观察、去实践、去发展知识。"教师要把自己及自己的教学活动作为反思的对象,反省自己的教学行为,并深入研究教育理念、教育模式、教育主体和教育策略等方面出现的问题,最终达到对自身教育的行为进行修正与完善的目的。著名教育心理学家波思纳提出了一个教师成长的公式:成长=经验+反思。反思型教师就是在原有教学经验的基础上通过不断反思来改进教学过程,完善自我,促进自身职业发展的。在信息化时代,教师既要研究学生的行为,也要研究自己的教学实践,确保学生的学习行为和自身的教育行为与教学目标保持一致,并在反思性教学中,逐渐研究并构建出适合自己和学生的更有效的教与学框架。

(3) 教师要成为具有创新能力的引领者

今天的学生已经成为即插即用型的数字原住民,他们可以从网上随时随地获取知识信息,知识的获取渠道和途径变得很容易。教师如果不具备创新的能力,那么在新一代学生面前,其价值将大为下降。但如果教师具备创新能力,并且能够把这种创新能力转为应用于教学,那么将继续可以作为课堂的引领者。事实上,作为高阶能力的 21 世纪技能,恰恰更需要学校课程的教授和教师的引导。善于创新的教师能针对不同的教学情境采取恰当的教学措施,善于寻找机会创设良好的教育气氛,促使师生共同发展。

(二)信息技术支撑以学为中心的发展

联合国教科文组织认为信息技术的发展影响了教育格局的变化,人们需要一种更加流畅的一体化学习方法,从学习空间、时间和关系的变化中拓展学习空间网络。《教育信息化十年发展规划(2011—2020 年)》也指出,"以教育信息化带动教育现代化,破解制约我国教育发展的难题,促进教育的创新与变革,是加快从教育大国向教育强国迈进的重大战略抉择",并提出了"信息技术与教育融合发展的水平显著提升"的发展和建设目标。国家教育部发布了《构建利用信息化手段扩大优质教育资源覆盖面有效机制的实施方案》,指出"信息技术与教育教学的全面深度融合,逐步缩小区域、城乡、校际的差距,促进教育公平,提高教育质量,支撑学习型社会建设,形成与国家教育现代化发展目标相适应的教育信息化体系"。我国《教育信息化 2.0 行动计划》提出,要发挥技术优势,变革传统模式,尤其是利用智能技术加快推动人才培养模式、教学方法改革,推进新技术与教育教学的深度融合,真正实现从融合应用阶段迈入创新发展阶段。

很多应用现代信息技术的教育教学实践表明,现代信息技术对教育教学过程产生的突出影响是,它为促进学生使用自主学习、个性化学习和随时随地学习等新型学习方式,提供了便捷、有效的学习环境和丰富、易得的学习资源,而这些正是以学习为中心教学所要求的学习方式。综合来看,我们需要在深刻反思当前信息技术在高职院校课堂教学应用的现状的基础上,进一步澄清信息技术的进步对于高职院校教学的影响。我们主要从教师教学、学生学习及教学管理三个方面详细阐述信息技术对高职院校课堂教学转型提供了哪些有力支撑。

1. 信息技术对教师教的转型提供支撑

(1)教学资源全球化

从 1971 年,英国开放大学正式成立,到后来"翻转课堂"这一概念的提出,各种教育学习平台不断出现。如 EDX、KHAN,还有国内的清华在线、网易云课堂等,为学习者提供全球范围内开放的优秀学习资源,学习者可以借助计算机网络和其他移动电子设备,在这些学习平台上选择自己感兴趣的学习内容,真正意义上实现资源共享。以信息技术为支撑实现了教育资源广泛共享和教学服务全面开放,开放大学提供了一种新型的办学环境,这种环境不受时空的限制,使全民教育、继续教育、终身学习、非正规学习成为新时代教育发展的主题。

信息技术给教学资源带来的最大的变化主要体现在以下几个方面：

第一，教学资源的开放化。在传统的模式中，教育资源主要集聚在校园这个相对封闭的物理空间里，局限于课堂、图书馆、实训室等一些场所，只能够满足固定人群的需求。然而借助互联网等信息技术，教育资源可以跨越校园、地区、国家进而覆盖到世界每一个角落，优质教育资源的平等共享成为可能并且极为便利。

第二，教学资源数字化。信息技术使得教学资源变得数字化，互联网以其强大的存储性和交互性优势，在短时间内吸纳了海量的知识和信息，成为人类历史上前所未有的巨大"信息库"。将这个"信息库"充分应用于教学资源中，极大丰富了教学资源。例如，大规模在线开放课程（Massive Open Online Course，简称 MOOC）正在成为学校课程中的有机组成部分。

第三，教学资源多样化。随着 web2.0、虚拟现实技术、人工智能等技术的发展与应用，教学资源的内容、形式及获取方式都越来越多样。为教学活动的展开提供了更加多样的选择。

第四，教学资源个性化。教育大数据的分析能精确地获得学习者的知识结构、能力结构、个性倾向、思维特征等相关数据，这使教学资源的设计与选择更加个性化。适应学生个性特征是未来课程发展的重要方向。信息技术使得教学资源越来越具有选择性。

第五，教学资源智能化。将基于信息技术的即时评价反馈系统、情境感知、增强现实、人工智能等学科交互性的认知工具应用于教学资源领域中的过程中，使教学资源变得更加智能化。在利用基于信息技术的教学资源学习的过程中，学生可得到及时的、个性化的反馈结果，从而提高学习效率。

（2）教学环境现代化

随着多媒体技术和网络技术的发展，教学环境已由传统的黑板和粉笔转变为以计算机多媒体和网络支撑下的信息技术教学环境。这种教学环境中将计算机多媒体、网络、投影设备等作为辅助教学的手段，帮助教师教学和学生学习。教师可以任意使用多媒体教室中的各种教学媒体，通过播放视频音频，展示模型、图片、实物等能够调动学生的各个感觉器官，极大地激发学生的学习兴趣。此外，多媒体教室使小组学习、合作学习和个别化学习成为可能。在多媒体教室中，学生能够充分利用计算机或互联网上的资源进行自主探究和合作式的学习，以学生为中心，学生的主体地位得以体现。

在传感技术、网络技术、富媒体技术及人工智能技术充分发展的信息化时代，教室环境应该是一种"能优化教学内容呈现、学习资源便捷地获取、有利于课堂交互开展，具有情境感知和环境管理功能的新型教室"，这种教室被称为智慧教室。

智慧教室改变了多媒体和网络教室的诸多缺点,如:在智慧教室中内容呈现能够符合学生的认知特点,而不是在多媒体教室中简单地堆砌知识。此外,智慧教室能够方便地接入各种媒体设备如PAD,智能手机、平板电脑等,使学生能够迅速地获取各类资源,不受资源和访问速度的限制。智慧教室还具有环境管理和对周围环境的情感感知能力,能够通过传感器检测室内环境,自动调节到适合学生的状态。

另外,信息技术在教育中的应用,让传统教师的很多工作,如批改作业等相对简单的智力劳动和体力劳动都被智能机器所替代。教师专注于识记、理解、应用方面的知识传授职能越来越多可以借助技术来完成,教师的重心更多转向能力培养、素养培育、心理干预、人格塑造等。随着时代的发展,"以学为中心"的教育理念逐渐进入高职院校课堂教学,教师的地位和作用也必然会相应地发生一些改变。信息技术应用的日益广泛让教育教学的技术含量不断提高,并因此对教师提出了更高的要求。

(3)教学过程多元化

随着信息化的发展以及信息技术与学科的整合,教学内容的呈现形式必然会发生变化,因此学生的学习方式、教师的教学方式以及师生间的互动方式也将会随之发生改变。只有这样,学生的学习和发展才能够适应日新月异的信息化环境,才能够真正实现人的全面发展。在传统的教学环境中,教师是知识的主要传播者;古人云"闻道有先后,术业有专攻",随着信息时代、网络时代的到来,教师与学生在新知识的接触与更新方面已不存在显著差异。这也就意味着学与教之间的单一模式不再适合教育教学的发展,多元化的学与教方式需要有效融入日常教学活动中。霍华德·加德纳教授提出的多元智能理论是信息化环境下教学中多元化的学与教方式的重要理论支持。多元智能理论强调,每名学生都能够在他们感觉舒适的智能领域,运用比较发达的智能进行学习,并获得机会来发展欠发达的智能。

多元化的学与教的方式呈现主要体现在三个方面的多元化,即学生学习方式的多元化、教师为学生展现学习内容的多元化以及教师与学生之间互动的多元化。学生的学习方式多元化意味着在信息化环境下,学习方式不同于在传统教学环境下学生只是被动接收教师传输知识。学生应积极发挥自身主动性,成为学习的主人,在这种情况下学生的主体地位也应该得到充分体现。教师为学生展现学习内容的多元化以及教师与学生之间互动的多元化,则需要将信息技术以工具的形式与教育教学融为一体,将信息技术融入教育教学体系的各个要素中,使之成为教师的教学工具、学生的认知工具、重要的教材形态、主要的教学媒体。换句话说,就是在教学过程中,把信息技术、信息资源、信息方法、人力资源和教学内容有机结合,共同完成课程教学任务的一种新型的教学方式。信息技术与教育教学的整合,将不断推动教育信息化过程,形成信息化教育。

现代教育技术的运用、观念的转变、认识的提高,有必要落实到教育教学实践中。通过教学实践的应用,教师可以探索以学生发展为本,培养学生创新精神和实践能力的新的课堂教学模式,进一步明确现代化教育技术在素质教育中应用的重要性,在具体教育实践中,进一步树立应用现代教育技术观念。现代教育技术应用的关键是教师,教师转变观念、明确认识,在实践中钻研与贯彻,其前提是熟悉并掌握应用现代教育技术的操作能力,这就要求提升教师信息技术能力。

2. 信息技术对学生学习产生深刻影响

(1) 学习方式多样化

信息技术的运用催生了翻转课堂、移动学习、远程教育的出现。移动学习和现代远程教育最突出的特点是非线性结构,在授课内容、授课时间,甚至学习过程方面打破了传统教学的线性结构,使教与学双方自己结合,从而提高教学效率。而翻转课堂更是迎合了"以学为中心"的教学理念,把更多的时间留给学生,转变了传统教学模式中教师和学生的角色,使学生从知识的被动灌输转变为主动吸收、深入探索,极大提高了学生学习效率。

优质的教学资源和良好的教学环境也是提高学生自主学习能力的重要影响因素。《教育信息化十年发展规划(2011—2020年)》明确指出:要利用先进网络和信息技术,整合资源,构建先进、高效、实用的教育信息基础设施,开发和整合各类优质的教育教学资源,建立教育资源共建共享机制,进而推进精品课程、图书文献共享、教学实训平台等信息化建设,以培养学生自主学习、自主管理、自主服务的意识与能力。有研究人员提到高职院校将优质资源慕课化,即将教学资源精细化,提高网上课程资源的易用性和可用性,学生学习的自学能力能得以提升。有学者认为,应该发挥现代信息技术在培养职业院校学生的自主学习能力中的积极作用,建设新型教学基础设施,如自主学习中心,可以提高和培养自主学习能力,提高教学质量。而建设自主学习中心的构成要素之一就是自主学习资源,优质的学习资源是满足学生个性化学习的前提条件,也是实现学生自主学习的重要物质基础。各种移动技术的发展与普及让无线网络覆盖整个校园,能为广大师生提供无处不在的学习工具和环境。此外,学生进行自主学习资源主要来源于学校教育资源云平台、学习资源中心、课程中心、电子图书馆、知识网络平台,丰富的学习资源能为学生自主学习提供物质基础。但现阶段高职院校教学资源环境建设仍不能很好地支撑学生的自主学习,如教学资源缺乏系统全面的整合、未能在教学资源整合工作中起到主导作用、高职院校对教学资源平台的推广度不够、教学资源平台与数字校园系统缺乏必要的集成。学生自身学习习惯及能力则是影响学生自主学习能力的最重要的决定性因素。尚建国等人通过问卷调查法和访谈等方法调查发现，学生自身因素，即自我效能感、目标定向、自我调节学习策略等因素，会直接或间接影响学生英语自主学习能力的培养。

（2）学习环境智能化

信息技术突破了学习的围墙，在一定程度上扩展了学习的手段与范围，有助于构建师生积极互动的教与学的新模式。教育信息化是教育理念和教学模式的一场深刻革命，信息技术的深度应用，迫切要求学与教的"双重革命"。教师的信息技术能力在数字化校园发展中的作用越来越重要，它能够优化教学、培养创新型人才。随着计算机和网络技术的不断创新与完善及其在教育中的持续扩散，融入了多媒体交互技术辅助教学的在线教育，通过更强烈的师生临场感，提升和普及了远程教育。高度发达的信息技术在教育中的广泛应用已经成为全球发展的一个趋势，智慧学习是以泛在学习和社会化学习为基础形成的新型学习范式。

3. 信息技术应用使得教学管理更加有效

教学管理就是对学校教学等各方面综合信息资源如学生、教师、课程、学籍、考务等的管理。面对庞大复杂的数据信息，人工管理效率低下，数据保密性差，且易发生数据丢失或统计数据不准确的情况，而信息技术的普及和广泛应用，能为提高教学管理的效率提供有力的手段。计算机管理系统能够应用于高职院校教学管理的各个方面，它可以通过建立有序的数据表来降低数据的冗余度，节约大量的资源，减轻教学管理的负担。计算机管理系统改变了教师原有的工作方式，使教师不必重复进行分数统计、计算、排名等繁重劳动，从而将节省的大量时间投入教学研究中，提高教学质量。同时，学生可以迅速准确地了解到课程和考试信息，及时掌握学习情况，提高学习效率。此外，计算机管理系统能够规避人工管理造成的统计和分析数据不准确的问题，能够极大地保证数据的准确性和安全性，并且可以快速地对大量数据进行统计分析和深入挖掘，发现其潜在价值。计算机管理系统方便用户使用，能够极大地提高工作效率，实现高职院校的教学管理的正规化、科学化和现代化。

郭文革等人提到未来在线教育的发展目标应该是建设若干具有一流课程、一流教学团队、一流管理能力和领导力的"虚拟教育组织"，虚拟教学团队分布在不同地理位置，从属于不同组织，通过各种在线交流工具（电子邮件、QQ）进行同步/异步交流。在大数据时代，高职院校管理信息化建设应朝向数据挖掘等方面进行深度探索，教学管理系统建设显得尤为重要，而优化管理系统的关键在于科学设计教学管理系统，从而实现教学管理的信息化、规范化和智能化。教学管理是高职院校管理工作中的重要组成部分,而在教学管理信息化建设中的重点和难点是提高教学管理人员的信息技术水平,应当优化教学管理人员的素质。"充分利用云计算、大数据、人工智能等新技术,构建全方位、全过程、全天候的支撑体系,助力教育教学、管理和服务的改革发展",是《教育信息化 2.0 行动计划》提出的重要任务之一。以信息技术为代表的各种新技术作为一种新的教学手段出现在高职院校课堂教学中,改变了教学方式,丰富了教学资源,而这些新的变化必然会对教学管理产生一定的影响。

值得反思的是,由于现行教育系统内各种因素的限制,教育信息化长期把发展焦点置于传统教育的加固上,导致了信息技术与教育的融合仍处于浅层次,严重制约了信息化效能的发挥,也违背了信息时代创新人才培养的初衷。信息技术在高职院校课堂教学中的应用,不是要加固传统的教育教学方式,而是要融合创新变革形成新的教育教学模式。随着信息技术的发展,教学资源的丰富,教师信息技术应用能力的提升,以及计算机、投影仪、电子白板等设备的越来越便捷,不少教师远离甚至舍弃了黑板,让投影和白板等成为课堂的主角,让教学过程变成"教师放课件,学生观课件",让讨论、探究都成了走过场,让课堂由"人灌"变成"机灌",转而使"机器"主宰了课堂,教师和学生沦为了"机器"的奴隶。这不仅没有发挥信息技术对教育教学的变革作用,反而加剧了传统课堂教学的"异化"现象。

(三)信息技术促进教育信息化

1. 信息技术在教学中的应用

通过上文对当前教育信息化的发展和现状研究状况较为详细的综述和探讨,我们可以看到,信息技术在教育教学特别是在教学模式的转型中的重要性日益凸显。为了发展信息化教育,实现信息技术与教育全面深度融合的终极目标,当前诸多的信息技术手段已经陆续被应用到校园和课堂中,并已经取得了较为显著的成果。例如,董艳在其《信息技术在高校课堂教学中的应用现状及模式研究》中对北京师范大学教学课堂中信息技术的应用现状做了详细的研究,重点考察了信息技术设备如多媒体黑板、话筒、MATLAB 软件的应用情况,发现这些设备的使用频率较高,受到教师和学生们的欢迎。然而,仍然存在一些有待解决的问题,如网络全覆盖存在技术上的困难、教师和学生"板书口述"观念的根深蒂固等。但在文章最后,她呼吁高校教师应重视利用信息技术,积极开展信息技术与学科课程的整合,促进学生学习能力与素养的全面提升。

除了使用信息技术的硬件,许多现代化的课堂教学新模式也应运而生,使得传统的教师传道授道解惑开始出现时间和空间上的分离,在信息技术的支持下课堂教学已经逐渐打破传统"在场"的限制，教师教育教学和学生自主学习呈现出多元化、多层次以及脱域化的发展趋势。这些主要的新型课程教学模式如下：

（1）慕课和微课

在线教学模式根据教学资源的系统性和教学时间的长短可分为两种形式：一是资源相对丰富、系统，在线教学时间较长的在线教学模式——慕课。慕课平台的资源主要由各大名校，或者高校教学联盟负责开发，慕课教学与传统教学形式同时存在，学生可以根据自己的兴趣爱好及学习所需，在各大慕课平台上注册后即可开展学习。二是教学内容较为短小，教学时间也较短的在线教学模式——微课。一般来讲，微课的教学时长在 10 分钟以内。教学内容通常围绕某一具体的主题展开，同时在教学过程借助信息技术工具，开展信息化环境的学习方式。通过比较分析，这两种典型的在线教学模式具有如下特点：其一，慕课是一种规模化的在线教学，教学内容具有系统性，而微课教学重点关注某一教学重点或教学主题，其目的是帮助学生解决某一知识点的理解或构建；其二，在互动性方面，由于面向大规模的授课群体，慕课的在线教学互动性不高，而微课教学面对的是小数量的群体，重视在线教学的互动性，重点满足学生的个性化学习需求。不少研究者也对这两种在线教学模式进行了比较研究。比如，有研究人员针对现代信息化背景下从慕课到微课这种教育信息化教学模式的转型过程进行了探讨，并倡导构建慕课、微课一体化的新型的教学模式，充分发挥信息技术高效、便捷的个性化作用，从而推动课堂教学质量和水平的快速提升。慕课，微课需要结合信息技术的特点不断创新实践模式，才能适应职业教育教学的发展需求。

（2）"对分"课堂与翻转课堂

"对分"课堂倡导学生参与课堂教学活动，通过参与完成课堂中的活动如听课、自学、作业、讨论等实现对学习内容的主动构建，同时在完成活动的过程中，加强师生之间的互动交流，促进教师与学生都在教学过程中发挥个人作用，最终实现教学质量的提升。随着信息技术的快速发展，"对分"课堂的教学理念得到了进一步的传承与发展，以另外一种新的教学模式"翻转课堂"出现，它是信息技术"武装"下对"对分"课堂的发展和进一步的完善。换句话来说，翻转课堂的另外一个名称为反转课堂或颠倒课堂，这种教学模式主要实现了课前、课中任务的重新规划与分配。例如在传统的教学中，学生获取知识的方式主要是在课堂中通过教师的教授习得，而课后则是完成教师分配的作业以便进一步巩固所学的内容。翻转课堂与传统课堂教学时序则相反，学生需要在课前通过观看教学视频或自己动手查找教育资源等方式完成教学内容的学习，同时，学生也需要在教学视频或教学网站上完成学习内容的测试，以检测对学习内容的掌握情况。在课堂上，学生则更多的是参与学习讨论，针对学习中存在的疑虑与问题开展深入探讨，最终达成对学习知识的深度理解与内化。这种教学模式借助现代信息技术，使教学过程能最大限度地利用一切有效时间，增加了师生在课堂上的交流互动，在拉近师生关系、营造良好的共进氛围的基础上，能够帮助学生养成自主学习的良好习惯，消除课堂疑惑，真正做到学有所获，学有所用。有学者通过对当前参与翻转课堂实践的一线教师的问卷调查发现，尽管目前翻转课堂对教师来说还属于新的事物，但大多数教师已取得了不错的效果，尤其是在提升学生学习兴趣、主动性等方面。从教师实施翻转课堂的动机看，翻转课堂迎合了教师改变自身教学现状需要的同时，还受到学校的支持，"一场新的改革趋势逐渐形成"。另一位学者崔艳辉探讨了翻转课堂在英语教学中的应用情况。她看到了翻转课堂在课堂教学中的促进作用，因此以通识教育的英语课程为例展开了相关的调查工作，尝试论证翻转课堂的切实可行性。她在其《翻转课堂及其在英语教学中的应用》一文提到，翻转课堂作为一种新型的教学模式，符合当前我国教育信息化的发展需求。目前，我国英语教学方面还存在一些缺陷，利用新型教学模式开展英语教学，提升学生学习主动性，对促进学生的学习效率和学习效果大有裨益。最后，她提出我国高校英语教学应积极引入这种新型的教学模式，成为英语教学改革与发展的助推器。

（3）虚拟技术与云计算的广泛应用

虚拟现实（Virtual Reality，VR）是指现代仿真技术，是融合了计算机图形、图像处理、传感技术、智能技术的计算机系统，使用者通过借助特定的设备从视、听、触觉上与虚拟环境中的对象进行交互，从而产生一种身临其境的感受与体验。相关研究表明，相比对数字和文字等抽象符合的理解，人类更倾向于对图像、声音等具有感官信息的掌握。云计算是指为用户提供数据运算、数据存储及数据处理的一种计算机服务。一般来讲，云计算具有以下典型特征：a. 由于数据采集与数据存储不受地理位置限制，可实现随时随地处理，具有较强的便捷性；b. 云计算的数据存储在多个云端服务器上，可避免由于本地服务器的损坏导致的数据丢失，具有较强的安全性；c. 随着网络技术的快速发展，可扩展性和虚拟化也是云计算的主要特征之一。不少学者也对云计算及虚拟技术在职业教育教学中的应用开展了实证研究。在实践教学中应用虚拟现实技术可以实现实践对象的多维展示、模拟仿真，通过人机交互可完成更高强度的实践过程，获得良好的实践效果。因此，将新型技术如云计算、虚拟现实技术融入现代高职院校的实践教学、提升实践效果将成为未来发展的共同趋势。由虚拟技术、网络技术、多媒体技术融合实现的虚拟实训室包含了实训所需要的环境、设备、特定实训对象及实训资源等，有效解决了不少学校因设备欠缺、师资不足而无法开展实训这一难题，这使完成成本高昂、风险较大的操作性实训成为可能。另外，由于虚拟现实技术的强交互性与体验感，学生的学习兴趣也得到了较大幅度的提升，这有助于学生对学习知识的理解与内化，大大提升了实训教学效率。因此，在云计算与虚拟技术为代表的新技术的驱动下，高职教育中实训教学将迎来快速发展的新阶段。

2. 教育信息化对课堂教学的影响

当前信息技术在我国教育领域的应用，已经越过了以信息化基础设施建设为主的初级阶段，开始深入到应用信息技术创造的新时空和丰富的学习资源，探索发展学生创造性思维的深层学习行为，并创造出各种研究性学习、团队学习的新形式，推动学习方式变革。这些标志着教育信息化新阶段的降临，也开始展现出信息技术在推动教育创新发展中的强大威力和广阔的前景。教育信息化对高职院校课堂教学的积极影响主要表现为以下几个方面：

第一，推动了课堂教学模式的深度创新。教育信息化发展极大地促进了课堂教学模式的转型步伐。通过信息技术的催化作用，高职院校课堂教学从传统教学模式向现代教学模式转型过程的速率大大加快了。可以看到，从过去尝试对教师"口述板书"教学形式的改变，到尝试给予学生更多的自主学习和独立思考时间改良，都没有从根本上解决"寓教于乐"的动力机制问题。换句话说，仅仅在师生传统的互动模式上尝试创新还是不能很好地调动课堂积极性与主动性。而教育信息化通过信息技术自身的科技性、趣味性特征，能够在一定程度上吸引学生的课堂兴趣。同时，教育信息化自身具备的灵活性和多元性，能够给予教师更多的发挥空间，促使教师自身能够对课堂教学做出更为深入的理解和创造。

第二，拓展了课堂教学的时空。信息技术可以营造全新的学习环境。互联网、智能手机与电脑、声像视频等多媒体工具成为信息技术的代表，这在很大程度上打破了时空地域的界限，网络学习、移动学习、微型学习、泛在学习、虚拟学习等一系列数字化学习不断涌现，使每个人随时随地学习成为可能。以信息技术、学习工具、学习资源和学习活动为支撑，依托科学分析和挖掘全面感知的学习情境信息或者学习者在学习过程中生成的学习数据，用来识别学习者特性和学习情境，灵活生成最佳适配的学习任务和活动，从而引导和帮助学习者进行正确决策。由此可见，信息技术深度融入教育教学，使生活环境和学习环境融合为一体，彻底改变了传统的教学和学习形态，形成一种高度智能的信息化学习生态环境。

第三，丰富了课堂教学的资源。由于传统教学模式停留在对课堂本身的理解和探讨，其资源和成果具有相对的封闭性。尽管这种封闭性并不会对课堂教学带来任何影响和损害，但从长期来看，相对封闭的教学模式必然不利于知识和教学成果的共享，自然也就不会博采众长、有所发展。当前，在教育信息化背景下，通过互联网络，许多优秀的教学资源能够为更多教师和学生获取和共享，这就使得知识在真正意义上流动了起来，能够在共享过程中产生碰撞，从而在一定程度实现教育资源的公平分配。

当然，教育信息化对高职院校教学模式转型产生积极作用的同时也一定造成了不同程度的消极影响，其消极影响主要可以归结为以下几个方面：

第一，技术应用泛化。受到"科学技术是第一生产力"和"技术万能"思想的影响，大家普遍认为信息技术手段是提高教学质量水平的灵丹妙药，不仅要支持教育信息化发展，而且还要大力推进信息技术在教学课堂中的使用。"有"总比"没有"强，"用"总比"不用"好。这就产生了许多问题。可以看到，一味地追求信息技术的使用甚至是不加区别的使用，会使得课堂教学忽视各门课程的实际特点和特有规律，造成信息技术使用的泛化。另外，由于对信息技术的过度崇拜，许多教师将目光盯在了技术进步上，盯在了如何创新教学的呈现形式上，而忽视了对课堂教学内容的打磨和丰富。

第二，师生互动的缺乏。教育信息化背景下多种教学形式和教学平台相继出现，确实在一定程度上推动着课堂教学的发展和前进，然而，无论是从慕课到微课，还是智慧课堂的信息化教学管理，尽管提升了课堂效率，促进了教学资源共享，但是师生间的互动也因为信息网络的超时空性而受到限制。传统的教学模式，尽管教学形式单一，但是师生间面对面的良好互动能够帮助教师更好地掌握课堂进度、课堂目标和课堂效果等要素的进展情况，从而能及时做出教学调整。同时，学生通过当面提问和教师互动，能够在第一时间内得到来自教师的关注和解答。这无论是从"授业解惑"还是对自身学习情绪、学习信心的提升来说，都具有十分重要的作用。网上的信息互动和课堂提问，一方面面临着在线人数众多、教师无法一一做出解答和回应的实际困境，另一方面缺乏临场的直接交流，很难给学生以实质性启发和心理上的满足。

第三，教学形式依旧较为单一。目前，信息技术在高职院校课堂中的应用还处于初级阶段，仍然是以"教师讲授，媒体演示"的模式为主。教师没有将现代教育理念渗透和应用到教学过程中，只是利用现代教育技术手段去适应传统的教学思想和模式，结果自然不是很好，不仅不能够发挥信息技术手段的优势，改变传统教学的弊端，反而由过去的"人灌"变为现在的"机灌"或"人机共灌"，使传统教学的弊端被延续和放大。这种模式在开展信息技术教学应用的初期阶段，由于其直观显示的形象生动性，会提升学生上课的好奇心和兴趣，从而积极地参与到这门课的教学过程中来；但随着时间的推移，学生也发现这种单一的教学模式只是传统教学模式的延伸，自己仍然处于被动接受者的地位，因而产生了厌倦的情绪，学习兴趣也大幅度降低。

四、信息技术在教学中的典型应用

课堂教学变革是职业教育信息化创新发展的一个重要领域。近年来，世界各国高校在利用信息技术促进课堂教学转型上进行了一系列探索，积累了丰富的经验，为我们提供了有益的参照。下面，我们选择国内外一些具有示范性的典型案例进行分析和解读。

（一）国外典型案例

1. Coursera：大规模在线开放课程（MOOC）

Coursera 是大规模开放在线课程的先驱者之一，一经出现便以不可阻挡之势蓬勃发展，在很短时间内成为一个国际化的网络教育平台，影响力遥遥领先于同行竞争者。凭借自身用户数量之大、课程数量之多，Coursera 迅速在世界范围内引起了极大轰动。Coursera 的课程建设及教学应用主要有以下特点：

（1）放宽课程标准与资源权限，打造全面开放的在线课程

对于一家网络教育公司来说，优质课程的打造是基础也是关键。在这方面，Coursera 有匠心独运之处。它选择每年最新发布的世界大学学术排行榜上排名前 5% 的学校作为课程合作对象，并向这些学校开放其学习管理服务系统（Learning Management Service，LMS），为教师建设符合 Coursera 教学理念的优质课程提供技术支持，如视频短片的播放、学生作业的管理、网上讨论的开展等。Coursera 的联合创始人安德鲁·恩格（Andrew Ng）称，Coursera 的主要作用是提供平台，至于课程数量及内容都是由学校自己决定的，这在一定程度上放宽了对于课程资源的限制。另外在必要情况下，Coursera 还会负责培训学校的教师，使其开发的课程能够符合大规模开放在线课程的上传标准和授课标准，但 Coursera 对课程的具体细节不作规定。Coursera 设定的大规模开放在线课程的上传标准和授课标准具有一定的典型性和代表性，主要表现在以下两个方面：

一是微视频与阶段性测试相结合。2013 年 4 月，哈佛大学的一项研究表明，将课程内容划归为较小的视频片段，并在视频片段中提供阶段性练习，可有效减少在线课程学习过程中学生发生"走神"的现象，有助于学生保持注意力，提高学习效果。出于以上考虑，Coursera 要求在时长约为 10 分钟的视频材料中穿插一些客观选择性练习，从而实现课程内容与练习题目的无缝衔接。

二是传统教学资源与线上线下交互性社区相结合。Coursera 在授课过程中，除

为学习者提供课程视频、文本材料、课后作业等传统形式的网络教学资源外，还提供了线上线下交互性社区这一突破常规的特色资源。传统资源的提供是学习者开展自主学习的基础，交互性社区的建设是对学习过程的辅助性支持，同时能在学习者深度交流与协作的基础之上实现对传统资源的增容与扩充。这种新颖而独到的授课方式使得静态、封闭的网络教学资源在学习者虚拟与现实相结合的交互中不断趋于动态、开放。

Coursera 在积极践行以上这些创造性构想的过程中，成功地把看似矛盾、互不兼容的"低课程标准"（手段）和"高质量课程"（目的）统一在了一起，没有重蹈很多在线教育机构目的和手段相互背离的覆辙。它通过"低课程标准"这一手段，摒弃了过多的限制与束缚，让课程提供组织拥有一定的自由发挥的空间，促使其充分发挥创造性，设计出体现学科特点的个性化教学方案，以吸引更多的学习者。此外，由于 Coursera 平台面向的用户数量巨大且遍布各地，各大院校为在这一国际化平台上展示自己强大的学术实力，必然也会竭尽全力打造高质量的课程。由此可见，Coursera 的"不设过多标准"实质上对各大合作院校而言却是需要不懈努力才能实现的"高标准"。特别值得指出的是，Coursera 施行的"低课程标准"这一创新举措在保证课程规范性、有效性的同时，迅速抢占了高校优质教育资源市场，从而在激烈的竞争中具备了先发优势。这对于以买方市场为主导的在线教育来说，无疑是非常重要的。

（2）用户权利与义务并重，营造良好的教学环境

Coursera 依赖其强大的数据分析技术对注册用户进行分类和管理，对规范课程开展过程、提高学生学习绩效具有重要意义。首先，Coursera 根据用户所选课程对其进行分类，有利于相关课程信息的集中发布。例如，在课程开始前，授课教师可以通过发送邮件的方式告知用户该课程开始的时间、具体的授课安排、应该做哪些相应的学习准备等。值得一提的是，邮件在教学期间的作用并不只是发布一些例行通知，更重要的是要引导和督促学习者进行学习，让学习者时刻掌握自身的学习动态，紧跟课程的开展步调。其次，Coursera 通过统计各门课程选课人数，为下一轮课程开展的修订提供了可靠的数据支持。课程质量的优劣固然重要，但 Coursera 的首要目标在于迎合和满足全球学习者的兴趣和需要，因此结合用户的兴趣爱好和实际需求，动态调整课程设置（如增设热门科目、关闭冷门课程）对落实其最大化服务学习者的宗旨至关重要。最后，Coursera 对于用户信息的管理主要服务于课程学习，方便学习者时刻关注课程动态和调整个人学习进度，这极大程度地体现了 Coursera 所倡导的自主学习、自定步调的学习理念。换言之，Coursera 对用户信息的管理和维护有利于保证用户在课程学习过程中更好地行使其应有的权利。

Coursera 用户在享受各种权利的同时，也要遵守相关课程规定，并履行作为课程学习者的相关义务。所有有违反行为准则、学术诚信或课程规定嫌疑的学习者都将被 Coursera 通报。对于这些学习者，Coursera 将酌情给予以下惩罚：扣分或使其成绩无效；停用其账户；从签名认证中除名且不能退款；使其成绩和证书无效。正所谓"无规矩不成方圆"，Coursera 提出的用户网上学习的行为规范犹如一道屏障，将各种不良行为表现隔离在外，保证了学习活动的有序开展，从而营造出良好的内部学习氛围。

总体来看，Coursera 用户权利的赋予为学习者主体地位的发挥提供了有力保障，而用户义务的制定则为大规模在线学习营造了和谐的环境，二者相辅相成，共同维护网络环境下的教与学顺利进行。

（3）深入挖掘数据价值，完善平台建设并提高教学质量

使用大数据分析的手段，对学习者的学习行为进行分析，不仅有助于完善 Coursera 自身的管理与服务，更重要的是可以基于数据提高教学质量，并发现在线教育新的商机。

Coursera 对国家数目、学生数目、课程数目、论坛主题、学习者学习时间、最受欢迎课程的选课人数等进行了统计，并将最终结果公布于 Coursera 社区中。然而，这仅仅是用户数据显性呈现的一小部分，相对于 Coursera 平台潜在的数据资源，可谓"九牛一毛"。更为重要的是，随着学习的进行，学习者在平台中留下的过程性信息逐渐增多，这些信息才真正蕴含着丰富的潜在价值。

一方面，Coursera 课程开发团队将之收为己用，根据用户数据的分析和反馈对课程设计和平台结构进行优化调整。Coursera 将从用户数据得来的宝贵经验用于指导平台建设，完善课程设计，优化用户体验，从而切实提高用户学习质量，以期开创"以质取胜"的先河。另一方面，Coursera 的商业合作伙伴众多，其中不乏产品和服务提供商，用户对产品和服务的使用习惯与体验感受对其而言是一笔极具价值的数据资料，它在一定程度上保证了 Coursera 合作关系潜在的稳定性与长期性。随着课程的逐步增多、用户群体的不断壮大、相关信息的持续挖掘，庞大的用户数据将会成为在线教育研究的强大支撑，其中蕴含的商机更是不可估量。

2. 加州伯克利大学：SPOC 混合式教学模式

SPOC（Small Private Online Course，小规模限制性在线课程）最早是由加州大学伯克利分校的福克斯（Armando Fox）提出来的。对比 MOOC 中的"Massive"和"Open"，"Small"是指将学生规模控制在几十人到几百人，"Private"是指对学习者

设置限制性准入条件，只有达到设定要求的申请者才能参与 SPOC 课程。通过限定学习者规模和课程准入条件，SPOC 能够为这些经过特别挑选的学习者提供定制化的课程内容与针对性的支持服务，可以增进学习者对课程的完整体验，提高课程的完成率。简言之，SPOC 是一种结合了线上学习和线下学习的混合式教学模式，它将 MOOC 中课件、视频、测验、作业等教学资源以及讨论、评价等在线教学交互功能应用到小规模在线课程中，开展传统的校园课堂教学。

2012 年，福克斯在 edX 平台上开设了"云计算与软件工程"课程，并以 SPOC 的模式提供给加州大学伯克利分校的学生。该课程的核心特征是其自动评测系统提供的自动评分功能，学生每次在平台上提交完作业，都能得到及时、详细和完整的反馈信息与评分结果，而且自动评测系统还允许学生多次提交作业，这不仅让他们获得了更高的分数，更促进了他们对课堂知识的理解和相关技能的掌握，为此，该课程也得到了在校师生的广泛好评。

在以教为中心的教学中，学生习惯于以听讲的方式学习，学生学习方式是单一和被动的。在以学习为中心的教学中，学生应能动、独立地以多种学习方式完成学习过程，并且学生能动、独立的学习要占据主要的教学时空。SPOC 充分体现了以学生学习为中心，在学习目标追求上，引导学生将学会自主学习当作学习与发展的核心目标，改变以掌握现成知识、技能作为学习的主要甚至全部目标的习惯。以研究教师赋权（赋予学生独立学习的权利）和学生担责（独立承担学习的责任）为基础，教会学生自主调控学习的过程，如学会制订学习计划、选择学习资源、运用学习策略、安排学习时间、调控学习努力、反思和管理学习过程等，引导学生改变学习的总体状态，使学生从主要以听讲的方式学习书本知识，到自主性地以多种方式在多种类型的学习活动中，如符号学习（书本知识学习）、操作学习、交往学习、反思学习、观察学习以及综合性的实践学习等，完成学习过程。

SPOC 使在线学习跳出了复制传统课堂的阶段，创造了一种更为灵活和更加有效的教学方式，它不仅帮助学校实现了提高教学质量的目标，还重新定义了教师的角色与作用。SPOC 让教师更多地回归学校，回归课堂，成为真正的课程掌控者。课前，教师是教学资源的设计者和整合者；课中，教师是学生学习过程的指导者和促进者；课后，教师是教学实践的反思者和评价者。此外，SPOC 的自动评分功能，解放了教师从事重复性活动的时间，促进了教师和学生之间的交流互动，提高了教师的教学热情与学生的学习动机。基于数字化教学资源、信息化教学平台以及采用翻转课堂教学方法的 SPOC，改变了传统的师生间不平等的关系，学生成为学习过程的主动参与者、有意义的构建者和合作者。

此外，SPOC 还能培养信息时代学生的自主学习能力，一方面，要求学生能够根据自己的实际需要确定学习目标,熟悉学习信息资源的类型、获取方式等,利用泛在学习环境提高自己的学习效果;另一方面,要求学生提高对信息的敏感度,善于从平常的事件中发现问题,形成问题意识,并能够利用各种信息资源,自主解决问题。

(二)国内典型案例

1. 哈尔滨工业大学:跨区域跨校在线开放课程"1+M+N"协同教学模式

哈尔滨工业大学作为我国最早一批慕课的建设者、组织者和实践者,在前期精品资源共享课建设基础上,较早开展了慕课教育理念、慕课协同教学模式与教学方法改革及慕课联盟体系研究,为推动慕课与各院校教学深度融合、提升教育质量、促进教育公平,发起组建了中国最大的在线开放课程联盟——中国高校计算机教育MOOC联盟。他们坚持"互联网+协同教育"理念,提出了跨区域多校在线开放课程"1+M+N"协同教学新模式,即以1组名师引领建课,跨区域协同M所高校,使N多个学生受益;同时,还在慕课共建共享机制、慕课联盟体系、慕课质量规范、慕课教学管理机制等方面取得创新成果,建设了享誉全国的计算机类慕课群及在线开放实验平台,应用范围覆盖全国300余所高校。

具体做法是:以学习科学为理论指导,参考学习金字塔模型、布鲁姆教学目标分类法等,从教育理论层面研究慕课及其认知规律,树立"以学生为中心、互联网+协同教育"理念,探索慕课协同教学模式及实现路径等;提出了在线开放课程"1+M+N"协同教学模式,将传统慕课的在线开放学习模式同教师指导下的有组织课堂学习及学生线下自主学习相结合,更适应我国各类院校的教学组织方式和特点,这与美国式"1+N"慕课模式有很大区别;围绕"1+M+N"模式,以课程引领、以地区工委会组织、以联盟项目支持,助力当地教师以SPOC实施慕课本地化,推动300余所学校实施教学改革;整合名校名师名企力量,围绕计算机类公共课和专业课,名师引领、众师共建、校企合建优质课程,建设慕课32门,出版教材25部,组建4个跨校课程组,基于慕课建设本地化SPOC,形成4类分层次在线课程群,建设在线开放实验平台2个,300余所院校1400位教师共建14000个实验题目;实现了基于慕课的多通道(视频、课件、教材、在线练习、在线讨论)随时随地自主学习;凝练了生讲生评、师导生演、以练代讲等10种形式的翻转课堂,改善了教学效果。

课堂教学结构转型面临的首要障碍来自学校以教为中心的教学理念和教学管理制度(教学文化)。因此,需要研究如何改变长期以来形成的以教为中心的教学文化,建构一种有利于以学为中心的教学文化。为此,要以学校办学理念和教学思想实现现代化的视野，研究学校层面的以学为中心的教学理念区别于以教为中心的教学理念的基本特征、主要内容及其形成路径和策略，并建立与这种教学理念相匹配的学校教学管理制度，尤其是对教师教和学生学的评价标准和制度。

哈尔滨工业大学通过慕课与教育教学深度融合，通过联盟校优质资源共享，解决学校优质课程资源短缺、学生多渠道学习环境与资源不足问题；通过跨区域跨校慕课协同教学，解决各区域不同层次学校教学需求及东西部地区教育发展不平衡问题；通过适应慕课的教学管理与机制，解决在线开放课程标准规范久缺、管理机制待完善问题；更重要的是通过以慕课推动教学方法改革，解决学生个性化、自主化教学不足，及探究式、互动式教学欠缺问题。

这种新的课程教学改革要求，更加强调教师的学习和自我完善能力。对于成长和工作在以教为中心的教学环境中的教师而言，应对以学习为中心的教学所面临的最大障碍是自身的教学观念、习惯和行为策略上的改变。为此，在教学观念改变方面，要帮助教师形成与以学习为中心的教学相适应的教学价值观、教学关系观、学生观、学习观等。在教学习惯方面，要重点改变教师喜欢讲、满堂讲的习惯，为学生在课堂上独立、自主的学习提供所需时间和内容空间；帮助教师学会以多种教导方式，如学习活动设计、动机激发、方法指导、过程示范、反馈评价、释疑解难等，引导和促进学生能动参与学习活动和独立完成学习过程，但教师不应代替学生完成学习过程。在教学行为策略上，要重点围绕以学习为中心的教学注重将个人自学、小组互学以及全班共学等三种学习形式结合使用，帮助教师形成如何引起和促进学生在这三种教学组织形式中开展能动、独立地学习的策略。

2. 清华大学："雨课堂"的教学实践

"雨课堂"，顾名思义与之对应的是"云课堂"。所谓的"云"，即 Cloud，不仅仅是天上的云的意思，还有隐含的意思，如一群、一堆。在数字化语境下，这个 Cloud 可以理解为一个集合（Group），但这是一个动态的 Group，一个隶属于因特网的计算群体。而在线学习是指学习者利用存放于互联网云端的数字化资源进行学习活动，因此很多存放这些课程资源的信息化平台被称为"云平台"或者"云课堂"。清华大学为了把这些所谓在云端的数字化课程资源真正落实每一个实体课堂中，从云到地就是"雨"，于是便开发了"雨课堂"。所以，"雨课堂"既是一种基于信息化的新型教育技术工具，更是一种基于混合式教学的新型教学方法。

"雨课堂"从 2016 年 4 月 1 日正式对外开放，截至当年年底，在全国有效使用班级已经超过 3.2 万个，用户数量超过 46 万，他们中主体是各高校教师。"雨课堂"作为一种教学工具，在实际操作中并不复杂，它的软件界面完全基于教师和学生平时最为熟悉的两种软件：Power Point 和微信。它通过扩展这两个软件的基本功能，既能实现在课外向学生推送课件、语音及视频等教学资源，也能实现教师与学生在课堂上的实时互动。"雨课堂"作为一种教学方法，在实际应用中具有一些显著的特点和优势：首先，有利于进行充分的课前预习和课后复习。课前，教师可以根据不同学生的学习能力和学习进度，将不一样的预习内容推送给学生；课后，学生借助于"提问"功能将不理解的知识点反馈给教师，教师可以及时帮助学生开展复习。其次，课堂上师生交互的渠道更加多样，课堂气氛更加活跃。借助于"题目推送"的功能，教师能够在课堂上随时发起课堂小测验，了解学生对某个知识点的掌握程度，同时保持学生在课堂上的专注度；利用"发送弹幕"功能，师生、生生之间的互动变得更加活跃和及时。最后，方便教师和学生获取教学中的各类数据。基于后台数据库和前段应用程序，"雨课堂"在各个教学环节都设置了数据采集节点，即实现所谓"全景式记录"。教师和学生都能够方便地获取许多有用的教学数据，并通过这些数据来改进自己的教学和学习的过程。

在传统教学中，教师负责教，学生负责学，教学就是教师对学生的"单向"培养活动，其主要特征表现为以教为中心，学生围绕教师转；教师是教学资源的占有者和传授者，是课堂的主宰者；所谓教学就是教师以固定的方式把自己拥有的知识传授给学生，学生则像机器一样被动地接收和消化教师传授的知识。简言之，这是一种"以教定学"的教学模式，其局限性体现在：首先，它很大程度上忽视了学生作为学习主体的存在，学生的主体地位和个性特征没有得到应有的重视；其次，由于教师和学生之间缺乏交流互动，不利于了解和促进学生对知识的意义建构；最后，照本宣科的教学方式禁锢了学生自由创造、大胆创新的思维。

以 21 世纪技能为核心的课程变革是世界各国面向 2030 年和未来的改革方向。以培养人的创新精神和创新能力为目标的创新教育，是进一步深化本科教学改革、全面提高教学质量的主要思想，也是培养实用型人才过程中一个重要理念，这就对教师素质提出了更高的要求，只有具备创新意识、创新精神和创新能力的教师才能够承担这一重任。"雨课堂"顺应了新的时代要求，它提倡的是以学生为中心的教与学，让每一个学生能够最大限度地享受到信息技术带来的便捷，进而根据自己的能力和安排完成学习任务。

3. 湖南汽车工程职业学院："智慧教学"的教学实践

为适应信息革命新形态，回应职教改革新要求，顺应师生发展新期待，湖南汽车工程职业学院针对学习难、评价难、管理难等教育问题，围绕人才培养，以"云上湖汽"为抓手，建设智慧教室，探索实施智慧教育改革，构建智慧环境，促进学校教育教学流程重构、生态再造。

运用"大智云物移"等先进的信息技术，构建智慧教学环境，伴随采集教学数据、智能分析教学过程、精准评价课堂效果，有效促进小组学习、合作学习、分享学习等，使学生实现从"要我学"到"我要学"的转变。

从"教"的角度出发，形成课前备课、课中教学到课后分析的教学闭环。课前备课环节，融合教师现有的备课习惯，兼容现有的校内和校外专业教学资源平台，教师可以随意应用常见格式下的文字、图片、动画、音频、视频等资源，甚至可以使用一键备课功能快速完成课前备课。教师通过最简单的操作完成备课，甚至"零"基础的教师也毫无压力。课中教学环节，一键点击上课，所有的软硬件都自动开启，教师使用电脑、手机或者平板轻松地按照已上传平台的教学资料进行授课；课中创设抢答、投票、问答、投屏等互动环节，便捷地全面掌握和管控学生学习情况；通过录播设备记录完整的录像数据及分析结论，便于教师自己了解教学情况，查找不足。课后自动形成整体课程的评价结果——课程健康度分析，通过数据分析平台了解学生对每一页知识内容的学习理解情况、督导教师的评价等所有信息，便于改进课程。

从"学"的角度出发，以帮助学生理解、调动学生兴趣、了解学生日常学习状况为核心。

课前预习环节，可以通过平台提前看到教师发到平台预习的资料，进行预习和问题提问，带着问题进入课堂，提升学习效率；同时学生知道所有预习情况都会计入教学评估平台且已存档，可能影响未来的升学、择业等选择，这对学生学习也会有一种鞭策。课中学习环节，课堂上享受和传统教室完全不同的信息化设施，所有灯光、扩音、窗帘、物联等随着教学课件安排自动调节，大大提高了学习的舒适性和趣味性；随时随机发放课堂测试及点名发言，使学生不得不时刻注意力集中；学生对于某章节有不太理解的部分可以通过标记不理解，发送弹幕等向教师提出，提高互动和存在感；小组教学的过程中会根据教师安排或者随机选择小组或组长，提升学生的合作能力和组织能力。课后复习环节，所有上课资源和视频都可以进行回放复习，即使因病等原因无法进入课堂的学生也可以远程学习，达到随时随地学习；对于整体课程的学习情况，学生可以通过数据完全了解，便于加强自我反思，进而提高学习能力。

从"督"的角度出发，网络摄像头巡课，提升督导课堂评价的效率。通过高清摄像头，课件与教学内容的自动跟踪，学生表情、抬头等自动识别和分析，教师自己、督导老师、校领导都可以随时随地了解每堂课的上课情况，既进行实时的督导巡课，也可以通过设置自己关心的指标让数据进行自动记录和分析，对于异常数据进行回看寻找原因即可，大大提升了巡课评价的效率。

从"评"的角度出发，通过大数据分析，让课堂效果一目了然。运用大数据技术，采集教学过程中全员、全方位、全过程数据，进行数据挖掘，经过清洗、分类、合并、拆分、去伪、重构等深度治理，自动进行各种维度数据分析和成果呈现；为教师个人画像，促进教师个人发展；为学生个人画像，促进学生成长；为校领导决策提供科学的数据支撑。

从实施效果来看，根据内部质量保证体系的建设要求，分类汇聚课堂质量运行状态数据，实时监控质量状态，按照达标、向好、向差、预警四种状态可视呈现，精准推送给相关人员，使教学诊断变得有据可依，使改进变得有据可查，使提高变得可以对比。学生学习兴趣明显提高，主动学习能力增强，参加湖南省技能抽考、毕业设计抽查合格率持续保持高水平；2019年参加全国职业院校技能大赛获得四个一等奖，位居湖南省前茅。教师综合能力不断提升，在2019年全国职业院校技能大赛教师教学能力比赛中，参赛作品围绕"工于计　匠于心"的培养理念，采用PBL教学法，运用智慧教室环境，结合虚拟仿真、实车大爆炸教具等教学资源实施教学，获得大赛一等奖。

五、本章小结

《国家中长期教育改革和发展规划纲要（2010—2020年）》指出，"信息技术对教育发展具有革命性影响，必须予以高度重视"。信息技术正逐渐渗透到教育教学领域，著名的教育学家顾明远就提到信息社会的变革，特别是科学技术的革新，正改变着教育的生态环境，改变着教育观念和教育方式。可以看出，信息技术与教育教学正不断融合发展，对促进教育公平和实现共享优质教育资源、提高教育质量、创新教育模式具有重要影响。在教育起点公平上，信息技术能促进教育信息资源的均衡配置以及教师资源的城乡一体化配置，即保证优质资源的共享，利用信息技术扩大优质教师的教学辐射面，使偏远地区的学生也可享受名校名师名课。

此外，信息技术对创新教学模式具有重要意义。信息技术与课程融合正成为教育领域的热门话题，受到教育者的广泛关注。传统的教学模式是教师课上传授知识点，学生课下完成课后作业；而在信息技术下，课堂教学模式会产生巨大的转变，如基于微课、MOOC、SPOC的翻转课堂的教学模式已出现在课堂教学中。翻转课堂教学模式是指学生在课前通过观看教师在网上发布的学习视频资源，在课中主要是以学生为中心，开展小组讨论，教师主要起到指导作用。现已有很多关于翻转课堂的研究，如张妍通过改变传统的课堂教学模式，在小学信息技术课程中开展翻转课堂教学模式来促进学生的个性化发展；贺玉婷将翻转课堂教学模式用于高中信息技术课中；而在高职院校中也有基于SPOC的翻转课堂教学设计模式研究。同时，教学内容也发生了重大改变，学习内容不仅限于课本上的知识，教材不再是主要的教学资源，数字化教学资源具有丰富性、新颖性等特点已成为教育领域重点关注的对象，还有海量的教学资源供教师和学生使用。在课堂上可以通过互联网快速获取各种各样的资源，并且各种学习问题都可以通过信息查询快速获取答案，而在课外教师可以利用信息化手段开展备课，获取多种形式的教学资源，如图片、文字，学生也可以开展个性化学习。张锐将信息技术运用到数学课堂中，改变了教学内容及其呈现方式，如可以采用多媒体中图形的变化来展示教学内容，利用互联网上的资源来体现教学内容的时代性。随着网络技术的发展，智慧教学正成为新兴的研究领域，以网络化和个性化为特点，提供了更多人工智能服务，更适应个性化的学习。如在课上可通过平板电脑实时跟踪学生的学习情况，如课堂答题情况、学生的课堂专注度等。在教学方法上也呈现多样化，传统的教学方法包括讲授法、讨论法、演示法等，这些教学方法大都是以教师为主，师生之间的互动较少，但在信息技术的支持下，如电子白板、电子书包等信息技术的出现丰富了师生之间的互动方式，小组协作、探究等教学方式也逐渐融入课堂中。付小玲认为交互式电子白板改变了教师教的方式和学生学的方式，更改变和增加了师生的互动方式和频率。在现代信息技术的冲击下，职业教育也面临重大的改革创新，因此《国家中长期教育改革和发展规划纲要（2010—2020年）》提出推动高职院校教育信息化，促进教育内容、教学手段和教学方法的现代化，创新人才培养、科研组织和社会服务模式，推动文化传承创新，进而促进职业教育质量的全面提高。

第七章

高职院校教学管理革命

一、教学管理机制

在管理学看来,所谓机制,就是指管理系统内各子系统、各要素之间相互作用、相互联系、相互制约的形式及其运动原理和内在的、本质的工作方式。

教学管理机制是教学组织系统为激发和约束教学组织系统内部的个体与群体的行为而进行的制度安排。教学组织系统内部的个体,包括教师、学生、教学管理者和学校内部与教学直接关联的其他人员以及合作企业参与教学指导和管理的人员;其群体则是上述个体的类的集合。教学机制研究的核心问题,就是教学管理通过怎样的制度安排使得教学系统内部的所有人员,其教学的热情和积极性都能够得以极大的调动与激发,同时又使得各种有碍于教学目标实现的那些行为得以最大限度的减少。制度安排的核心是教学管理系统内部成员的各种关系的妥善处理,即从教学目标实现的角度出发,尽可能使得每个成员,无论是教师、教学管理者还是企业指导教师,都能够心情舒畅地、全身心地投入教学工作。[①]教学管理机制包括教学管理运行机制、教学管理激励机制和教学管理监控机制。

(一)教学管理运行机制

1. 教学管理运行机制机构

目前一般高职院校教学管理运行机制由三个部分、三个层面和一个目标组成。

(1)教学管理运行机制的三个部分

第一部分是教学管理运行的组织系统。学校一级成立的以教务处为主的校级组

---

① 梁建林,郭毅. 高等职业技术教育全方位的工学结合模式探讨[J]. 教育与职业,2007(21):102-103.

织机构，起规划、统筹和保障作用；中间一级是各二级院系，是管理的主体部分；基层一级是教研室，是教学运行的执行单位。第二部分是教学管理运行机制的实施操作系统，主要是学分制的实施，重点是建立选课制和选择教师的"双选"机制。第三部分是教学管理运行机制的监控反馈系统，主要有教学运行信息反馈和教学实施过程控制评估反馈。

（2）教学管理运行机制的三个层面

第一个层面是宏观层面，主要是校级教学管理机构——教务处，对教学管理进行领导和规划。第二个层面是中观层面，主要是二级组织机构——二级院系，对教学管理进行主导和调控。第三个层面是微观层面，主要是三级组织机构——教研室，进行教学管理的具体操作。

（3）教学管理运行机制的一个目标

整个教学管理运行的最终目标是通过高效率的管理，提高教学质量，实现教学运行高效。

2. 构建"以人为本"教学管理运行机制

（1）树立开放的教学管理理念

所谓开放的教学管理，就是在培养综合素质高、职业能力强、有创新能力的复合型技术技能人才教学管理中，要为学生提供优质的学习和实践环境，创造自主学习和自我反思的学习氛围和促进个性发展的评价激励机制，有利于学生良好品质的养成和优良学风的形成。开放的教学管理理念具体体现在：尊重师生的劳动，为他们的学习、工作和生活提供良好的服务；教学管理制度柔化刚性，使其富有弹性。建立有利于学生个性发展的弹性学习制度和教学管理运行机制是以人为本教育管理理念的具体体现。

（2）科学设置育人管理制度

科学设置育人管理制度是以人为本管理理念实现的基础。管理制度不在于"多"而在于"精"，在于制度的可执行力、人性化程度是否强势。高职院校服务的对象是人，制度的设置要有利于调动人的积极性和发挥人的潜能，最终实现工作学习绩效的最大化。学校育人管理制度是实现人才培养目标的保障，同时也是对完成教学工作任务的约束。说是保障是因为它是学校贯彻国家教育方针，实现人才培养目标的必要措施；是学生在校学习、生活，顺利完成学习任务，提高自身生存能力的保障；是教师工作、学习、生活和能力提升的保障。说是约束是因为，学校中的每个人，无论是学生、教职员工，还是领导干部，生活在这样的群体中，大家都必须要按章办事，遵守共同的约定，承担各自的责任，完成各自的教学工作任务，达到各尽所能，共同进步，完成人才培养的目标。

（3）营造良好的育人环境

育人环境包括物理环境和心理环境两部分。通过宽松的教学管理，确保教学过程中各项管理制度的制定、过程管理等能充分体现以人为本。这对促进师生的健康心理发展起积极的推动作用，和谐的师生关系可使师生之间的交流处于放松状态，友好的师生情谊可调动学生自觉学习的积极性。同时，宽松的教学管理并非废除严明的组织纪律，而是促进师生主动适应环境需要，自觉调节自我实现的需要。

（4）建立柔性的现代化管理系统

所谓柔性化管理是指"在研究人们心理和行为规律的基础上，采用非强制方式，在人们心中产生一种潜在的说服力，从而把组织意志变为人们自觉的行为"[①]。其中非强制方式、潜在的和自觉行动，克服了警察式、裁判式的被动接受带来的消极影响，正是管理所要达到的目标之一。现代化的管理离不开现代柔性化信息管理系统的开发与运用，而信息管理技术的飞速发展和数字化校园功能的不断强大，为实现柔性化信息管理系统提供了可能。这不但为教学过程提供作业管理、为部门业务提供管理和为学校管理提供辅助决策管理，而且其庞大的数据库管理系统能为师生个性发展量身设计，把心理的、行为的认知规律运用到系统中，提出针对性建议和帮助系统，为个人提供心理咨询、自我反思、自我能力发展评价等服务。充分发挥信息化平台的优势与功能，解决人们面对面交流所无法解决的问题，化解同事间的误会和矛盾，从而实现差别管理和个体柔性化管理，为管理者提供面对面管理无法代替的交流、沟通与帮助作用。

3. 创造"以人为本"的生态教学管理环境

（1）形成追求自我目标实现的管理理念

对高职院校教师的教学管理，更需要关注教师自我实现价值的体现，为教师创造自我反思的、宽松的工作氛围。首先，倡导教学效果的自我评价，改革单一的教师教学质量评价方式。如增强教师在教研室教学活动中教学分析能力和问题解决能力，以教师在教学任务完成后对课程教学结果的自我反思等方面的评价作为对教师个人教学能力评价的一部分。如此管理氛围中，教师的自我反思能力、自我教学能力和自我价值实现得到充分体现，使教师有一种安全感，促进教师内在积极心理驱动，自觉地努力工作。其次，为培养自由民主的教学团队提供帮助。充分尊重教师的劳动，提供学术自由展现的氛围。最后，为教师提高教学能力创设更多的学习和实践机会。充分关注教师人格魅力的培养，注重教师的职业道德修养和职业能力提升，教师的人格魅力对学生有很强的感染力，优秀教师之所以得到学生的喜欢，是

---

① 郑其绪. 柔性管理 [M]. 东营：中国石油大学出版社，1996.

因为他们的人格魅力发挥了很重要的作用。

（2）为学生多样化学习提供选择机会

一要实施弹性学分制改革。弹性学分制是一项复杂的管理工程，过程管理难是事实，到目前为止还没有一所高职院校实现真正意义上的开放式弹性学分制，这主要还是归结于管理者的管理理念。二要试行自主选课制。学校在教学资源允许的情况下，可以在教学中尝试学生选择主讲教师，学生选择修课方向。例如，专业群改革是在同一个专业群中实现"平台+方向"的专业课程体系建设，为学生跨专业、跨年级选课提供有利条件，有利于调动学生学习的积极性和复合技能型人才培养。三要开发技能学习模块，所谓技能学习模块，是指针对某一方面的专门技术，通过密集型的、短时间内能使学生掌握的专业知识和技术要领教学，充分利用网络资源和实习实训条件，为学生自主学习提供更多的可选择的资源，激发学生的学习兴趣和爱好，培养学生的创新灵感。四要建立"双导师"制。选择一些思想活跃、实践经验丰富、教学能力强、教学效果好的校内教师和企业专家、能工巧匠为学生的导师，采用项目开发、技能竞赛等形式，选择有兴趣的学生开展指导性学习，激发学生的成就感和荣誉感，培养学生面对困难和失败的勇气，克服困难的决心，充分挖掘潜能，以达到培养创新精神的目的。

（3）营造公平竞争的运行机制

一个组织内的公平、公正竞争机制形成的关键要素是有一套运行效率非常好的运行管理、监督、考核、评价机制和激励制度以及素质高的制度执行者。好的激励制度是调动人的内在积极性发挥的基础条件，制度面前人人平等。人的潜在能力的挖掘不是靠金钱能解决的问题，更需要公平、尊重和信任，"组织的目的是使平凡人做出不平凡的事"[1]。制度的执行者对制度的执行力和尺度的把握是影响公平的重要因素。如果制度设计、竞争机制公平，使人自觉地具有在单位工作如同营造自己家园一样的责任感，那么，他工作的主观能动性和创造性就能得到很好的展现。

（4）创造以人为本的育人生态

以人为本的生态管理环境是指在一个群体中，构建人与人、人与自然的和谐统一。人与人之间的和谐统一，表现在人们之间的平等、相互尊重。工作和学习中的相互合作默契，趋向共同发展的目标。在这种生态环境下，教师与学生之间、教师与领导之间、学生与领导之间身份同等，师生之间建立以诚待人、以情感人、以理服人的服务价值观。人和自然的和谐统一，表现在校园生态建设符合人的审美要求和感受美的自然环境带给人的冲击方面，校园在设计绿化、美化和园林化相协调

---

[1] 德鲁克. 管理：任务、责任、实践[M]. 北京：华夏出版社，2007.

的同时，关注学校的形象标识设计、办公环境设计和专业特色展现设计，充分体现育人的生态人文环境和服务育人的理念，让师生对校园有生活的公园、学习的乐园一样的体验。

（二）教学管理激励机制

教学管理工作的核心是为教师传授知识、创造知识，学生接受教育创造优越、便利的条件，为学校实现其教育目标服务。教学管理的目标不是自动的，必然要通过一整套的制度安排来实现。其中，管理者是关键。在教学管理工作中，如何激励广大管理者努力工作，保障各项管理制度的有效实施是制度的核心所在。因此，深入探索教学管理工作的规律，努力构建与其相适应的激励机制，对于不断提高高职院校教学管理水平具有十分重要的现实意义。

教学管理的激励机制，主要就是探讨和解释有关高职院校教师的动力来源问题。简单地说就是调动人的积极性，对这种积极性的鼓励既可以是物质的，也可以是精神的。根据研究管理激励理论的第一人——巴纳德的理论，教学管理的激励不仅要考虑对校内教师巧妙地综合使用激励、监督、竞争和制约机制，还要通过有效的激励手段调动合作企业的积极性。

1. 教学管理激励机制的构建

（1）关注教师的需要

需要是激励的原动力，有需要才能激发动机，在实施激励之前，首先要弄清教师需要的类型、特点和内容，以便提供合适的外部诱因来激发教师工作的积极性。通常，我们采用的物质激励、精神激励和竞争机制的激励，这几种激励在教师群体内部，其作用会呈现出很大的差异。

因此，管理者要综合使用激励措施，满足不同层次教师的需要。在物质激励方面，学校要深化分配体制改革，合理增加教师的收入，让高投入、高质量、高报酬成为广大教师积极努力工作的重要动力。在精神激励方面，管理者要通过合理的竞争体系，提供给教师进行知识训练以及职业生涯拓展的机会，使教师更好地为学校服务。[①]在竞争机制的激励方面，学校可建立"固定编制"与"流动编制"相结合的教师队伍管理模式，打破户口、行业、身份的限制，制定新型的高职院校教师资格认证制度，打破教师"终身制"。

（2）建立教师选拔与任职机制

要建立区别于普通高校的教师选拔机制，成立由行业专家、行政管理人员、专

---

① 刘紫婷. 高职院校工学结合人才培养模式的实践与探讨 [J]. 中国高教研究，2007（8）：48-49.

业教师等人组成的评估小组。学校在选拔教师时，应邀请企业参与，通过组织笔试、操作、面试、体检等程序决定取舍。应取消教师终身制，对受聘教师的表现和教学效果每年要评估一次，对不合格的教师，不准许继续聘任。对专职教师的任职要提出明确要求，根据高职教学的要求，专职教师应有3~5年的实践经验或行业经验，必须持有技能等级证书。这样既可保证高职教师能够胜任"教书"的要求，也能胜任"训练"的要求，且更主要的是胜任职业教育的岗位技能训练的要求。同时，学校应为教师创造条件参加行业协会。

（3）建立公开、透明、合理的教师绩效考核机制

有效运用奖励与惩罚的激励策略，将奖酬与处罚和教师绩效考核结合起来，把奖励和工作效果、工作效率挂钩，提高教师工作的满意度。因此，对教师绩效考核指标体系的制定要体现出学校工作的导向性，具体应从以下几个方面考虑：一是考核的目标要明确；二是考核的标准要科学合理；三是考核的手段要多样化。管理者要高度重视考核过程，充分调动广大教师积极参与。对考核的结果应充分利用，将考核的结果与奖酬、评优、晋升、职称评定、聘任等挂钩。

（4）充分调动合作企业的积极性

人才培养模式的成败在很大程度上取决于合作企业的投入力量的多少，因此，调动企业参与人才培养的积极性至关重要。一方面，高职院校应主动争取企业的支持。校企合作中，要想让企业像高职院校自身那样主动是不太可能的。实际上，在校企合作的实施过程中，学校始终是"主办方"，企业是"协办方"。协办方的积极性除了政府要出台相关政策予以鼓励，主办方也有责任设法予以调动。例如尽量减轻企业负担，高职学院可以对学生分散安排，尽可能避免将大批量的学生塞入一家企业。再如，学校为合作企业提供一些成人教育、技能培训、技术攻关、产品开发等配套服务，实现互惠互利双赢。另一方面，校企合作需要政府从中协调和引导，进一步制定和完善相关政策。政府鼓励企业参与各类人才的培养是发达国家成功的经验。发达国家制定的鼓励政策主要包括两个方面：一是鼓励用人单位接收学生实践；二是鼓励学校实施校企合作的人才培养模式。前者最常见的是加拿大的减税退税政策，后者较为典型的是美国对学校的资助政策。

2. 激励机制构建的约束条件

在实际中，大多数激励问题都很复杂，不是一个简单的"给"就能解决的。比如在不同的组织内部，由于生产方式的差异，人与人之间的关系是不同的；而且在面临不同的信息情况下，人们的行为也是不一样的。因此，激励机制的构建不是抽象的，而是建立在一定约束条件之上的，并与一定的组织相适应。在教学管理工作中，构建相适宜的管理者激励机制，同样需要深入理解教学管理工作的内在特性，

充分认识激励机制构建中的约束条件,从而恰当地制定与实施有效的政策和措施。在教学管理队伍激励机制的构建中,有两个重要的约束条件,具体来讲就是信息不对称与团队生产的问题,而这两个问题对管理者激励机制的构建具有重要的影响。

(1) 信息不对称问题

信息不对称问题是指学校管理层中领导者与管理者之间容易形成较大的信息不对称,这与教学管理工作"产出"的特点密切相关。教学管理工作的产出包含两类产品:一类是直接向师生提供的服务,包括教学秩序的维持、教学条件的供给等。这类产品具有无形性的特点,不能储存,而相关信息分散于众多师生之中,这样信息搜集的成本就会相当高,而且师生之中普遍存在着"搭便车"的现象,信息的完全性也会受到很大影响,而领导者又不可能事事都监督,这极易造成领导者信息搜集的困难。另一类产品是与教学管理有关的基础性或相关性、辅助性的服务,并最终形成一定的有形产品,包括各种与教学管理相关的规章制度、文字资料的制定、整理,各类教学信息、会议与活动资料、教师与学生等人员相关信息的搜集、记录、调整及归档管理等。这类产品以文本或电子形式加以储存,是一种有形的产品,这类产品具有信息量大的特点,并且全面反映学校的整体情况,但因其具有特殊的储存形式,难以直观考察,并且所含信息量大,对其实施有效考核的即时性和准确性很难得到保障。所以,即使领导者可以对管理者的产出数量、工作效率进行考查,也难以在短期内准确测度其产出的质量,实际上有关这类产品的信息往往是通过大检查等"偶然"的方式获得的。领导者与管理者之间的信息不对称可以通过畅通领导者与管理者之间的信息交流、加强日常教学工作的管理、建立健全校内评估制度等方式加以缓解,但由于教学管理工作具有高强度及复杂性的特点,信息不对称的问题仍会在一定程度上存在。

信息不对称的问题造成的直接结果是管理者产出测度的困难,而准确测度管理者的"产出"是领导者对管理者进行考核的基础,也是建立相应激励机制的必要前提。因此,领导者与管理者之间的信息不对称必然会在一定程度上降低激励机制的实施效果,或者说在信息不对称的情况下,激励措施的使用会产生一定的"误差",这个误差与信息不对称的程度及激励手段的强度有关。因此,在信息不对称的条件下,激励机制的设计需要在预期效果与误差之间进行权衡。

(2) 团队生产问题

教学管理工作具有很强的团队生产特性。这是因为教学管理工作具有整体性、不可分割的特性,或者说分割开来会极大削减整体产出的价值。管理者虽然有责任上的分工,但教师与学生的需求来自多方面,需要同时具备很多条件,或者在我们称之为好的"氛围"、和谐的"环境"下,教师的工作与学生的学习才是有效率的。

所以，这就决定了管理者之间的产出具有很大的关联性，即单个管理者产出的质量不仅与个人的能力、努力有关，而且还与其他管理者工作的质量有关。同时，教学管理工作的关联性还体现在许多管理工作是紧密联系的，或者是需要互相配合、共同完成的，如日常教学秩序的维护需要教务处、学生管理处等共同参与完成，大型学术活动和会议的组织要动员大量管理人员参与等。由于教学管理工作具有很强的团队生产特性，团队的整体产出效率是激励的核心所在，在激励机制的设计中，领导者需要充分考虑管理队伍中不同内部成员之间的交互反映，突出团队原则。

（三）教学管理监控机制

教学质量监控机制的核心和关键是信息的收集与反馈机制，因此，教学质量监控机制也可以称为教学信息收集与反馈机制。[①]构建教学质量的监控机制，重点是构建教学信息管理与质量监控系统。运用系统分析方法，将监控内容、方法、机构、标准加以整体分析与综合，构成一个封闭的闭环系统，来保证质量监控的有效运行。系统的运行包括制定监控目标与监控标准、收集教学信息、比较实施效果与监控标准的偏差、分析偏差产生的原因、采取纠偏对策以达到监控标准。教学信息管理与质量监控系统运行如图7-1所示。

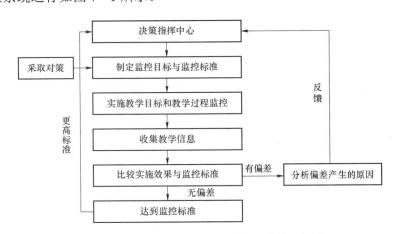

图7-1 教学信息管理与质量监控系统运行图

1. 教学信息资源开发与处理

为了有效开发教学信息资源，高职院校应建立由各级领导、教学专家、企业人员、教师、学生信息员等参加的信息网络系统，该网络包括了专家信息分系统、企业信息分系统、学生信息分系统、教师信息分系统、督导信息分系统、社会信息分

---

① 余水兰，肖化移. 职业教育工学结合教学管理的探索［J］. 职业教育研究，2007（7）：46-47.

系统等。

(1) 专家信息分系统

专家们主要通过检查专业教学计划制订、课程设置、课堂教学、实践教学、毕业实习等教学活动,指导教学工作的顺利进行。

(2) 企业信息分系统

该系统由两部分组成:一是由企业管理干部组成。他们定期和不定期地反馈实习安排、现场教学、顶岗实践、技能考核、教师指导实习情况以及学生工作情况等信息。二是由企业指导教师组成。通过发放问卷和座谈会等形式,及时反馈学生实习工作的信息和学院、企业双方管理工作的信息以及对工学结合工作的建议。

(3) 学生信息分系统

该系统由两部分组成:一是由全校各班级中品学兼优的学生信息员组成。他们定期和不定期地反馈院系教学工作安排和课堂教学、实践教学、教师教学情况、企业实习情况以及学生本身学习的情况等信息。二是通过发放问卷的方式,组织全体学生填写课堂教学、实践教学等环节的问卷及评教。

(4) 教师信息分系统

该系统作用有两个:一是通过同行教师听课、教研室教师教学法研究、教师座谈会等形式来提高教师本身的业务素质;二是教师填写有关调查表和评价表,及时反馈学生学习和院系管理工作的信息以及对学校教学工作的建议。

(5) 督导信息分系统

该系统由分管教学的副校长、督导处长、教务处长、学工处处长、各系部主任、教学秘书等有关人员组成,其主要功能是通过深入课堂听课、到合作企业现场考察,了解教师、企业指导教师和学生的各种需求信息。由于他们的工作覆盖面广,所以他们提供的信息对教学质量的提高和改进更有针对性。

(6) 社会信息分系统

该系统包括收集行业企业、毕业生用人单位、政府管理部门、教育评估中介机构、学生家长信息以及国内外有关教育信息,主要反馈毕业生工作能力和知识结构的合理性、学校专业设置的科学性和市场的适切性、人才培养模式的可行性以及国内外教育教学发展最新动态等(如图7-2所示)。

信息的处理是控制信息的流向,必须改变以往信息流动是单一向上、为本单位领导服务的情况,促进信息的全方位流动,特别是向下、横向以及双向流动;加强教学信息的综合分析,形成有原始信息、有调查分析、有情况对策的条例化和系统化的信息材料;建立学校教学信息网站,通过网络增强与学生和教职工的信息联系,并对反馈的信息及时在网络上公布；四是加强现代教育技术手段的运用，提高信息处理的能力。

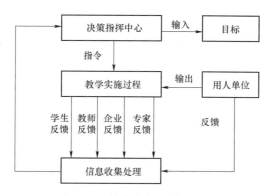

图 7-2　教学信息反馈系统运行

2. 教学质量监控系统

（1）教学质量监控的主要要素分析

按照教学过程的运作方式，我们把影响教学质量的要素分为静态要素和动态要素两大部分。静态要素主要指依据人才培养目标和培养规格的要求所制定的人才培养方案，以及人才培养方案中规定的课程设置和各课程的教学目标、课程标准等。人才培养方案是学校进行人才培养的基本依据，是教育教学内容的具体体现。课程设置是人才培养方案的核心，人才的培养是通过各门课程的教学得以实现的，所以，制定一份符合人才培养目标及培养规格，且符合教育规律的可执行的人才培养方案是关键所在。动态要素主要包括学生资源、教师资源、教学管理人员和教学条件、实习实训条件、教学管理、教学环境、专业建设、课程建设，以及根据人才培养方案的要求实施人才培养过程即方案的执行过程中的运作状况，如课程教师的配备、实习中合作企业指导教师的配备、教材的选用、教学方法与教学手段的运用以及课堂教学状况、企业顶岗实习状况等。这些要素可变性强，操作难度比较大。

（2）教学质量监控体系框架的构建

教学质量监控由五个部分组成，即招生质量监控、教学过程质量监控、教学计划实施监控、教学辅助过程质量监控、毕业生质量监控。教学质量监控的五大主要要素为：人（教师、企业指导教师、学生、管理人员）；物（设备、材料、教材、信息资料）；方法（教法、学法）；测量（课程考试、实践考核）；教学环境（校风、学风、教风）和教学管理。

在抓好人的要素的同时，也对教学质量管理的三大过程，即教学输入、教学实施与教学输出过程进行分析，构建了教学质量监控体系框架。a. 教学输入过程质量监控。教学输入是控制教学质量的源头，由于教学输入是由教师资源、学生资源、教学条件和教学环境所组成的，因此建立了教学辅助质量管理、教学方案生成质量管理和招生质量管理三个模块来保障教学输入过程的质量管理和监控。b. 教学实施过程质量监控。教学实施过程质量管理是控制和提高教学质量的关键，因此建立了教学方案实施质量管理模块和教学实施过程质量管理模块来监控和保障教学过程的质量。c. 教学输出质量监控。教学输出质量管理也就是毕业生质量管理，是院内人才培养的最后关口，为保证毕业生质量，建立了毕业生质量评价模块、毕业顶岗实习与毕业设计质量管理模块以及社会评价模块来监控教学输出质量。

二、教学治理体系

（一）教学治理的内涵

准确来讲，教育领域的治理概念在十八届三中全会之后才出现在大众的视野当中，在这之前，最常出现的是"管理"一词。从"管理"到"治理"，虽然只有一字之差，却有着本质的区别。治理侧重权力与资源的配置，侧重决策与控制；管理侧重组织的运营与执行，是基于治理架构下的具体执行与安排①。据此，有学者指出，教育治理就是指国家机关、社会组织、利益群体和公民个体，通过一定的制度安排进行合作互动，共同管理教育公共事务的过程②。但教学治理作为教育治理的核心与关键要素，却没有一个明确的内涵界定。即便如此，却能从已有的研究中总结出现代教学治理内涵的相关要素。

教学治理是教学共同体随着教学生态环境的内外变化，有意识地对其教学结构、功能、行为、管理乃至于教学文化进行不断调整和变革，通过互动、协商、合作以提高教学效益而进行的教学内部机制与环境之间的动态平衡，从而实现促进教学发展的行为或过程，是寻找教学改进、拓展教学路径、改进教学方法的过程，也是促进立德树人目标实现、发展核心素养的过程。

（二）教学治理革命的原则

1. 依法治教

无规矩，不成方圆。伴随着国家推进依法治国和依法行政的进程，依法治教也

---

① 李福华，王颖，赵普光. 论大学治理与大学管理的协同推进 [J]. 高等教育研究，2015，36（4）：27-32.
② 褚宏启. 教育治理：以共治求善治 [J]. 教育研究，2014，35（10）：4-10.

被推上了我国教育法治建设的进程。同理,作为教育治理的核心亦是关键因素,教学治理也应依法而治,一切教学治理必须遵循相关教育法律法规。换言之,教师、学生和相关人员在教学治理的过程中,应遵循相关的法律法规,有效降低教育教学过程中产生教育纠纷的可能性。不管是《义务教育法》《教师法》等教育法律,还是《教育督导条例》等教育法规,抑或是国务院教育行政部门和地方政府颁布的政府规章,均是处理教学治理过程中的矛盾与问题的基本规则与路径,在教学治理进程中发挥着重要的引领、规范、支撑与保障作用。

2. 有序可依

有学者曾提出,教育要遵循教育发展的一般规律,再者,教学是作为教育的核心与关键而存在的,因此,在教学治理的过程中遵循教育发展的一般规律也是必然选择。就当前而言,教育发展的一般规律主要是,教育要实现现代化以及培养学生以思维力为核心的智能品质和心理品质等能力。而随着学生发展核心素养的提出,教学治理遵循教育发展的规律,培养学生的能力便转换成了对学生人文底蕴、科学精神、学会学习、健康生活、责任担当和实践创新这六大素养的培养。

3. 以人为本

传统的教学管理片面追求考试成绩与升学率的提升,却忽视了学生作为人的存在性与主体性。无论在逻辑上还是在现实生活中,(一个)人作为人(类)的存在是他(她)作为他(她)自己以及某种社会角色存在的前提[1]。作为教学主体之一的学生,无论是作为教学治理这个总体的人还是因自身独特性而存在的个体的人,其主观能动性都是不能被忽视的。且随着社会的发展与进步,在教学为了关注人的存在问题的发展过程中,教师充当的只是学生潜能发掘的引导者以及核心素养培养的组织者角色。教学治理过程中的师生作为平等的存在,在教学过程中以教师为主导、学生为主体,从而推动学生个体的全面发展。

4. 应时而生

早在 30 多年前,为迎合当时中国社会发展的大趋势,邓小平就提出了中国教育改革与发展的指导方针——教育要面向现代化,面向世界,面向未来。教育要面向现代化处于教育改革与发展的优先以及核心位置,而教育面向世界与面向未来则处于支持性的位置。随着时间的推移、时代的发展与进步,"三个面向"思想依然没有过时,只是在对于"三个面向"的理解与实践时应该与时俱进,增加一些具有现代气息的新内容。教育治理在教育改革进程中的崭露头角、教学治理在教育治理中的核心地位,意味着对于教学治理的研究要面向当今社会的现代化需求,亦即教

---

[1] 石中英. 人作为人的存在及其教育 [J]. 北京大学教育评论,2003(2):19–23.

学治理要符合学生发展核心素养这一未来社会发展对教育教学人才培养质量的前景需求。

（三）教学治理革命的路径探索

1. 创新治理

创新是引领教学发展的第一动力。教学创新要打破束缚生命体成长过程中的一切阻力，深入学习生活现实，找准治理的切入点，不断推进教学理念、文化、内容、方式、管理方面的创新。首先，要在教学文化、理念、制度方面创新。营造良好的教学文化环境，融入先进的教与学理念，让学习共同体感受到教学变化产生的影响，彻底摒弃不利于教学发展的文化、理念、制度的束缚。其次，要在行动方式上创新。学习共同体是教学治理的主体力量，有权力和责任行动起来，合作、协商、互动、检测、发现、诊断、探寻变革教学现实的对策，大胆实践，优化组合，真正进行深度学习。再次，要在评价反思上创新。学习共同体成员需要在教学中发挥各自的力量，互相帮助，以纠正由于自我认知的差异、智力上的陷阱、经验上的固化而难以客观地进行自我识别，下真功夫治理自我存在的问题。最后，要在教学生态环境建设上创新。教学生态环境的根本问题是成绩的焦虑、能力的低下、创新的缺失，造成了教学中缺失尊重、缺失公正、丢失民主，因此，在教学生态上学习共同体要把可得的尊重与赢得的尊重纳入教学生态中，给予生态环境变革，在非线性的教学世界里改变教学规则，在变化的不确定性境遇下，改变行动与结果之间关系的预期，改变反馈回路和信息流动，使教学从一种行为模式跳转到另一种模式，实现质的创新。

2. 协调治理

协调是教学可持续发展的内在要求。教学治理的协调策略就是要协调教学系统中的内外关系，沟通各种信息通道，避免不协调现象发生，主要指的是家校、校校、校内、校外的协调，师生、师师、生本、生生等教学要素间的协调，无论是教学时空、逻辑、资源、环境还是内容、方法、方式等都要协调，从教学系统的结构优化、效益提升的角度进行协调治理。首先，要在协调治理中克服同质化教学问题，进行积极有序的差异化教学，从中克服教学实施中的不协调。其次，要在协调治理中克服要素信息不对称问题，采用多样化的工具，加大信息流动和沟通机制，使师生之间的代沟、误解、误判现象不要发生，给予彼此应有的尊重，体验学习意义和品质。再次，要在协调治理中解决教学活动中的不协调，进行一些关键性谈话、意图的说明，协调各学习成员之间的任务清单，齐心完成一些关键性的任务，进而消除一些思维陷阱，在协同中培养集体思考能力。最后，要在协调治理中避免无意为之的行为所导致的教学混乱，避免由于教学活动意外的出现而使有序的教学中断或变形，协调内外部关系,使教学系统的运行与教学目标保持一致性,从而有效明智地做出教学决策[①]。

3. 绿色治理

绿色是教学发挥正向作用的必要条件。教学绿色治理就是追求教学的美好,使教学间充满希望活力,为学生营建良好温馨的环境、平等和善的关系,使教学活动顺应教学规律、学生的天性和特征进行。首先,要在教学关系上进行疏通,使师生关系和谐、平等、友善,在教学中运用批判性思维开展学习活动,在一个良好的争鸣环境下使思维不断完善。其次,要使知情意行穿行在教学活动中,知识要在共同体之间流动、情感要得以充分释放、意志要得以充分表达、行动要更加和谐进行,避免思想藩篱、教学恶语、互相猜忌出现。再次,要构建可持续发展战略,使教学环境、教学生态、情景创设、教学活动能够满足师生的期盼,从根本上治理教学过程的僵硬化、内容形式的枯燥化现象。从次,要绿色治理评价异化现象,把关注点置于学习共同体的变化增量上,建构优势潜能的评估模式,理解和引导积极的态度面对教学中的问题,避免无法控制的后果出现。最后,要绿色治理师生在教与学过程中的至暗时刻,让孤独、失控、怀疑较少出现在教学系统中,从而为学生的一生幸福奠基坚实基础。

4. 开放治理

开放是教学有效的必由之路。开放治理意味把教学系统视为一个开放系统,学者的见识、思想,教师的经验、智慧,学生的想法、见解在系统中流动,增润课堂;开放治理也意味着理念更有包容性、活动更有创新性、思维更有灵活性、关系更加和谐化。首先,要把课堂的开放作为开放治理的重点。开放课堂意味着教学的设计权、话语权、评议权的开放,让学生真正成为学习的主人,让真实的学习发生,这也意味着全方位的开放思想空间,使学生具有担当、热诚、执着、秉持美德、坚守正义[②]。其次,要重建师生关系,使教学权、学习权、反思权、评价权之间均衡与协调,从多个角度选择教学内容、开放评价方式、教学环节,让教学结构、顺序、功能更加有利于学生能力、素养的提高。最后,要开放教学环境,通过争鸣唤醒知识潜在的功能,让知识最为真实的一面显化、活化在师生面前,通过参与、实践、自主,形成良好的学习精神、品质、习惯。

5. 共享治理

共享是教学真正发生的本质要求。共享治理就是共同体参与治理、分享治理、

[①] 威廉·威伦,贾尼丝·哈奇森,玛格丽特·伊什勒·博斯. 有效教学决策[M]. 李森,王纬虹,译. 北京:教育科学出版社,2009:387.

[②] 钟启泉. 最近发展区:课堂转型的理论基础[J]. 全球教育展望,2018(1):11-20+34.

达成治理。通过共享治理，使无知者的自信、现实的抑郁主义以及一些不能容忍的错误得到根治，习得性无助、先入为主、不假思考处理教学问题的一些习惯得到纠正。通过共享治理，使教学能够把人类经验、知识、思维、智慧展现在课堂上，使教学更加多元、丰富。首先，要教学回归到学生素养的发展、生命质量的提升。教学中把人不当人看待的现象是理念出现了偏差，通过共享治理从深层剖析这种偏差潜在的教学影响，使做出的教学安排更加有利于学生的成长，使师生有更多的获得感、幸福感、成功感。其次，要有效地管理治理，特别是列出重点治理清单，共享体一起研讨，在有限的时间内使师生沟通更加高效，语言表达更加准确，故事切入更加灵活。再次，要综合运用对教学的理解、评价的方式、资源的利用、激励的效应、情感的交互、成功的特质、专注力、执行力、自控力等治理方略，在不断变化下审视教学样态，使教学反思性与学术实践性相合。最后，要着力于思维方式的优化，接受他人的观点，评价这些观点，洞察这些观点所传递的信息，使学生智力和人格完整，在问题解决中完善思维。

三、教学管理文化

提升人才培养质量，是高职院校走内涵发展道路的重要体现和根本标志。而提高人才培养质量，与教学质量的提升和教学管理文化的塑造密切相关。"教学本身就是指向人的精神世界、引导人的价值理念、塑造人的个性品格、提升人的文化品位的活动。"高职院校的教学管理文化，对于教师的专业发展、学生的学业成长、提升教学水平、学校的内涵提升及潜移默化地实现教学管理文化应然的教学目标与价值都具有重要的理论与实践意义。

（一）教学管理文化内涵

大学的本质是一种功能独特的文化组织，应当自觉地承担起历史赋予的传承和创新文化的重大使命，这就从根本上决定了大学不仅仅是客观物质和高深学问的存在，更重要的是一种文化存在和精神存在。[①]作为社会文化的重要组成部分，大学文化是引领并推动社会发展的一支重要力量，它一方面得到几代师生的普遍认同和遵循，另一方面成为凝练高校长期的办学特色、理念和精神的象征，并刻下时代的烙印。大学教学文化是大学在长期教学活动中形成的，具有历史延续性与现实再生产性的精神生态。大学教学文化的传统模式贯穿着传承知识、思想的知识本位价

---

① 王冀生. 大学文化哲学 [M]. 广州：中山大学出版社，2012：5.

和重视道德、素养的人本位价值；现代模式则贯穿着重视科技知识创新和应用的知识本位价值，追求个性、创造性与实践性的人本位价值，重视社会和市场需要的社会本位价值。①

由于高职院校在办学主体、办学目标、办学路径等方面与普通本科高校有着较大的差别，高职院校教学文化在一定程度上融入了企业文化的特色，突出高职院校学生在学习和成长过程中对未来职业发展目标、职业道德、职业能力、职业信念、职业发展等一系列问题的思考与实践。高职院校在教学文化建设中就应融入企业文化的理念，尊崇企业文化的氛围。高职院校人才培养模式不同于普通高等教育，学生的企业顶岗锻炼是培养中的必要环节，学生通常要在企业顶岗实习较长一段时间，要有更多的时间接受企业兼职教师的熏陶，这必然使得学生在潜移默化中融入了企业的文化轨迹。

因此，高职院校教学管理文化的内涵不仅仅是"大学文化""大学教学文化""高职院校教学文化"等概念的引申，由于其主体是高职院校、载体为高职院校教学，高职院校教学管理文化则既包含着大学文化、大学教学文化的基本内涵，又融入了企业文化的基本理念，是高职院校办学理念的体现。北京师范大学张东娇教授认为："教学管理文化是学校文化的重要组成部分，指全校师生认同和共享的基于学校核心价值观的教学管理观念及其指导下的行为方式与物质形态的总和。"②根据这个概念以及高职院校办学的自身规律，高职院校教学管理文化也有着非常丰富的内涵，它是高职院校在培养服务区域发展需要的技术技能人才过程中所形成的，为高职院校师生认同和共享、社会和企业认可的教学管理观念、知识、规范和与之相适应的运行方式与物质形态的总和，是高职院校教学管理行为在文化与观念层面的客观反映。高职院校教学管理文化包含教学管理观念、教学管理制度、教学的外部文化因素与文化环境等几个维度。新时期，加强高职院校教学管理文化建设，就是要从这几个层面进行诊断、评估、策划与创新。

（二）教学管理文化特征

1. 实践性

实践性不仅是高职院校教学管理文化的本质特征，也是高职院校教学管理文化形成的基础。高职院校教学管理文化的实践性特征是由高职院校培养目标和教学特点决定的。1999年年底，第一次全国高职高专教学工作会议提出的高职高专的培养

---

① 别敦荣，李家新，韦莉娜. 大学教学文化：概念、模式与创新 [J]. 高等教育研究，2015（1）：49.
② 张东娇. 教学管理文化四维模型及其实践应用 [J]. 中国教育学刊，2013（2）：27.

目标，突出了学生的实践能力的培养，高职院校要达成这样的目标，需要通过实践教学的实施来实现。实践教学是在企业、实验室、社会等场所完成的，它通过学生亲身实践，将感性认识上升为理性认识，使学生将知识、技能与技巧融为一体，将已有知识转化为认识世界、改造世界的能力。[①]与普通高等教育不同，高职院校在教学中强调实践技能的"必需"与理论知识的"够用"，特别是注重操作技能的实践性，"学以致用""知行合一"成为高职院校教学实践的基本原则。高职院校教学管理过程中，需要紧密结合各行各业工作实际，建立仿真性实验基地或实验室，通过操作性技能学习促进学生掌握生产技能。高职院校教学质量的评价也要相应地侧重考查学生所学知识技能是否转化为个人就业和创业的实际能力。因此，在一定意义上可以说，高职院校教学的实践性特征决定了高职院校教学管理文化的实践性。

2. 实用性

高职院校教学管理文化的实用性特征源于高职教育实用性教学理论，实用性教学理论是一种典型的"目的—手段"式结构。教学是一种有目的、有计划、有步骤的活动，教学目的一般是在教学过程之前就已经建立，在教学目的的指导下，教学活动得以系统开展，教学管理活动也必须服从或服务于这种早已预定的教学目的。高职院校教学中注重知识技能的使用价值，以培养学生适应社会生产就业能力为中心，强调操作技能的专业性，不拒绝知识的碎片化，但注重知识技能解决实际问题的功效。高职院校必须在这种符合社会发展需要的教学目的维系下，坚持实用性原则，在培养对象、招生人数、学校布局、专业种类、课程计划、评估标准以及实际教学过程与方法方面，均以适应区域经济社会发展需要为基础，高职院校教学管理活动也必须紧密围绕这个原则，否则任何形式的教学与课程的改革、人才培养方案的制定都无实际价值可言，将会被社会和个人所排斥。

3. 职业性

高职院校的教学是以培养学生综合职业能力为目的的，在高职院校人才培养过程中教学管理的职业性也在各个环节有所体现。高职院校的专业设置要以职业或职业岗位群为依据，在校期间要培养学生毕业后主要职业岗位能力，知识、能力、态度要针对学生未来职业的发展需要而设计，要着力培养学生相关职业兴趣和职业道德。[②]职业性是高职院校教学管理文化的主要特征之一，也是高职院校教育教学的功能与价值的重要体现。高职院校教学的实施，必须以职业岗位群的需要为依据制订教学计划，在进行职业能力分析的基础上，构建学生知识、能力、素质结构，且

---

① 黄艳芳. 职业教育课程与教学论 [M]. 北京：北京师范大学出版社，2010：127.
② 张新民. 试论高等职业教育及其本质 [J]. 教育与职业，2008（2）：30-32.

职业知识和职业能力的提高，主要着眼于产业结构和产品结构的调整，通过不断更新教学内容，调整课程结构，培养学生掌握新设备、新技术的能力，使毕业生具有上手快、适应性强等职业特点。①

4. 多元性

2002年《国务院关于大力推进职业教育改革与发展的决定》中提出，要建立并逐步完善在国务院领导下，分级管理、地方为主、政府统筹、社会参与的管理体制；要形成政府主导，依靠企业、充分发挥行业作用、社会力量积极参与的多元办学格局。②高职教育对社会环境的依存性增强了，高职院校只有吸纳全社会的力量才能办好，要求其办学必须是开发、灵活、多元的。由于高职院校培养的人才主要是服务区域经济社会发展的，地方是高职教育的办学主体和利益主体，高职院校教学管理必然会融合地域文化的特色。根据《国务院关于加快发展现代职业教育的决定》，高职院校"培养服务区域发展的技术技能人才，重点服务企业特别是中小微企业的技术研发和产品升级，加强社区教育和终身学习服务"。③因此，高职院校教学管理要体现地方文化特色的同时，还要强化校企协同育人，尊重与吸纳企业价值观和企业文化。高职院校教学要尊重并把握住企业的文化，通过企业技术能手和专家进学校、高职学生进企业实践相结合，实现高职教学文化与企业文化的有效融合，增强学生的职业能力。比如，滁州职业技术学院将企业"6S"管理文化有效地融入办学实践中，不仅在学生宿舍管理、教室管理中实行"6S"管理模式，而且在教学管理中也十分注重，特别是在实践教学中得到了有效运用。

（三）高职院校教学管理文化的功能

1. 正确的方向引导功能

2014年6月召开的全国职业教育工作会议，标志着我国职业教育改革发展进入一个历史的新阶段。新时期，我国高职院校正在"坚持以立德树人为根本，以服务发展为宗旨，以促进就业为导向"思想的指导下，不断加强教育教学的改革，形成与社会经济发展联系紧密的教学管理文化，其核心要素就是教学价值观，是社会对高职院校教学运行与教学管理的期望、追求与导向的反映。根据《国务院关于加快发展现代职业教育的决定》，高职院校教学价值观的根本，就是"适应技术进步和

---

① 杨静维. 高职教育学生素质结构的研究 [J]. 辽宁大学学报，2003（5）：8–12.
② 国务院关于大力推进职业教育改革与发展的决定[EB/OL].教育部网站.[2015–01–08]. http://www.moe.gov.cn/jyb_xxgk/gk_gbgg/moe_0/moe_8/moe_28/tnull_491.html.
③ 国务院关于加快发展现代职业教育的决定（国发〔2014〕19号）[EB/OL].（2014–05–02）[2014–06–23]. http://www.scio.gov.cn/ztk/xwfb/2014/gxbjhzyjyggyfzqkxwfbh/xgbd31088/Document/1373573/1373573.htm.

生产方式变革以及社会公共服务的需要，深化体制机制改革，统筹发挥好政府和市场的作用，加快现代职业教育体系建设，深化产教融合、校企合作，培养数以亿计的高素质劳动者和技术技能人才"。[①]高职院校绝不能关门办学，要在这个方向的引导下，完成教学目标的制定和整个教学过程的实施，把握社会生产与产业发展的最新动态，有效地将区域社会发展需求融入教学运行与管理之中。

2. 深刻的发展整合功能

职业教育研究专家张健教授认为，职业教育就是整合教育，整合是职业教育的本质规律和存在方式，职业教育的一切存在都是整合的产物并体现着整合的精神和本质。[②]由此可以推断，高职院校的教学目标、教学模式和办学方针等都是整合的，甚至现代职教体系强调的"服务需求、开发融合、有机衔接、多元立交"四个着力点也都是整合的。学校文化是一种整合性较强的文化，因为学校有着明确的价值取向和目的要求，它是以学校内部形成的内化了的观念为核心，以预定的目标为动力，通过一系列活动形成的多层次、多类型的文化。[③]当前，我国职业教育改革也已进入"深水区"，高等职业教育的改革与发展需要深刻的整合的力量。"求木之长者，必固其根本；欲流之远者，必浚其泉源。"教学是高职院校的中心任务，高职院校教学管理文化的发展与创新将必然成为推动高职院校建设与发展的整合的动力。

3. 深度的价值渗透功能

高职院校教学运行与教学改革不是一种价值中立或价值无涉的纯技术和心理的活动，而是一种价值负载的活动。价值作为文化的核心，从本质上说是社会群体利益的反映。高职院校教学管理文化是在教学管理实践中创造的，其价值不仅要体现现代职业教育发展的目标追求，更要反映社会和企业对高职院校人才的需求，承载着社会与集体意识的价值思想。在教学运行过程中，社会和企业的价值观念潜移默化地渗透到教学管理实践中，形成教学管理的核心价值观，这是高职院校教学管理文化的核心。经历实践的创造，高职院校办学中将技术文化要素和企业文化内容深度融合到教学管理文化中。高职院校通过对接优秀的产业升级精神，打造具有自身特色并带有产业色彩的学校精神，从而提升学校品位，形成自身竞争力，这就是教学管理文化的价值渗透功能在实践中的体现。

4. 有效的凝聚激励功能

美国教育家伯尔凯·史密斯认为："一所成功的学校应以它的文化而著称。"文化因其强大的凝聚力、渗透力、驱动力、辐射力、教化力而成为学校软实力的核

---

① 张健. 职业教育的凝思与创新 [M]. 北京：人民日报出版社，2014：3
② 郑金洲. 教育文化学 [M]. 北京：人民教育出版社，2000：244.
③ 马必学. 高等职业院校发展基本问题研究 [M]. 天津：天津大学出版社，2011：43.

心。[①]教学管理文化是高职院校在长期教学管理实践中形成的并为广大师生认同和共享的教学管理观念及其物质形态的总和,它是广大师生员工教学理想、信念和价值的精神基础,是全校师生价值观的综合反映。因此,高职院校教学管理文化同样能够凝聚和激励人心。

(四) 教学管理文化生成困境

1. 教学观念有待革新

教学观念是指教师基于对学生发展和教学现象的认识而形成的基本观点和看法,教师的教学观念是一个系统的结构,它包括教师对学生、学科、教学目标、教学方法、教学评价以及教师在教学活动中的作用等方面的基本观点和看法。教学观念是教学行为的指导思想,是产生教学行为的思想根源,是教学管理文化的重要体现。教学观念是整合教学要素的依据,特别是高职院校教学更加受到社会经济发展状况的影响,各种要素综合影响制约着高职院校的改革与发展,而通过教学观念可以对这些要素进行统整,进而形成教学行为。教学观念对其教学行为具有规定性的影响,对整个教育活动起着驱动和导向的作用,一切教学行为无不受其支配和制约。当前,还有不少高职院校教学管理过程中思想僵化,特别是一些新建高职院校,还没有转变发展观念,沿袭传统不变,不能很好地适应职业教育发展形势的变化,观念不新,以致人才培养模式陈旧。

2. 管理制度尚需完善

教学管理制度是高职院校教学管理文化的一个重要维度,教学管理制度文化是高职院校教学工作得以顺利进行的基本规范和保障,是高职院校在人才培养、科学研究、社会服务和传承文化等长期的办学实践过程中,根据现代高等职业教育办学理念和办学者的意志选择逐渐形成的具有规范性和组织性的一种独特的文化概念。教学管理制度是高职院校教学管理制度文化的实体层面,高职院校教学管理制度文化的建设离不开这个实体层面,需要通过不断构建和完善高职院校教学制度的设计、执行、监督等在内的价值取向、理性原则等观念体系,才能将高职院校教学管理制度文化建设到一定的发展高度,以有效促进高职院校教育教学的改革与发展,提高高职院校人才培养的质量。当前,很多高职院校教学管理制度没有建立健全,制度的缺失不仅不能保障教学有序运转,甚至会阻碍教学的创新。

3. 外部文化难以融入

以就业为导向,高职院校在办学上必须面向企业一线的人才需求,对准职业岗

[①] 孟庆国. 现代职业教育教学论 [M]. 北京:北京师范大学出版社,2010:24.

位的能力要求，高职院校实际上在教育教学中就是要围绕"职业、企业和就业"这"三业"来办学。在这三者的关系中，企业的需求是最为根本的，是高职院校人才培养的出发点和归宿。如何将企业和社会文化与学校文化对接和并融入教学管理实践中，对于高职院校教学发展和人才培养模式的创新具有非常重要的意义。然而，高职院校在与企业进行合作时，企业文化融入学校文化不是畅通无阻的，往往存在着冲突和碰撞，以致出现如何处理好两种性质文化的协调问题。实际上，对于高职院校来说，校企合作中更多的是学校文化对先进的企业文化的吸收融入，如果高职院校不能主动市场发展的需要，构建与完善人才培养模式，就很难建立起兼容校企先进发展理念的教学管理文化体系。而在实际情况中，高职院校的学校文化与外部文化存在着割裂的鸿沟，相互都没有选择跨越或融汇；或者只是学校的"一头热"，高职院校正下大力气建立一整套与校内教学一样严格的大纲、计划、课时、制度、师资、设备及运行程序用来积极推进"校企合作"的有效开展，而企业却认为，投入教育产出不明显，接纳高职学生实习乃至就业就更是一种高姿态了[①]。

4. 文化环境缺乏氛围

环境是人生存和发展的重要影响因素之一，高职院校教学管理文化的建设也离不开一定的文化环境，文化建设的提前就是需要有一定的文化环境，实质就是要构建一定的文化生态。高职院校的文化建设不仅需要存在"物质化"的文化环境，同时需要"非物质化"的环境因素。由于高职院校的职业性特点，高职院校的文化建设还要具有"企业化"的文化环境，要围绕企业及市场的需求，在学校营造企业文化氛围，通过弘扬企业精神，以学生就业为导向，将企业文化凝聚成为师生能够接受和认可的价值观。高职院校的教学管理要在工作中主动利用各种资源，不能将建设停留在硬件建设和外延式发展阶段，要积极地从提升学校办学品质的角度，探索学校内涵式发展。那种粗放式办学思想，不仅很难营造促进教学管理文化的建设的文化环境，在根本上也会严重制约学校的可持续发展。

（五）教学管理文化建构

1. 确立现代职业教育教学管理观念

现代职业教育体系建设，要求职业院校要不断更新观念，有效促进教育教学的变革。高职院校教学管理文化的建设，首先就是要确立现代职业教育教学管理的观念。加拿大著名学者迈克尔·富兰（Michael Fullan）在透视教育改革时提出，"有成效的教育变革的核心并不是实施最新政策的能力，而是在教育发展过程中发生预

[①] 陈云涛. 构建校企融合的高职教育文化体系 [J]. 教育与职业, 2011 (29): 18-20.

期的或非预期的千变万化中能够生存下去的能力。"[1]这也为高职院校确立现代教学观念明确了方向，现代职业教育教学观念要更新传统的教学观念，要能适应社会经济发展形势的需要。高职院校教学的最终目标在于培养学生的综合职业能力，教学过程要以行动过程为导向，通过促进高职院校教师的专业发展，革新教学过程，充实教学条件。

2. 加强高职院校教学管理制度建设

制度文化是学校文化系统中最稳定的部分，它既是高职院校文化建设体系的根本保障，又是学校与外界及内部各项活动正常运行的机制，切实保障着教育教学活动的有效开展[2]。高职院校教学管理制度文化是在教学制度的形成和执行过程中，体现高职院校价值取向、行为准则和风格特色的文化。没有现代教学管理制度文化支撑的教育必然是松散无序、乏力低效、缺乏竞争力的教育。因此，高职院校应该建立完善的教学管理制度，确立教学管理制度中的纵向互动、横向合作的运行机制，确保高职院校教学管理制度遵循一定的运行规范有效运行。合理的制度是社会公平的根本保证，高职院校在建设和发展过程中，不断建立健全教学管理制度，才能更好地凸显教学的中心地位，才能更好地坚持以教师为本、以学生为本，对于高职院校的综合办学水平的提升与整体发展、学校凝聚力的增强、学校品牌形象的塑造与学校影响力的提高，以及高职院校文化的健康发展具有十分重要的意义。

3. 促进企业文化融入教学管理文化

教育与文化的关系十分紧密，教育不仅传承、弘扬、创新文化，而且是文化的表现形式和主要构成部分；文化的发展与流变对教育起着决定性的作用，文化是教育活动进行的依据与根本前提[3]。高职院校教学管理文化建设，应引入一些优秀的企业文化的先进理念，建立服务于企业和社会的办学理念。一方面，高职院校要树立一种现代、开放的办学思想；另一方面，高职院校要积极创造条件，推行产、学、研相结合的办学模式，采用多种形式，实施校企合作。在实践中，高职院校教学管理文化与企业文化的对接，关键就是要将企业的工作价值观融入教学管理工作中，让教学能够培养学生的职业素质。高职院校学生的职业素质是以工作价值观为核心的，高职教育不仅要培养合格的劳动者和技能人才，也要培养高素质的合格公民。高职院校教学管理在融入企业文化过程中，要注重对企业文化核心价值观的提炼，让高职院校教学始终能体现着这种优秀的工作价值观。

---

[1] 迈克尔·富兰. 变革的力量——透视教育改革[M]. 北京：教育科学出版社，2004：11.
[2] 蒋祥龙. 论高职校园文化建设[J]. 国家教育行政学院学报，2012（4）：30-33.
[3] 郑金洲. 教育文化学[M]. 北京：人民教育出版社，2000：7-16.

4. 开发利用教育资源营造文化环境

学校环境是培育人的场所，其本身也具有陶冶学生身心、激励学习兴趣、涵养开阔胸襟、孕育豁达人生哲理的功效，它是一门隐性课程。学校环境有别于企业、机关以及其他组织的环境，它必须充分体现学校的育人性。学校文化环境主要是指渗透着学校办学思想、培养目标、校风、教风、学风，以及在学校教育活动中形成的制度与非制度的文化价值观念的一切人、事、物的总称。学校的文化环境对象化地呈现着学校的办学理念、精神内核、价值观念等抽象的思想精神。构建良好的文化环境是学校文化建设的条件，高职院校要积极地开发利用各种资源，努力营造具有特色的文化环境，促进教学管理文化建设。在专业建设、教学改革、课程建设等方面，利用企业资源，通过校企融合，邀请企业技术专家进入教学指导委员会，或将教师定期安排在企业进行顶岗挂职锻炼，实现企业中有教师、学校中有技术能手的良性互动，积极营造具有企业精神的高职文化环境。

四、典型案例

（一）教学组织管理

1. 完善制度建设

一是管理制度健全。学校先后制定并不断完善了一系列教学管理制度，并对教学管理制度进行了汇编，共计 50 余项，例如：为明确教学管理岗位的职责定位，制定了《教学管理系统岗位职责》；为规范主要教学环节的质量标准，制定了《湖南汽车工程职业学院教学工作规范》；为有效实施教学质量监控与评价，制定了《湖南汽车工程职业学院教学质量监控与评价办法》《湖南汽车工程职业学院听课、评课制度》等制度。

二是制度执行有力。建立学校、二级学院、教研室三个层级的教学管理机构，以有效课堂为抓手，通过干部听课、日常检查、专项检查、评教评学等四个主要措施，加强教学管理，落实管理制度。

三是重视评价反馈。学校通过学生信息员座谈会、教学质量监控平台、院长信箱、毕业生调研等方式做好入学前、学习中、就业中、就业后等四个环节的信息反馈，通过信息反馈发现问题，持续改进。

2. 动态调整专业

一是制定专业发展规划。以质量观、就业观、发展观为指导，制定专业布局和专业结构调整的"十二五""十三五""十四五"规划，保障了人才培养的适应性和针对性。

二是建立专业评估制度。以"规划"为依据,建立专业新增、预警与退出机制,按照信息管理、专家分析和决策管理的流程,实施"一年一评估、三年一清理",完成了四次专业改造,专业动态更新达30%。

三是打造专业集群。为推进专业资源配置共建共享,促进管理运行机制与校企协同发展相适应,学校按照"专业基础相通、技术领域相近、职业岗位相关、教学资源共享"的原则,建设5大专业群,实现专业链与产业链的全面对接。

3. 校企共定方案

一是制定流程清晰。通过学校制定原则性意见—团队多方调研—形成调研报告—研讨人才培养方案"专业建设指导委员会审核—学校论证"的流程制定专业人才培养方案。

二是企业全程参与。企业专家是人才培养方案制定的重要参与者,确保人才培养目标和企业用人目标相符、课程设置和岗位对接。

三是创新培养模式。学校以专业群为单位制定人才培养方案,采用"平台+方向"的模式实施大班教学,根据企业需求,开展"订单模式"的小班教学。

4. 推进课程建设

一是创建课程标准。成立专业建设指导委员会,根据行业、企业对高素质技术技能人才的知识、能力和素质要求,以及学生可持续发展需要,制定课程标准。

二是搭建层级递进的资源库。通过建设应用7个校级教学资源库、30余门省级精品在线开放课程和6门名师空间课堂、4个国家级教学资源库三个层级的课程教学资源库稳步推进课程改革。"再造教学流程、汽车营销与服务和新能源教学资源库的应用与实践"获2017年全国机械行业职业教育教学成果一等奖。

三是推行考试考核方法改革。以"专业课程技能抽查"作为考试改革的切入点,组织校企专家开发了120余门专业课程技能抽查标准和题库,并于2013年上学期率先在全省高职院校中实施专业课程技能抽查。

5. 联动共建基地

一是完善汽车基础实训中心。针对汽车岗位群要求,投资2 000万元,建设覆盖前后市场、兼顾新旧能源的汽车基础实训中心,夯实学生整车装配、营销管理、检测诊断、维修服务等方面基本技术技能。

二是优化品牌汽车企业培训中心。先后引入特斯拉、宝马、保时捷等3个高端品牌、5家合资品牌、3家民族品牌汽车企业建设培训认证中心,企业捐赠教学用车、仪器设备总值1 634万元,免费提供岗位标准、技术标准98套,共同开发培训课程113门与训练项目254个,形成了品牌汽车技能训练体系,实现人才培养与产业技术更新同步。

三是建立技术应用及生产服务平台。打造李德毅院士领衔的"一站两所三中心"汽车技术科研服务平台、株洲湘火炬火花塞有限责任公司校内汽车零配件生产平台，探索实施校企"模块化"合作方式，为学生提供精密零部件制造、汽车疑难故障诊断实岗锻炼，同时通过新旧能源汽车转换和普通汽车与智能网联汽车的相关项目交互训练，有效提升学生的综合技能。

（二）教学过程管理

1. 聚焦课堂教学

一是狠抓学风矫正。通过强抓学生的到课率，对学生的上课纪律进行约束，矫正学生的自由散漫作风。通过推进"学生素质拓展工程"，优化"综合学分素质项目"管理与实施办法，矫正学生只关注专业知识学习、不关注其他素质类课程学习的行为。对学生的学分和学业成绩进行动态管理，通过实行留级制、劝退制和预警制度的学籍管理制度端正学生的学习态度。如此一来，学生的学习持续向好，文明素养稳步提升。

二是注重教风创优。依法治教、从严治教；出台学院教案编写规范，强调教学设计和教学要素的呈现；不准简单复制教材要点，不准以 PPT 代替教案；优化学生教学信息员队伍，加强教学动态监控；严格执行教学事故认定与处理办法；通过抓"有效课堂"的听课率，鞭策教师优化教学内容、丰富教学手段、增加学生学趣，着实提高课堂教学的有效性。近年来，涌现了一批教学技艺精湛的中青年教师。

三是推进教法更新。学校借助推进教育部信息化试点的契机，进一步强化课堂教学方法的更新；在"大学城空间""微知库""智慧职教云课堂""雨课堂"等平台课程资源建设和开展课堂教学的基础上，积极推进慕课教学。目前，学校已自主开发"智课堂"资源平台并投入使用。该平台功能完整，操作简单，集教学资源共建、优质资源共用、特色资源共享于一体。通过信息化平台和教学方法的应用，师生交流和教学互动效果更好。

2. 突出实践教学

一是严格规范管理。根据职业的岗位要求设计专业课程体系，参照职业标准设置实践类课程的占比；严格对照课程教学标准和职业标准开展实践课程教学，实践类课程的比例在教学实施中不打折扣；严抓实训室管理，将实训室 6S 管理纳入二级学院教学考评，实行月查通报制度。

二是实行双师指导。坚持学生的实践类专业核心课程、毕业设计和顶岗实习等执行"双导师"制度；学校项目班、订单班和现代学徒制班学生的部分实践类专业核心课程由校内教师和企业教师共同执教；学校教师和企业导师联合指导学生的毕业设计和顶岗实习等实践课程；利用 PC 端和手机端顶岗实习管理系统的实时性和便捷性及统计和分析功能，实现了外出实习学生和学校的无缝信息沟通，加强了学校对顶岗实习的过程管理和安全监控。

三是坚持多元考核。实践课程的教学强调学生的知识运用和技能提升，教学内容基本模块化；为了确保学生的专业技能在巩固的基础上逐步得到提升，在教学过程中，采取分模块、分环节考核的方式，从而呈现模块化和过程化的考核特点；为了评价学生的综合技能，通过考取职业资格或等级证的职业技能鉴定的方式对学生进行考核。通过多元考核，学生的技能水平呈现螺旋式上升趋势，学生的考证通过率非常高。

3. 强化课程评价

一是基于 CIPP 评价模式，构建高职课程评价机制。CIPP 评价模式包含背景、输入、过程、结果四个评价环节，其评价思想的精髓是"决策导向""重在改进"。近年来，学校运用 CIPP 评价模式理论，系统构建从课程背景、课程方案、课程实施至课程结果的全过程、多元化的课程评价机制。

二是以"有效课堂"为抓手，强化过程监控与评价。近年来，学校开展创建"有效课堂"活动，学校设立了专、兼职督导员队伍进行听课督导，通过填报班级日志、召开学生座谈会等形式来进行有效课堂管理。

三是以"技能抽考"为抓手，强化结果考核与评估。学校组织行业专家和专业教师，在省级专业技能抽考标准和题库的基础上，开发建设了 35 个专业 120 余门专业课程技能抽考标准和题库，并于 2013 年上学期率先在全省高职院校中首次实施专业课程技能抽考。

（三）教学团队管理

学校非常重视教学团队的建设，通过完善教师管理机制、健全教学团队管理制度，打造出了一支教学名师引领、企业大师指引、青年骨干教师支撑的教学管理团队。

1. 实施"五大工程"建设教学团队

一是实施师德师风营造工程。学校制定了《师德师风建设实施方案》系列文件，对师德师风进行监督与考核。同时，通过开展多种形式的学习讨论活动，引导教师树立正确的世界观、人生观和价值观，通过开展"十佳教师""教学名师"等评选活动，在全校营造师德师风建设的良好氛围。

二是实施教学名师引领工程。为充分挖掘名师蕴含的潜在资源，提升其影响力，创立有利名师发展的新机制，搭建有利名师发展的新平台，学校制定了《名师工程建设实施方案》等制度。学校现有教学名师工作室 15 个，这支团队在专业建设、校企融通等方面发挥了不可替代的作用。

三是实施企业大师指引工程。制定了《企业大师工程实施方案》系列制度。目前学校拥有湖南高职院校首家院士工作站——李德毅院士工作站，16 个企业大师工作室。按照实施方案要求，制定培养内容、主要措施，明确了技术创新、授艺带徒等具体任务。

四是实施兼职教师培养工程。建立由 200 人以上企业专家组成的兼职教师库，定期对兼职教师教学能力开展培训与考核，安排他们参与专业教学研讨，与专任教师开展相互听课活动，确保兼职教师的双师素质。目前兼职教师承担专业核心课的比例达到 45%。

五是实施青年教师培育工程。学校制定了《师徒结对培养制度》，通过师父传、帮、带，快速提高青年教师教学能力与水平。利用校企合作平台，推进"校企共建师资工程"，由企业专家对青年教师进行专项培训，通过后可获取企业培训师认证资格。近 5 年，有 150 余名教师通过了"企业认证师"认证。

2. 开展"四大行动"提升整体素质

一是开展"教师转型培训提质行动"。为了解决汽车类专任教师不足问题，依据专业相近原则，启动了"转型教师培训行动"，先后举办 4 次寒暑假集中转型培训、派 21 名教师到天津职业技术师范大学进行半年脱产汽车专业培训；加强了专任教师的拓展提质培训，每年派 30 余名教师到企业进行半年的顶岗实践。

二是开展"教师职业素质提升培训行动"。完善《教职工进修培训管理规定》，分期分批选送教师参加国培、省培；完善《教职员工攻读博士学位管理办法》，鼓励教师攻读博士学位；实施"境外培训工程"，每年选拔 30 名左右的教师赴境外培训，近年来，先后派出 180 余名教师赴德国、新加坡，以及我国台湾地区进行培训。

三是开展"专任教师双师素质提升行动"。制定了《关于专业教师到企业顶岗实践的管理规定》等系列制度；依靠企业实训基地，积极鼓励专任教师下企业顶岗实践。近年来，共计两百余人次到企业挂职锻炼，专任教师全部实现了下企业挂职锻炼。学院专业课教师双师比例达 80%。

四是开展"教师教育教学能力提升行动"。每年组织开展"百名教师汽车技能大赛""全校教师公开课"等活动，为教师搭建展示业务能力平台，促进教师教学能力与专业能力提升。近年来，教师参加各类比赛获国家级奖励 53 项、省级一等奖 28 项，指导学生技能竞赛获国家级奖励 190 余项，省级奖励 420 余项。

3. 实行"三步走"打造管理团队

一是精选优秀人员入伍。学校精选了一批业务骨干加入教学管理队伍。目前学校共有教学管理人员 28 人，年龄、学历、职称和知识结构合理且相对稳定，其中硕士以上学历占 89.2%，高级职称达 60.71%，2 人获国家黄炎培职业教育奖。

二是定期组织业务培训。每年暑假开学前都会邀请省内外专家进行业务培训，同时送培了 16 名人员到境内外培训，不断提高队伍业务能力。

三是强化各项激励机制。学校从满足教务管理人员的内在需求出发，完善了各项激励机制，比如评选"优秀教务工作者"、举办教务管理创新培训班、组织教学管理人员出国（境）培训等，激发工作热情，提高工作质量。

（四）教学质量管理

1. 构建"三全"质量保障机制

学校以全面质量管理思想为指导，以促进学生全面成长为根本，以课堂教学为主阵地，以考核性诊改为抓手，以信息化智能平台大数据为支撑，通过学校的大部制改革，校内管理服务关系更顺畅，七大部门与纵向五系统的对应关系更明晰，形成了"岗位有目标，目标有考核，考核有标准，标准有实施，实施有监测，监测有诊断，诊断促提升"的全员、全方位、全过程的内部质量保证体系和常态化的持续改进机制（如图 7-3 所示）。

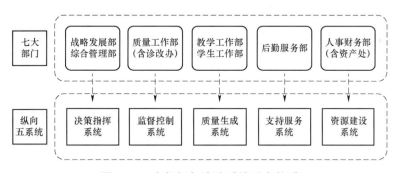

图 7-3 大部门与诊改系统对应关系

2. 打造三级管理的"主体链"

学校构建了由质量管理委员会下辖质量督导处（诊改办）和教务处、二级学院（部）、专业和教研室的三级教学质量监控主体，共同实施教学过程的跟踪管理和质量监控，实现了"责、权、利相对明晰，放、导、服有机结合"，主体链实现了监控的"全员性"（如图 7-4 所示）。

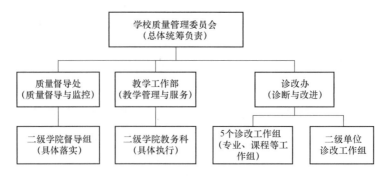

图 7-4 三级教学质量监控机构

3. 形成比对监控的"环节链"

一是四个比对，常态监控教学运行的规范性（如图 7-5 所示）。借助智慧校园智能平台，系统自动比对、进行大数据分析，对人才培养方案的设计与执行实施监控。如运行方面存在调整，则督查是否按规定程序办理。

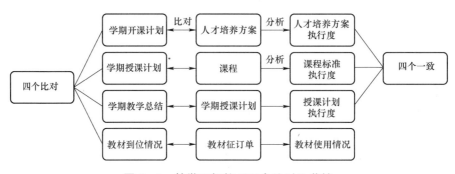

图 7-5 教学运行的"四个比对"监控

二是抓住核心，大力提升课堂教学的有效性。狠抓课堂教学主阵地，成功创建文明课堂已 8 年，建立健全了学生到课率、听课率考评、教师课堂教学评价及教学运行督查的管理制度，对 55 周岁以下的教师实现听课全覆盖。一年听课近 2 000 节次，样本量大且分布均匀，科学统计数据，对二级学院的教学工作进行准确的量化考核；对于排名偏后学院，督导处督促组织并参与专门诊断和改善，必要时进行专题辅导。规范了课堂教学过程行为，扭转了学生不到课、不听课的不良习气，实现了课堂教学质量持续提升，学生到课率、听课率均高达 98%以上。

三是完善配套，科学设计考核评价的多元性。对事关学校发展大局的重点工作，如在线学习平台推进、国家教学资源库的建设与应用等进行专项督查，发布专项督导通报，很好地推动了重点工作的开展；学校形成了完善的教学管理制度，稳步推进留级制、劝退制和学业预警制等学籍管理制度;建立了以职业知识、技能与素养为核心的过程考核与结果考核相结合的考核评价体系,形成了政府、学校、行业、企业和第三方评价共同参与的教学质量评价机制。

4. 形成全面监控的"要素链"

围绕教学运行环节和要素,坚持质量监控"全要素链融合、全责任链压实"(如图7-6所示)。从监控时间上,涵盖了周、月度、学期和年度;从监控方式上,通过内外不同途径和渠道获取监控信息,形成对影响教学质量的各要素监控的"全方位性"。

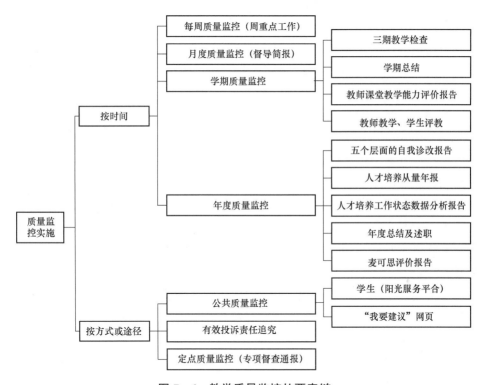

图7-6 教学质量监控的要素链

(五)教学管理信息化

1. 构建应用服务融合的综合业务平台

将原有的教务管理、专业资源库、智课堂教学管理等8个教学管理业务系统有效整合。重构业务流程,建立统一门户入口、打通信息孤岛;提供一站式访问服务,有效提升学校教学管理与服务水平。

一是搭建消息推送系统，实现信息精准送达。集成短信、QQ、微信等工具，将通知、查询等39项信息以短信、邮件、微信、QQ、站内消息等多途径，精准送达师生目标用户。

二是搭建一站式服务中心，实现自助便捷服务。集成在线报名、在线缴费、查询、打印、在线报修、申请学分等32项自助式服务，随时随地、简单便捷，同时服务质量可评可诉。

2. 构建各类数据融合的大数据分析决策平台

通过对学生课堂互动、在线问答、课堂签到等36种师生教学行为进行数据关联分析，精准地测算出"课堂健康度"结果，为教学管理、教学改革的决策提供支持依据。

一是搭建数据采集系统，实现教与学过程数据的精准采集。利用"智课堂"教学系统中的互动教学功能，实现了扫码签到、课堂抢答、随机提问、投屏讨论等15项课堂互动功能，同时系统将产生的数据进行了多维度的采集。

二是搭建资源公共服务系统，实现资源库平台的互通互访互认。建立资源共享机制，将"微知库"国家级专业资源库、"智课堂"校级资源库、超星慕课等平台中的资源抽取到共享资源库，实现了资源平台之间认证互信、资源共享、资源共用的互通互访互认高度融合，实现了资源应用的统一统计和数据分析。

三是搭建顶岗实习系统，实现学生异地顶岗实习的精准管理。以手机移动端为载体，以"精准定位、远程签到、个性指导"为核心功能，系统与微信、GPS、视频、语音等深度融合应用，形成了多角度、全方位的实习管理、实习评价和远程教学新模式。

四是搭建教学质量管理系统，实现教学全面客观的精准评价。设计了课程资源、课程管理、学习进度等15项一级评价指标，知识理解、回答准确性、答疑响应等65个二级指标观测点，将教师备课、课堂教学、答疑解惑、作业批改等教学评价与学生课前预习、课中学习、课后复习等学习评价有效结合，实现了全方位、全过程的精准教学质量管理。

3. 构建信息全景呈现的数据可视化平台

以柱形图、雷达图、趋势图等28种图形的方式进行直观呈现，各类统计数据与分析数据一目了然，在动态多维度组合分析中，实时呈现出教师发展和学生成长的轨迹。

一是搭建教师发展可视化系统，辅助引导教师发展。以教师个人画像的方式可视化呈现出教师在课堂教学、教育管理、科研成果等方面的数据，综合性地分析判断出教师发展健康度。同时进行画像分析，推送个性化的发展建议，让教师了解自身的优势和不足，按照建议及时调整和改进，辅助引导实现教师的发展。

二是搭建学生成长可视化系统，辅助引导学生个性化成长。以学生个人画像的方式可视化呈现出学生在学习、活动、消费、心理、日常行为等方面的数据，综合性地分析判断出学生的成长健康度。同时进行画像分析，推送个性化的成长建议和学业预警，让学生了解自己的优势和不足，按照成长建议及时调整和改进，辅助实现学生个性化的成长。

第八章

高职院校课堂革命实践
——以湖南汽车工程职业学院为例

一、实践背景

课堂教学是教育教学的主渠道，是学校履行育人功能的主阵地。长期以来，国内高职院校面临的主要共性问题：一是授课内容与企业实际不符，二是课程标准与企业标准脱节，三是教学手段滞后于新一代信息化技术，四是传统的教学管理无法满足海量资源库建设需要，五是教学改革离智慧教育新生态建设还有较大差距。为此，学校开始了15年的课堂革命实践探索。

2006年起，与深圳市毅俊企业管理咨询有限公司共同投资注册成立了华大菁英教育有限公司，开发出以职业岗位工作过程和人才资质要求为导向的课程。

2009年，引入上海通用汽车ASEP项目，建立ASEP教育体制，通过借鉴国内其他通用ASEP学校的成功运作经验，进行教育教学中的探索与实践。

2011年起，在上汽通用ASEP项目基地的基础上，先后引进宝马、保时捷、上汽大众、北汽、中车、华为等知名企业共建宝马BEST、北汽BSEP等15个基地，打造集教学、生产、技能训练、技术创新、社会服务于一体的生产性实训环境。

2011年，印发《关于加强优质课程建设的实施意见》，深化产教融合、校企合作，推进各类优质课程建设，加快推动教学模式和评价模式改革。

2012年，印发《全面深入推进信息化教学改革实施方案》，促进信息技术与课堂教学深度融合，通过提升教师信息化素养与能力，推动教学改革落实落地，全力推进"质量革命"。

2014 年，全面实施创建"文明课堂"，狠抓学生到课率和听课率，努力建设有利于学生自觉获取新知识、增强学习能力、培养创新精神、促进全面发展的优良学习环境。

2016 年，全面推进智慧教学环境创建工程，运用新一代信息技术，新建和升级智慧教室 65 间、智慧车间 28 个，营造交互性强、便捷智能、开放灵活的教学环境，深度激发师生教与学的活力。

2017 年，陈宝生部长提出"课堂革命"后，学校举办"教与学革命"论坛，促进广大师生针对"教"与"学"的问题展开交流研讨，全面应用最新的教学理念和教学手段，用好智慧教室，提升教学质量，进一步深化具有湖汽特色的教学文化。

2018 年，着力构建办学水平可视化、教师发展可视化、学生成长可视化、管理服务精准化的"三可视一精准"智慧教育新生态，深度挖掘师生发展与成长过程的数据，开展云端可视化评价，实现了评价结果由模糊定性到精准画像的转变，学生成长与教师发展的轨迹全景展示，突破传统的单一化、经验化的指标衡量，为师生个人起到引导作用，不断改进行为和习惯，促进教与学的效果不断提高。

2019 年，印发《关于加强新时代学风建设的若干意见》，狠抓课堂纪律、组织纪律和考试纪律，强化政治立场、技能训练、就业教育和品牌活动，形成制度文化管学风、全员参与育学风、科学管理促学风、就业导向强学风、产教融合助学风、特色活动浓学风的学风文化。

2020 年，面对疫情带来的巨大冲击与挑战，广大师生用"革命精神"推进"教学革新"，构建新常态下的教师"教"与学生"学"的新模式，教与学的新思想、新理念、新方法层出不穷。

2020 年，印发《深化新时代思想政治理论课改革创新实施方案》和《全面推进课程思政建设实施方案》，发挥思政课的关键作用和其他课的核心作用，将价值塑造、知识传授和能力培养三者融为一体，实现同向同行，形成协同效应，进一步落实立德树人根本任务。

二、实践过程

（一）基于"学校＋公司"办学模式下的课程开发

2006 年 3 月，学校与深圳市毅俊企业管理咨询有限公司在多年合作办学的基础上，通过共同投资注册成立了华大菁英教育有限公司，并以教育公司为平台，整合企业、职业院校、政府及社会的优势资源，建立一支由人力资源专家、企业现场专家和职业教育专家组成的课程团队，开发一整套华大菁英职业教育标准和相关的专业课程标准，并在此基础上，开发出以职业岗位工作过程和人才资质要求为导向的课程。

1. 校企合作办学模式下课程开发的团队选择

（1）教育专家

教育专家主要负责课程的教学组织设计、教学过程设计以及教学方法设计，与企业岗位专家共同购置教学设备与教学工具的和布局教学场地，制定教师的资质要求。

（2）人力资源专家

人力资源专家主要通过所覆盖的职业岗位群或技术领域对相关层次人才所应具备的职责、任务进行具体化描述，将国际通用的职业人才资质评价标准 KSAO 理论引入职业教育的项目课程开发，负责学习领域中 KSAO 分解，把 KSAO 中具体的知识、技能、能力与素养贯彻到课程的学习情境中，并制定学习目标、学习任务与情境内容。KSAO 的 K（Knowledge）是指执行某项工作任务需要的专门性知识、科学性知识、常识性知识；S（Skill）是指在工作中运用某种工具或操作某种设备以及完成某项具体工作任务的熟练程度，包括专业技能、方法技能、社会技能；A（Ability）包括人的一般能力，如逻辑思维能力、学习能力、观察能力、解决问题的能力、基本的表达能力等；O（Others）是指有效完成某一工作需要的其他个性特质，包括对员工的工作要求、4C、工作态度、人格个性以及其他特殊要求。

（3）企业岗位专家

企业岗位专家应具有多年的工作经验，对岗位工作流程、工作任务非常精通与熟练，主要是对课程所对应的职业岗位群的工作流程、工作任务进行分析，并转化成学习情境中的教学组织与学习任务。

2. 校企合作办学模式下课程目标的确定

（1）课程目标制定的原则——SMART 原则

在课程目标制定与管理中，SMART 原则是一个有效的工具，该原则是在教学目标设定中，被普遍运用的法则。具体内容如下：S（Specific），课程目标要求是具体的、明确性的，而不是抽象的描述式的；M（Measurable），课程目标必须是可衡量的，尽量以数据、数字来定义；A（Achievable），课程目标必须是可达到、可实现的，符合教师教学与学生学习的实际状况；R（Relevant），课程目标必须与 KSAO 和课程的学习任务相关；T（Time–based），课程目标必须具有明确的完成期限。

（2）教学目标的制定

根据人才培养方案规定课程的 TDR（岗位工作说明书）和 KSAO，将任务作为课程教学的基本任务和教师教学的目标，教学目标一般有 3～5 项内容。教师根据学习目标与学习任务制定学习情境指导书，根据学习目标与学习任务制定知识与理论的讲授和教学方法，根据学习任务制定评估标准。

（3）学习目标的制定

将人才培养方案学习领域所规定的课程的知识、技能、能力与素养，作为学生学习的核心目标。制定课程目标时，应将知识、技能、能力、素养作具体的阐述或说明，但必须符合 SMART 原则。K：通过本课程的学习，应掌握的理论知识，以及所学知识在工作的运用；S：完成本课程任务后所具备的技能，通过课程学习，完成工作任务的方法、技巧，以及在工作中的使用；A：完成本课程任务后所具备的在工作中完成任务的能力；O：完成本课程任务后所具备的其他职业素养，如敬业精神、服务态度、专业精神、法律意识等。

3. 课程学习情境的设计

（1）典型职业岗位群的确定

典型职业岗位群是指在同一个职业范围内不同工作单位工作性质和特征相似，而任务轻重、责任大小、繁简难易程度和要求不同的岗位所构成的岗位集合。（所谓"典型"是指这个岗位的任务是大家公认的、有代表性的行业标杆企业岗位）。典型职业岗位群的确定过程就是对标杆企业（群）与职业相关岗位（群）的工作说明书、工作职责说明书或岗位资质说明书（有些企业这三个说明为同一个文件）、工作流程说明书、工作标准操作流程程序、设备操作手册，根据职位内容（工作任务、资质要求等）的重要性，对不同的岗位（群）的职位重要性进行量化确定其分值，再将分值相近（±5 分）的同类岗位（群）的工作说明书和岗位资质说明书进行整合，以获得职业说明书和职业资质说明书的过程。

（2）典型工作任务的确定

作为课程载体的典型工作任务来源于企业实践，它在人的职业成长过程中起着关键作用。一个典型工作任务应满足工作过程的完整性、工作任务的典型性、符合职业成长规律、具有可设计空间 4 个条件。具体操作即对该专业典型职业岗位的岗位工作说明书（TDR）、岗位资质说明书（KSAO）和相关的 WI（工作流程说明书）或 SOP（工作标准操作流程）依任务分析法进行剖析分解，制成工作任务清单，再将工作任务清单中的每一项任务进行规范化处理，规范化的工作任务依工作性质将相同的工作合并进行排序，然后按功能分析法组合为工作任务集（包括多个工作任务）。每个工作任务集就是一个典型工作任务，通常一个专业有 10～20 个典型工作任务。

（3）典型岗位工作任务转化为学习任务

根据行动导向原则、建构主义学习论、工业设计原理、专业教学论等将典型工作任务转化为学习任务。将典型工作任务整个过程具体化为各个子阶段的工作过程，分析这一具有典型特征的工作过程应具备的 KSAO，转化为学习领域知识。分析完成该学习任务所必需的知识、技能、能力与其他素养（KSAO），并将分析、总结、类化和序化后的 KSAO 确定为相应的课程模块。每一个学习任务对应一个课程模块。

4. 课程结构和内容的架构

（1）课程模块的类化

课程开发团队按照工作任务的独立性、课程模块的关联性、学生学习渐进性、课时分配的合理性、教学的规律性和教学资源共享与优化的原则对所有学习任务对应的课程模块进行类化，将相同的 TDR 和对应的 KSAO 合并、相近的 TDR 和对应的 KSAO 重组，形成针对典型工作任务的多个课程模块。

（2）综合素养模块的形成

将综合素养融入各个教学过程中，关注学生行为的改变和习惯的形成，培养学生的职业素养，形成学生的职业习惯，并将"德"（综合素养）重于"技"（职业技能）的中国传统教育思想贯穿于教学过程。通过综合素养课程模块的学习，使自我情绪控制、自我管理能力、团队合作、组织认同、敬业精神、服务态度、专业精神、法律意识等综合素养得以提升。

（3）课程模块的序化

课程开发团队根据课程课时的计算原理、方法，以及课程教学组织、学习时间测算出各门课程的授课课时。对学习领域课程内容根据职业岗位需求由易到难的思路和职业成长的需要，按照科学性原则、情境性原则、人本性原则、内容和科目为串联关系的线性或累进原则、螺旋式或阶梯式的内容叠加原则、项目或过程结构化原则等对各课程内容进行序化，将专业数门课程进行排序，并分配到不同的学期，形成专业课程体系。

5. 课程评估与考核

（1）学生评估

学生主要包括以下三方面的内容：

一是理论考试。为评估与考核学生对课程知识的掌握情况，根据各课程人才培养方案中"职业化资质说明书"所要求必须了解与掌握的知识点（Knowledge），以理论考试的方式进行。试题的形式需根据课程的特点、性质、专业层次等确定。理论考试以分数量化，总分 100 分，根据课程考评标准的权重计入课程总评中。

二是个人作业、报告或个人作品。为评估与考核学生对课程内做事的熟练程度、动手能力、做事方法与技巧的应用、学生个人的习惯改变、性格变化等情况，根据各课程人才培养方案中"职业化资质说明书"所要求必须"应会的技能（Skills）和应有的能力（Ability）"，通过个人作业或报告的方式进行考评。作业或报告的主题需要根据考核技能的特点、性质、专业层次等确定。

三是小组作业、作品或简报。为综合评估学生的团队合作精神、沟通与态度等职业素养，根据各课程的人才培养方案中"职业化资质说明书"所要求必须达成的"工作任务或学习任务"，通过小组作业或作品的方式进行考评。小组作业、作品主题则需要根据具体的工作、学习任务的特点、性质等确定。考评分 HD, D, C, P, NP 五级评价，并根据课程考评标准的权重记入课程总评中。

（2）教师评估

教师评估主要包括以下两方面的内容：

一是 360 度教学质量调查。本项用以评估与考核学生对于教师的认可度，作为评估与考核教师绩效指标之一，主要内容包括教学目标与任务，课程内容和学习资料，教学服务（教学管理、课程准备等），教学方法（教学经验、教学技巧等），知识、技巧传授的能力，"引导"能力。

二是教学成果统计。本项用来评估教师教学成果，如果一门或多门课程需要进行职业标准考核（不论选择一种考核方式还多种考核方式），则职业标准考评通过率 =（通过人数/参加考评人数）× 100%。

（二）基于"企业标准+工作过程"的项目课程开发

ASEP 项目是学校 2009 年引入的第一个校企合作项目。ASEP 项目是上海通用汽车公司（SGM）在中国大陆启动的具有 SGM（上海通用）特色的厂商、院校、特约售后服务中心（ASC）以及广大在校学员共赢的汽车修理人才培育体系——SGM ASEP（SGM Automotive Service Educational Program），上海通用汽车 2004 年年底正式将这一培训体制引进中国。本着互信互利的多赢目标和理念，上海通用汽车有限公司（SGM）将与上海通用汽车 ASEP 指定教学院校、上海通用汽车授权特约售后服务中心（ASC）之间以战略合作伙伴关系为基础建立富有中国特色的 ASEP 教育体制，通过借鉴北美通用 ASEP 的成功运作经验，将致力于为上海通用汽车授权特约售后服务中心培养和输送具有 SGM 产品服务能力和专长的符合 SGM 要求的维修服务技术人员。这一举措，不仅有利于上海通用的服务网络建设和服务品质的提高，同时也将对中国汽车售后服务行业的发展产生深远的影响。学校于 2009 年上半年被确认为上海通用汽车 ASEP 项目正式合作伙伴和中南地区指定教学院校。随即着手建立富有学院特色的 ASEP 教育体制，通过借鉴国内其他通用 ASEP 学校的成功运作经验，进行教育教学中的探索与实践。

1. 项目团队成员实习进修

为了掌握 ASEP 项目运作程序和教学技巧，了解上海通用汽车公司的企业文化、团队精神和通用汽车的前沿技术，学校选派教师参加上海通用 ASEP 项目教师资格培训。上汽通用项目组教师每年要到当地 4S 店实习进修 2 个月，贯彻通用项目合作精神，努力提高业务能力；理论联系实践，并将实习过程中的收获应用于项目教学，有利于年轻教师的专业成长，有利于项目班教学水平的提升。通过在当地上汽通用经销商的实习进修，项目组教师的业务能力得到显著提升。

2. 按照通用项目标准进行教学

由湖南省各上海通用汽车特约售后服务中心（ASC）技术总监在 2007 级学生中面试选拔学员组建"通用班"。首期通用班由 25 名学生组成，学期一年。通用班采用德国"双元制"培训，学生在为期一年的 ASEP 学习中，将在学校和 ASC 之间进行两次轮换学习，交替进行课堂教学和企业实习，第一学期在学校进行 10 周的通用汽车专业理论学习，8 周到签约的 ASC 进行见习；第二学期先在 ASC 进行 8 周的生产性实习，再回到学校进行 10 周的专业学习。教学中所有教学手段，均以通用要求为标准。学生毕业时要通过上海通用汽车培训总部的专业考核合格后，才能毕业，即通用班的学生既是学校的学员又是 ASC 的准员工，每学期都在学校与 ASC 之间交替学习训练，真正实现学习与就业的零距离。学校将根据 ASC 用人标准，采取工学交替的培养模式，为 ASC 培养和输送维修服务技术人员。毕业时将获得学院大专学历证书和汽车维修工中级证书，进入上海通用售后服务网络 4S 店工作。

3. 将德育教育融入课堂教学

（1）职业素质教育

"通用班"的学生是通过 ASC 技术总监进行面试合格后进行培训的。在学生的职业教育过程中，采取四种方法：

一是思想意识通用化。"通用班"组建后，在专业学习上教育学生要具备"我"是最好的理念，形成争创第一的学习氛围和思想意识，这种氛围与意识是建立在通用文化与技术上的。

二是课堂教育企业化。在整个的教育教学过程中，引用通用汽车培训总部的教学程序，即在引导文、教学内容组织、教学设计、课堂实践、课后练习与维修手册的查阅等环节中，完全按通用模式严格执行。

三是综合素质职业化。在综合素养的塑造过程中，着重培养学生的职业道德理念、通用汽车文化理念、自我学习意识、个性发展平台、服从意识、协作与吃苦耐劳精神，体现学习以人为本的观念。

四是责任教育岗位化。在教育教学过程中,结合通用标准,教育学生要具有长远意识、团队意识、责任意识、总体意识。使学生真正达到上岗有优势、转岗有基础、发展有潜力、提升有空间、思想有跨越、服务有理念。教师以 ASEP 项目为契机,在做中学、学中做、练中学、评中学、讲中学、考中教、探中教、教中探,形成百家争鸣、各领风骚的教学风格,形成企业化的教学团队,逐步建立富有学校特色的 ASEP 教育机制。

(2)探索 ASEP 项目的德育教育

教师不仅应该是知识渊博的智者,而且应该是道德修养的榜样。通用企业文化的精髓是做人第一,技术第二。通用教师在日常的教学和管理中,在传授知识的同时,把培养学生优良性格放在首位。

一是教师以身作则,为人师表。项目组教师自觉履行通用企业文化内涵,从小事做起、从身边事做起,使自己成为学生的一本活的德育教材,使学生能够自然地扮演通用"准员工"的角色,形成了学生良好的职业道德。

二是自觉遵守通用汽车维修与检测的规定和操作规范。在学校的教育教学过程中,着重加强学生动手能力的培养。在动手能力培养过程中,把学生的劳动观念、职业意识、敬业精神、职业纪律、职业责任感教育和促进职业道德行为习惯养成等融合在整个教育教学过程中。在技能训练的同时,加强学生的思想政治教育、品德教育、纪律教育、法制教育和相关岗位的职业道德规范教育。

三是自觉遵守汽修设备管理的有关规定。在教育教学中加强学生的思想品德教育,即要使学生明白,良好的习惯(爱护设备、遵守操作规范等)不仅是个性心理品质的良好反映,也是安全操作的必然要求。

4. 联合开发基于职业标准的课程资源

(1)联合开发《教学车辆使用记录登记本》

按照通用项目要求,《教学车辆使用记录登记本》包含培训车辆使用记录本使用说明、车辆使用记录、蓄电池检查及充电记录、培训用车故障/损坏及维修跟踪记录、培训车辆损坏及故障报告。《教学车辆使用记录登记本》的开发应用提升了项目车辆管理的水平与力度,便于对车辆的使用进行跟踪,例如车辆异常前是谁使用、使用率的统计、车辆损坏追责。

(2)联合开发新教材

一是项目组教师积极参加上汽通用项目新教材培训、培训内容包括新教材的特点介绍、新教材大纲、讲师手册、授课课件讲解、GDS 和维修手册的在线购买方法、阶段性考核和毕业考试的变化、新教材订购流程、授课的方法和技巧、如何使用新教材。

二是项目组教师参与上汽通用新教材的研讨,对教学大纲的制定、教材的重点与难点提出参考意见,对新课程标准有了统一的理解,对新教材有了统一的认识,经过集中封闭,联合开发出基于职业标准的新教材。

(三)基于"空间平台+资源共享"的空间课程改革

学校于 2011 年 9 月开始利用世界大学城进行空间课程改革,探索课堂教学方法与手段创新。按照"以职业岗位为课程目标,以岗位标准为课程内容,以最新技术为课程视野,以职业能力为课程核心,以'双师'教师为课程主导,以'世界大学城'为课程平台"的目标要求,基于"行动导向"的范式开展了课程改革与建设。此次课程改革的一个重要平台就是世界大学城学习空间,在此背景下的课程改革管理相对以往的管理手段有所不同,更方便也更全面地监控课程改革的全过程。

1. 统一认识

对管理人员来说,有了世界大学城这一网络平台,课程改革的管理就变得很轻松、很全面,同时改革的成效也更好。通过在空间上建立相应的管理地图,可以不受时间和空间的约束,更快捷地关注课改所有对象的实时动态,例如课改管理小组地图、申请验收教师地图、课改辅助团队地图等。除了深入课堂听课,利用空间,可以更全面地关注课堂。例如所有参与课改教师都必须在空间设立课改专栏,这样可以在任何时候通过空间看得到课改的建设情况、学生的反馈意见、其他同行对课改的评价等,发现问题及时留言让教师改进,让管理可以更立体。同时教师课改的资源可以通过空间看出是平时积累的还是一天两天突击完成的,是否达到了边教边改的目的。所有课改的方案、申报材料、验收材料等全部省去了纸质材料的环节,所有过程全部通过空间来完成。教师可以随时查阅文件资料,同时在申报、验收环节,评委全部通过空间来评审,教师也可以随时查看评委的评审意见,及时改进。

对教师来说,世界大学城空间提供了课堂魔方、教研苑、课堂作业、在线考试自测等专门的功能。如在教研苑中,以班级为单位建立教研室,方便教师通过发贴布置任务、发布讨论问题等;在课堂作业中,教师可以给学生布置相应的作业;通过在线考试自测,教师提前出好试卷,做好题库,学生可以进行在线自测,并进行最终测试,为教师节约了大量的改卷时间。同时,教师也可以通过栏目管理,添加自己需要的栏目,来建设自己的课程,可以放置图片、视频、文字资料等,使课程资源由单一变得丰富,教学方式由平面变为立体,便于学生的自主学习使用。

2. 组织申报

(1)申报管理

课程改革是否能达到目标首先取决于是否有好的课程建设方案。在此次课程申报过程中，学校采用的办法是网上申报、评委实名制评审的方法。因为本次课程改革涉及的面很广，全校教师人手一门，所以申报的组织由系部完成，而学校通过空间查看具体申报情况。教师将完成好的课程建设方案上传到自己的空间专栏下，由系部将地址发给相关评委查看。因为有空间作平台，学校就可以利用外校的优势资源，请外校专家担任评委，例如，电子工程系就邀请了铁路科技、铁道职院、化工职院等兄弟院校的专家评委进行评审。评委评审后以实名落款，将评审意见上传到评委的空间专栏。由系部进行意见汇总，教师通过系部管理人员的"课程改革管理导航"查看评审意见及时修改，如有意见要交流的，通过空间私信或留言版可即时交流。

（2）过程监控

课改的建设方案写得再好，如果过程监控不到位，结果也会不尽人意。判定课改质量的好坏最主要的一个环节就是听课。有了世界大学城这个平台，相关人员就可以通过现场听课和观看公开课视频来完成听课。听课教师现场听课后除了当场和教师交流，还可以将听课记录上传到空间上，同时通过私信、留言等方式和任课教师进行沟通，有效解决了时间和空间的问题。在每位参与课改教师的空间专栏内都会有至少一堂的公开课视频，通过视频可以了解到课改课堂的实际情况是怎样的，同时也可以留言和教师沟通。此外，每月学校会制作出一期课改简报，及时通报本月课改新动向、新亮点。系部也会有相应的课改情况通报，例如每月教师课改空间建设情况、学生交流情况等。

3. 建设使用

基于世界大学城空间的课程教学，最重要的就是在教师的个人空间上建设课程资源，包括：a. 课程的教学资源，如课程标准、授课计划、教案、讲稿、教学课件等；b. 课程的自主学习资源，如微课程视频、主题视频等；c. 课程的复习资源，如练习题、测试题等；d. 课程的拓展学习资源，如所有与课程相关的图片、文章、视频资源等。这些资源全部都要归类，建设到教师的个人空间中，以备学生随时随地地自主学习使用。

在建设课程资源时，尤其需要开发一系列与课程相关的微课。相比传统的课堂实录录像，微课主题鲜明、时间较短，更适合学生独立自主的学习使用。但在开发微课的过程中，需要注意以下几点：a. 微课知识点的确定需要课改团队共同讨论，以便准确提炼出核心知识点；b. 注意微课视频时间的控制，过长的时间不易于学生注意力的集中，十分钟以内的视频更符合学生的认知特点；c. 微课的表现形式应丰富多样，生动活泼，以吸引学生的注意力。

上传于世界大学城空间的课程资源还只是静态的资源，只有让学生使用，才能真正体现其价值所在。因此，教师需要改变传统的教学模式，给学生更多的机会，让学生在课余时间真正动起来。如每次课前都可以给学生布置相应的任务，学生在完成任务的过程中可以先自学空间中的教学资源与自主学习资源；在课程结束后，学生还可以利用空间中的复习资源检查自己对知识的掌握情况，并通过学习拓展学习资源进一步巩固相关的知识。

4. 验收考核

课改验收采用了网络评审验收和汇报验收相结合的方式。申请验收的课程都必须在课程负责人的空间首页上建立课程验收导航，方便评委查看。评委通过查看课程的资源建设情况、课程的教学情况、学生交流情况等来判定课程是否进入汇报验收阶段，同时评委的评审意见通过空间供教师查阅。进入了汇报验收阶段的课程必须经过汇报评审，因场地和时间的关系，并不是所有的人都能够进入汇报场地进行学习。所以学校采用全程录像，上传到空间，方便全校教师观看，并为下一批进行验收的教师提供一定的借鉴作用。

5. 资源共享

第一批课程顺利验收了，教师们经过半年多时间的努力，取得了一定的成果。为了让成果得到最大限度的推广，学校举行了"课改成果推广会"。让 4 名通过验收的教师就自己的课程谈课改经验和体会，同时将他们的经验介绍上传到空间，所有教师能随时观看，并通过空间地图随时学习别人的先进经验和做法。为了充分体现课改带动全面发展的目标，将课改资源有效共享，学校在机构首页上建立了"课程改革"专栏，建立资源导航地图方便教师学习、交流。同时开展了相应的配套活动，例如邀请空间课改专家来校讲座、说专业说课竞赛等活动，所有活动视频、课程资源全部上传到空间，随时可以查阅、下载学习。

（四）基于"共建共享+能学辅教"的教学资源建设

以主持建设的国家教学资源库为依托，以资源共建共享为核心，扎实推进校级专业教学资源库、在线网络精品课程、仿真实训软件等项目建设，用优质教学资源支撑教与学、教与教、学与学互动的专业教学改革，创新了"O2O 线上线下混合式教学""游戏化教学""虚拟仿真教学"等教学新模式。

1. 完成资源建设

（1）建设汽车营销与服务专业教学资源库

该资源库主要针对汽车营销和汽车服务人才培养，于 2015 年立项为国家级教学资源库，并于 2018 年通过验收。通过不断持续更新，该资源库共开发了 28 000 条素材、9 300 道习题、20 门标准化课程以及 3 套仿真软件，直接受益群体达到

2万余人。

（2）建设汽车智能技术专业教学资源库

该资源库2019年立项为国家级教学资源库，新建图文、视频、动画、VR/AR、仿真等多种类型素材6 690多条（非图文占比61.1%），开发1个汽车数字博物馆、83个VR/AR虚拟仿真，建成以智能汽车环境感知技术、车载终端应用程序开发等专业核心课程为主的7门标准化课程、2门企业培训课程、2门创新创业课程、13个典型工作任务技能模块，为教师、学生和社会学习者3类用户提供了功能完备的网络学习平台。

（3）建设新能源汽车技术专业教学资源库

该资源库2018年入选国家教学资源库（备选库），开发了新能源汽车性能检测、混合动力汽车检修、新能源汽车PDI检查与维护保养等10门标准化课程和高压配电箱检修、特种业低压电工培训、充电系统检修等10个重点技能训练课程。其中，动画资源1 157个、课件441个、视频3 732个，素材总量达到9 476个，非图文资源占比达到54%。资源库累计注册用户17 558人，其中学生用户12 721人，起到了很好的示范作用。

2. 健全应用机制

通过完善《资源库项目管理办法》《资源库建设资金使用与管理细则》《资源库共建共享联盟章程》《资源库校际学分互认管理办法》《教师信息化认证与考核制度》等项目建设与应用推广制度，采用"边建边用"方式，建立"资源库应用季度研讨交流"机制，开辟"资源库应用校际联合教研"活动，实现资源库共建共享联盟内部应用与推广快速铺开。

3. 推介资源库品牌

一是教材推广，归纳资源库建设成果，利用扫码扫图技术，将数字资源与手机APP结合，与权威出版社合作，出版系列规划教材与培训教程。

二是会议推广，积极参与全国各类高峰论坛、教育教学改革交流会、各类汽车相关学会协会年会，利用主旨发言与平台展示，推广资源库建设成果与平台功能。

三是活动推广，发挥联盟单位的区域示范优势，联合当地社区、职业院校与相关企业开展新能源汽车科普体验活动，将专业教学资源库建设经验、建设成果与共享平台向全社会分享、展示、共享。

四是网络推广，利用大数据分析注册用户、行为日志、网络广告空间等价值信息，通过搜索引擎优化与关键词广告、行业企业网站超级链接、专题共建和内容转载、信函与电子邮件推送等方式，推广资源库平台功能，提升资源库品牌度。

（五）基于"教学信息化＋分析可视化"的智慧教学改革

学校从 2018 年开始，以主持建设的国家教学资源库为契机，以资源共建共享为核心，扎实推进校级专业教学资源库、在线网络精品课程、仿真实训软件等项目建设，用优质教学资源支撑教与学、教与教、学与学互动的专业教学改革，创新了"O2O 线上线下混合式教学""游戏化教学""虚拟仿真教学"等教学新模式。建立了从课程组织、课程搭建、课程管理、课程实施、课程评价、课程诊改等全流程在线教学支撑体系。

1. 建设智慧教学环境

在推进智慧教学环境全覆盖的过程中，学校不断总结经验，研究和引进新技术、新成果，并结合课堂教学改革的实际需求，打造互动式、智能化、开放型、多样性的智慧教学环境。目前学校已分批、分期完成具有网络泛在学习条件的 150 间智慧教室、3 000 平方米智能制造中心、70 000 平方米十大品牌汽车实训中心和汽车远程诊断中心的智慧教学环境建设，实现了教学与资源、信息技术、教学环境的融合，为教学变革提供了环境支撑。

2. 开展智慧课堂教学

（1）课堂教学设计

一是学习任务单的设计。学习任务单的设计采用任务驱动和问题导向的方法，具体包括学习指南、学习任务、困惑和建议。"学习指南"是学生开展高效自主学习的地图和导航，起到了"引导"的作用，也体现了教师是学生自主学习的指导者。"学习指南"包含学习目标、学习方法建议和课堂教学形式的预告。通过学习目标，学生自主学习的目标感更强，学习目标也是检测学习效果的"标尺"，学习方法的建议为学生自主学习提供了指导，课堂教学形式预告让学生对后续的教学目标和教学活动做到"心中有数"。通过学习指南增强了学习的目标感、效能感和动机感。"学习任务"可以用问题形式呈现。问题导向的自主学习的关键，是要把教学重难点或其他知识点转化为问题提出来，使学生在解决问题的同时把握教学重难点或其他知识点，从而培养学生解决问题和举一反三的能力。"困惑和建议"是学生在自主学习过程中遇到的疑难问题的解决办法，学生可以把问题发到智慧教学平台，发起了讨论和打印，教师和学习同伴也参与到了此活动中。

二是教学活动的设计。教学活动设计成课前、课中和课后三个阶段。课前阶段，教师通过智慧教学平台推送学习任务单、课前测试和学习资源，学习资源可以分阶段推送。学生通过智慧教学平台完成预习任务，并完成课前测试。学生课前预习遇到的任何问题都可以推送到智慧教学平台的"讨论答疑"活动中，学习同伴可以进行解答，教师也可以及时反馈，答疑解惑。学生课前的学习，根据自己的需要可进行自主学习、协作学习、非正式学习等。课中教学的主要目的是完成知识的内化和顺应。基于智慧教学平台，可以开展形式多样的课堂教学活动，如测试、投票/问卷、答疑/讨论、头脑风暴、小组探究、成果展示、课堂讲授和总结评价等。此外还可以通过"点赞""摇一摇""抢答"等形式，活跃课堂气氛，激发学习兴趣。课后阶段，教师通过智慧教学平台发布课后任务，学生可以自主或通过小组合作来完成课后任务。教师对学生作业进行及时的评分和评价，并对整个教学过程进行教学反思。

（2）课堂教学开展

一是课前自主学习。课前预习环节采用在线自主学习方式，学生自主选择时间、地点、学习工具（手机或电脑），按照"自主学习任务单"的学习目标，利用平台资源进行学习，完成本节课的学习任务。教师通过智慧教学平台添加课前知识测试题，学生可以及时诊断自己的学习效果；教师通过云班课对测试结果进行智能分析，了解学生的课前学习情况。当学生在自主学习过程中遇到困难时，可通过"答疑/讨论"与学习同伴、教师交流讨论。最后，依据学习任务的要求，学生需要总结，并将成果提交到智慧教学平台。

二是课堂教学活动。教师在课堂开展教学活动，首先通过智慧教学平台进行考勤，智慧教学平台自动统计学生的出勤情况。通过此"考勤"，教师可以对全班整体的出勤情况了如指掌，对于出勤不好的学生，及时进行监督和教育。其次，教师课堂授课，就重难点进行答疑解惑。之后，组织课堂活动，再进行课中测试，加深学生对知识的掌握，引导学生完成知识的"顺应"，及时了解学生对知识的掌握水平。智慧教学平台对测试结果进行智能分析，教师可以据此准确把握每个知识点的掌握情况和全班学生对知识点掌握的情况，为精准教学提供依据。再次，进行评分和评价，可以采取教师评分、助教评分、组间评分和组内评分相结合的方式。最后，由教师对本节可进行总结评价，并对课后任务进行布置。

三是课后任务。教师布置课后任务时，可以设置作业提交的最晚时间，也可以设置多种评价相结合的方式，可选择教师评分、指定助教/学生评分、学生互评、组间评分和组内评分组合的方式。学生根据要求可以小组完成任务或个人完成任务。作品发布后，采用设定好的评分方式在线对作业进行评分和评价。

（3）课堂教学评价

教学评价采用了多元评价机制，实现了总结性评价和过程性评价、定量评价和定性评价、教师评价和学生评价、个人评价和小组评价、章节测试和期终测试的多元教学评价的"混合"。在智慧教学平台上，学生学习的过程，包括资源的访问、测试的结果、活动的参与、作业的评分等，都有全过程的记录，形成了学习的电子档案，这是过程性评价的数据支撑。此外，传统教学中的期末考试，是考核学生对知识掌握水平和应用能力的重要手段，也不能忽视。

教学反馈需要及时，智慧教学平台可以实现对学习过程的实时监测，教师要通过教学平台数据的统计，及时解决学生的疑问，及时指导学生自主学习和小组协作学习，及时对测试和作业任务进行评分或评价，及时对学习有困难的学生给予必要的帮助。总之，智慧教学平台使得实时的教学反馈成为可能，解决学者学习的"拦路虎"，增强了学习的自我效能感，调动了学习的积极性和主动性。此外，对于学生自主学习，教师要采用一定的激励机制，通过点赞、增加经验值等方式激励学生更好地完成学习任务。

3. 打造智慧考核评价

通过教学数据采集物联设备，将智能硬件与网络教学平台、资源库平台等互联互通，构建覆盖线上学习、课堂教学、课后跟踪的 AI 课堂。采用人脸识别、语音识别、痕迹记载等人工智能技术，从课程资源数、教师对学生请求的响应率、学生知识点掌握率、师生课堂互动率等 34 个质控点伴随式采集教师课堂教学数据。全校伴随式采集教学数据日增超 10 万条，为客观、准确的课堂教学评价提供支撑服务。

三、具体举措

（一）优化顶层设计

顶层设计指在育人目标、核心教育理念引领下，对课程建设和教学实施的各个层次、环节和要素进行统筹规划，转化成底层可以实际操作转化的具体方案和步骤。因此，学校在顶层设计中强调的是系统规划和整体理念设计及其具体化、可操作化。

1. 探索"四位一体"、联合互动的协同运行模式

自 2011 年 9 月起，学校开始开展空间课程改革的立项建设工作。经过多年的实践探索，逐渐构建起学校、企业、院系、教师"四位一体"的课程建设项目协同运行体系。在该体系中，学校、企业、院系、教师既是保障人才培养目标实现的主体，也是课程建设项目的参与主体，其协同运行的目标是推动课程教学方法改革，促进教师专业发展，不断提高课程教学质量，提升人才培养质量。学校负责课程建设项目的整体规划设计和配套政策、体制机制等保障措施的制定；企业负责课程建设项目的配套资源、实训场地、企业标准等支持与保障；院系负责专业课程体系的课程建设规划和教学活动安排，配合学校共同构建教学管理及服务支持体系；教师既是课程建设和教学实施的行为主体，也是院系课程建设规划和教学活动安排的执行

者、反馈信息提供者和学校课程建设项目支持服务体系的服务对象，还是支持服务活动的需求来源者。因此，在课程建设过程中，在学校的顶层设计和运行机制保障下，在企业资源的支持下，院系和教师开展教学改革；与此同时，学校根据其他各方在课程建设和教学实施活动中的反馈信息，不断调整院系的课程规划和学校的政策制定、体制机制建设，由此形成"四位一体"、联合互动的协同工作模式，共同推动课程建设项目的顺利运行和可持续发展。

2. 形成点面结合、认定评价的课程立项机制

为充分调动教师参与课程改革的积极性，在教师自愿的基础上，学校有针对性地选拔一批在教学工作中认真负责、有课程改革热情、对信息技术与课程深度融合感兴趣的教师参加课程建设项目的前期调研和座谈活动，鼓励教师根据课程特色先行先试，并结合专业特色和课程特点，组织各种培训研讨和教学沙龙活动，以期通过首批课程立项打造典型案例，形成示范效应，带动其他教师参与课程改革的积极性。在课程建设立项过程中，学校鼓励各二级学院和专业将专业核心课程，尤其是专业群共享课建设作为提升教学质量的突破口，认真规划，进行本院特色资源的开发共享，积极探索群内共享和跨群共享的课程设计、学生评价等方面的新方法和新途径，逐步形成以点带面、点面结合的课程建设项目工作机制，扎实推进教学改革实践。与此同时，在课程建设项目的实践过程中，学校按照"立足校本、依托专业、应用驱动、建以致用"的原则来推进课程建设，积极探索制定课程制作标准、课程管理和平台建设规范，逐步形成先建设应用、后评价认定的办法。

3. 构建专家引领、多元互动的教改实践共同体

在课程建设项目规划、设计、实施和评价的过程中，学校始终贯彻专家引领、多元互动的指导方针，逐渐形成了"一条主线、两个重点、三项互动、四类服务、五种策略"的工作思路：以推动课程建设和教学实施为主线；以教师教学支持服务和教师教学研究能力提升为重点；形成学校与专家、专家与教师、教师与教师之间的合作互动；实现政策出台与建立既有高度又接地气、活动开展既有方向引领又能有效解决实际问题的体制机制，形成了学校与院系、院系与教师、专家与学校、专家与教师的新型服务关系；逐渐探索出课程建设项目实施过程中的政策机制保障策略、动态管理评价策略、培训研讨循环策略、实践共同体协作策略、教学与研究一体化策略。

（二）提升教师能力

为打造"名师引领、业务精良、专兼结合、师德高尚"的师资队伍，学校提出高职院校"365"师资队伍建设模式，其基本内涵是："3"即三个建设维度，指高

职师资队伍建设需从教师的"职业成长、职业素养、职业身份"三个维度进行培养；"6"即六种培养途径，指"引、转、培、练、赛、研"六位一体的培养途径；"5"即五项培养机制，指通过"引导、共培、竞争、评价、奖惩"等五项机制建设，使三个维度形成一个完整的整体，推动教师队伍建设。

1. 三维协同，构建教师素质立体结构

"职业成长"指教师的成长历程，从新教师到合格教师、双师素质教师、骨干教师、专业带头人，最终成为教学名师的整个培养过程。"职业素养"包括教师职业道德、教学能力、专业能力、课程与专业开发能力、科研与社会服务能力等多方面，在教师成长的过程中，分阶段、有重点地进行培养。新教师到合格教师阶段重点培养教学能力，双师素质教师、骨干教师阶段重点培养专业能力，骨干教师、专业带头人阶段重点培养课程与专业开发能力，名师阶段重点培养科研与社会服务能力，教师职业道德涵盖教师成长过程的始终。"职业身份"指专任教师和兼职教师的培养。

2. 六位一体，全面提升教师整体素质

教师是加快职教改革与发展，提高职教教学质量和效益，实现职教跨世纪目标的最根本保证。为此，学校制定了切实可行的教师培养目标和培养计划，积极探索"引、转、培、练、赛、研"六位一体的师资队伍建设途径的创新与实践。

（1）引：实施"优秀人才引进计划"和"企业骨干人才柔性引进计划"

学校修订了《优秀人才引进办法》，借助"株洲市万名人才计划"的政策优势，成功引进了尹万建教授等一批名家名师，这些专家教授充分发挥了作为专业领域领军人物的引领作用，在学校形成了以他们为核心的特色专业群教学团队。学校出台《柔性引进企业骨干人才管理办法》，以"不求所有、但求所用"的开放姿态，通过柔性引才，从行业企业聘请了一批优秀的行业专家或技术骨干参与学校的专业建设和专业教学。通过建立一个长期在校工作的高水平兼职专家教授库，充分发挥专家的引领和指导作用，使学校专业教学团队能及时掌握行业企业发展的新动向、新技术、新需求，也促进了教学团队快速成长，教学水平较快提升。

（2）转：实施"教师转型培训提质计划"

随着学校的不断发展升级，汽车类专业教师总量不足的问题日趋明显。为了有效解决这一问题，学校在专业改造、系部调整的过程中，努力实现教师的"就近转型"。通过内部集训、企业送培等方式，对原电子工程系的教师进行新能源汽车方面的转型培训，对原机械工程系的教师进行汽车制造与装配方面的转型培训，对原经济贸易系的教师进行汽车营销方面的转型培训。从2012年开始，学校利用寒暑假举办了四次教师强化转型培训班，聘请校内和企业专家担任讲师，采取全封闭的教学和管理模式，所有学员都必须参加理论学习、备课试讲和实践操作等三个方面的分项考核，最后由学校聘请校外专家主持综合考核（结业考试）。对于考核成绩合格的教师，学校按考试成绩和一定的比例评出等级并分别给予奖励。通过转型强化训练，相当一部分教师成为汽车类专业教师的中坚力量，为进一步提高汽车专业教师队伍的整体水平打下了重要基础。从 2015 年开始启动"转型教师高校脱产培训计划"，与天津职业技术师范大学等院校签订协议，对已转型教师分期分批脱产进行系统的专业理论与实践的培训，全面提升转型教师的专业理论与实践水平。与此同时，加强各专业群内教师的拓展提质培训，达到专业基础课兼容、核心专业课互通。另外，开设"新教师转型培训班"，通过实施"导师制""顶岗实习制"等方式，强化教学能力培养和职业道德建设，使新教师尽快转变身份、转变观念，适应新的岗位，实现新教师一年内达到合格教师目标。

（3）培：实施"教师职业素质提升培训计划"

高职教育是以专业技术应用能力为主线，以培养职业岗位（群）或技术领域、生产第一线需要的技术应用型人才为根本任务，培养的是"大学生水平的能工巧匠、能工巧匠型的大学生"的技术型人才。因此，学校实施了"教师职业素质提升培训计划"。

一是开展教师职业教育素质和高级项目培训。进一步完善《教职工进修培训管理规定》，分期分批选送教师参加国培、省培；继续组织教师参加通用 ASEP 项目、宝马 BEST 项目、保时捷项目等一系列高级项目培训，促使专业教师不断跟踪专业领域高端前沿、及时拓展专业教学视野；每年推荐选拔 10 名左右优秀青年教师参加国内外访问学者、湖南省学科带头人等项目的培养。

二是鼓励和支持教师参加学历（学位）进修。完善《教职员工攻读硕士（博士）学位管理办法》，鼓励教师攻读博士学位，改善教师学历结构。

三是实施"境外培训工程"。每年选拔 30 名左右的优秀教师和管理人员赴境外培训，拓宽了教师的国际视野。

（4）练：实施"专任教师双师素质提升计划"

学校采取各种途径对现有教师进行在职培训，有计划地组织专业教师深入生产一线开展调查研究，进行业务实践，把行业和技术领域的最新成果引入课堂教学。学校根据《关于提升专任教师双师素质的实施意见》，搭建企业顶岗实践平台，着力实施"企业顶岗实践行动"。一是修订完善。修订完善《专业教师下企业实践管理办法》，有计划地确保各专业群每年有 30%以上的教师到企业顶岗实践学习。学校利用各专业群校企合作项目的资源优势，每年分期分批轮流派出一定数量的教师到上海通用、宝马等知名企业进行专题培训，到北汽控股株洲分公司、南车时代电动汽车等落户本土的企业进行现场锻炼。同时加强专任教师下企业实践的目标管理和过程管理，确保下企业实践取得实效。

二是开办"IPO 教学法培训班"和"高职教学能手培训班"，开展教学能力常规性测试工作，提高了学校教师的教育教学水平。

（5）赛：实施"教师教育教学能力提升计划"

一是在学校内广泛开展"教师技能大比武"活动，每年组织开展青年教师"汇报课"、骨干教师"示范课"、"百名教师汽车技能大赛"、"辅导员职业技能竞赛"等活动，分专业群、分方向、分岗位对所有教师进行相应专业技能训练。

二是鼓励教师积极参与上级行政部门主办的教育教学和技能竞赛活动，形成"比学赶帮、崇尚技能"的良好氛围，提高教师的教学能力和专业能力。

（6）研：实施"教师服务社会激励计划"

学校鼓励教师积极开展应用性研究，建立教师服务社会的激励机制，把教师服务社会的工作业绩作为评聘和晋升的重要依据。

一是实施"项目服务历练行动"。通过校企共建生产性实训基地，每年安排了 40 名左右教师参与其产品研发和生产管理。

二是学院鼓励专业教师在企业兼职或利用自己的技术积极开展社会服务、承接业务项目、担任企业的技术顾问或者技术总监等。

三是鼓励教师申报校企横向课题，重点支持可获发明性专利、能解决地方经济社会发展技术瓶颈的课题。

3. 五环联动，强化教师管理机制建设

通过"引导、共培、竞争、评价、奖惩"五环联动、系统推进的教师成长机制建设。

（1）完善引导机制，助力教师职业成长

学校制定并完善了《合格教师培养管理细则》《专业带头人选拔与管理办法》《中青年骨干教师选拔与管理办法》《学院名师工程建设实施方案》等制度，对青年教师实施"导师制"，对骨干教师和专业带头人实施"项目引领制"，对名师实施"名师工作室制"，为教师职业成长提供科学合理的上升通道，实施由"合格教师→双师素质教师→骨干教师→专业带头人→院级教学名师→省级教学名师"到"国家级教学名师"的"名师培养工程"，助力教师职业成长。

（2）建立共培机制，提升教师"双师"素质

学校制定了《关于提升专任教师双师素质的实施意见》，明确了"双师"素质的资格要求及培养方式。

一是搭建企业顶岗实践平台，着力实施"企业顶岗实践行动"。严格实施《关

于专业教师到企业顶岗实践的管理规定》，要求专业教师每三年必须到企事业单位至少轮训一次，有计划地确保每年有 30%以上的专业教师到企业参加专业实践，且每次专业实践的时间在 30 天以上。

二是利用校企合作项目平台，扎实推进"校企共建师资工程"。充分利用各专业群与国内外企业合作的有利条件，企业培训机构为学校提供教师培训，培训合格教师兼任企业培训师，并将这类培训模式辐射到全校所有专业群。目前，学校宝马、保时捷、上海通用、上海大众、福特、北汽、苹果、安卓等教学团队成员，均具有双重身份，他们既是学校的教学骨干，同时也是企业的培训师。校企共同培养出了十多名优秀的国内高级培训师，并通过这批骨干教师的带动作用，整体提高专业教师队伍的素质水平。

（3）引进竞争机制，强化专业能力提升

一是通过改革分配制度，引进竞争机制，提高核心人才收入水平。在制度体系中，突出名师、专业带头人、骨干教师的核心作用，并给予不同的分配待遇。如在分配制度上将专业教师的绩效考核和工资待遇与"双师素质"挂钩，激发了教师主动参加企业实践培训的积极性，形成"双师型"教师的成长动力；实行了专业带头人和骨干教师津贴制度，以项目的方式对专业带头人和青年骨干教师进行遴选、培养、管理和考核，不断优化教师成长的竞争机制。

二是着力营造教师比业务、比能力的竞争氛围。通过青年教师基本功竞赛、微课比赛、专业技能比武、骨干教师示范课等系列竞赛活动，为教师搭建展示业务能力的平台，促进教师教学能力与专业能力的提升，抓好了教师队伍的梯队建设。

（4）优化评价机制，激发教师队伍活力

学校制定并完善了《教师教学工作考评办法》《教师教科研工作考核办法》《学院教师专业技术职务晋升考评细则》等系列制度。在教师工作规范上，突出"责任意识、职责履行、过程严谨、追求质量"等方面的考核评价。在教师工作内容评价上，涵盖了教育、教学、科研与社会服务等多个方面。在教师工作评价方式上，着重突出业绩评价、学生评价和同行评价，力求做到全方位评价和评价主体多元化。通过科学合理的考核评价，充分调动和保护了教师工作的积极性，促进了大批青年教师的专业成长和素质提升。

（5）健全奖惩机制，发挥示范引领作用

学校出台了《教学名师奖评选办法》《"十佳教师"评选细则》《教职工奖惩办法》等系列文件，开展了"十佳教师"评选、优秀骨干教师和名师认定等工作，对获得国家级优秀技能人才和突出贡献奖人才，在职称评聘、薪酬待遇等方面都给予破格任用和政策倾斜。通过目标激励、荣誉激励、待遇激励等多种举措，助推了教师快速成长。

（三）重构教学生态

人工智能与教育的深度融合已成为未来教育变革的重要趋势，学校2018年成立"现代教育技术中心"，聚焦教育信息化发展，探索构建高度开放的、彼此影响的、可持续发展的智慧教育生态系统。

1. 打造泛在化的教学环境

（1）建设多类型教室。

一是灵活多变互动教室：学校打破传统教室固定桌椅的布局，配置了可移动、可拼接、多类型的活动桌椅、人机交互式显示设备、手机互动系统等。师生根据教与学需要，可自由组合教室桌椅，较大程度地满足了师生互动、生生互动、资源互动的教学需要。

二是多屏研讨教室：学校重构教学空间，设计全新教学形态，去除传统讲台，将讲桌置于多边形教室中央，以更好地发挥教师在教学过程中扮演的组织者、引导者等角色的作用；同时，学校配备了多个触摸一体机、书写白板、手机互动系统和多屏互动系统，能充分满足小组研讨、分享等教学需要。

三是多视窗互动教室：学校配置超大屏显示设备和多视窗演示系统，彻底改变了传统的多类型教学内容演示方式。该系统支撑复杂的教学过程，支持对多种教学资源的展示、对比和多种教学资源的可视化便捷调度，能实现高难度复杂问题的多维度展示，优化教学内容的呈现方式，加深学生对知识的理解和掌握。如医学类课程能更好地实现病变前后细胞、组织、器官的对比呈现，设计类课程能更好地实现平面与立体课件的对比呈现、普通课件与虚拟空间三维视图和操控过程的同屏呈现等。

四是远程互动教室：学校配置专业摄像机、远程互动系统，组合教室大屏、多屏，创设沉浸式互动环境，实现多教室、多校区、多地域的教学资源共享。

五是网络互动教室：学校配置高性能教师机、学生机和网络互动系统，提供强大的师生互动、生生互动、人机交互功能，能实现教师机和学生机同屏展示、收发资料，学生一对一接受教师的指导与反馈、向其他学生展示学习资源等。此外，通过整合不同教室形态（如机房教室和理论教室）的功能，实现不同教学方式的融合，以更好地满足软件、设计等类课程的体验式、参与式教学需求。

六是专用研讨室：学校采用玻璃隔断的方式，将大教室划分为多个独立的讨论区域，每个区域配置多类型活动桌椅、书写板、触摸一体机和投屏系统，为师生课后学习研讨、学术型社团活动交流、大学生双创项目探讨等提供良好的环境支撑。

（2）构建教学环境智能控制系统

教学环境智能控制系统实现了设备控制自动化、环境调节智能化、教室运行情况透明化和教师服务及时化，其主要功能有：a. 跨校区远程集中控制，即各校区教室所有设备都由一个中央控制室远程集中控制；b. 根据教务课表自动完成教室设备的开、关等控制；c. 自动监测教室温度、照度等环境因素并智能调节；d. 教室配备控制面板，根据不同需求调节环境与指定授课模式；e. 远程实时监控教室运行，及时发现故障和隐患；f. 师生通过远程呼叫即时获取服务。

（3）建设教学楼公共空间

教学楼公共空间建设是指将过道、走廊和教学楼内的大厅等公共空间利用起来，配备白板、桌椅、无线网络、触摸一体机、创新创业型咖啡吧等适宜学习交流的设施设备，打破时间和空间的限制，打造温馨、人性化的互动交流学习空间。教学楼公共空间的建设，不仅方便师生随时随地交流讨论、进行思维碰撞，而且对整个教学楼学习氛围的营造和提升也有重要意义。

（4）部署手机互动系统

2018年，能充分满足互动教学需求的手机互动系统开始在课堂中使用。2019年，手机互动系统升级，实现了课前、课中、课后师生的全过程互动。2020年，手机互动系统再次升级，移动教学功能上线，实现了课堂互动教学与个性化教学、个性化学习的深度融合，成为互动教学改革的重要支撑平台。目前，手机互动系统正在升级研发，尝试利用人工智能技术，通过教学大数据分析，对教学全过程进行诊断，为教师改进教学提供参考；同时，对学生的学习兴趣、学习过程和学习成效等进行分析，为学生提供个性化学习方案。

（5）提供教学环境信息服务

学校提供的教学环境信息服务主要包括：a. 自主研发教室状态信息发布系统，与教务系统、教学督导系统对接，自动同步排课数据和教室使用数据，以可视化的形式，直观地呈现当天每间教室的使用状态和可用情况；b. 建设智慧教学环境专题网站，公布教室类型、座位数、功能简介、设备使用指南、服务热线等内容，便于师生了解、使用智慧教学环境；c. 开发培训预约系统，为师生提供自定义式的教育技术培训服务。

2. 确立以专业升级与数字化改造为导向的人才培养目标

各二级学院和专业要聚焦以数字经济等为代表的新经济、新一代信息技术集成创新对人才的素质结构、能力结构、技能结构提出的全新要求，以专业升级与数字化改造为导向，优化专业人才培养目标和规格，确保学生毕业后，知识和技能结构合理，社会适应能力强。

3. 整合"递进式项目化"教学内容

以项目为载体，通过项目创设教学情境，通过项目驱动课堂教学过程。其一是打破传统的学科体系，建立大项目教学体系；其二是对教学内容进行重组，以典型任务为载体，构建以"做"为起点的融理论与实践学习为一体的课程体系；其三是注重教学设计，全方位关注学生的能力培养，把学生综合素质训练放在教学首位。为此，构建了"递进式项目化"专业课程体系。第一学年为基础能力培养，完成基础知识及基础训练；第二学年是专项能力培养，完成核心知识技能学习；第三学年是创新创业综合能力培养，完成毕业设计和顶岗实习。与此同时，把学生社团类活动的组织与指导贯穿于整个三年的学习，作为专业和非专业能力提升的重要补充。

4. 构建模块化课程体系

遵循国家职业教育教学标准体系，结合经济社会发展需要和专业特色，围绕核心岗位群，对接职业岗位标准和能力需求，引入职业技能等级标准和技能大赛标准，探索"岗课赛证"融通机制，建立层次多样、专业交叉的模块化课程群，将新知识、新技术、新工艺、新方法纳入课程、引入课堂。同时，重视实践教学体系建设，加大实践教学学时比例，尤其重视综合性集中实训设置，强化学生专业能力和创新思维训练。专业（技能）课程设专业共享（基础）课程、专业核心课程、校企合作（专业特色）课程、集中实践课程和个性发展课程五个模块。

（1）专业共享（基础）课程

专业共享课程旨在按专业群培养模式建设的课程体系，拓宽学生的专业基础范围，增强学生适应性。根据学校实际情况，全校各专业被划分成智能网联汽车专业群、汽车运用维修专业群、智能制造专业群、航空工程专业群、财经商贸专业群、人文艺术专业群、移动互联专业群等7个专业群，包括群内共享课程和跨群共享课程两类。其中，群内共享课程是由各专业群面向群内专业设置的共享课程，跨群共享课程是由各专业群将部分群共享课，以专业通识课的形式，面向全校共享。专业基础课程的教学内容要有机融入技能抽查标准、职业技能等级标准等要求，充分体现"1+X"证书制度等最新需要。

（2）专业核心课程

按照相应职业岗位（群）能力要求，确定6~8门专业核心课程，明确教学内容及要求。应采用教学做一体化、任务驱动、项目导向等行动导向的教学模式。课程教学内容要有机融入技能抽查标准、职业技能等级标准等要求，充分体现"1+X"证书制度等上级文件的最新需要。

（3）校企合作（专业特色）课程

校企合作课程包括由企业提供的订单班课程、与企业联合开发的现代学徒制班课程等。课程教学内容应以项目、任务、案例、问题等为载体设计模块，突出专业特色。一门课程可有若干学习模块，分为理论学习模块、理实一体模块与技能训练模块，模块可以灵活组合，同一类型模块可以实现书证融通、育训结合、学分互换。如本专业不具有 3 届及以上毕业生的，可开设其他社会认可度高的专业特色课程。

（4）集中实践课程

集中实训实践课程包括专项实训、综合实训、毕业设计、毕业顶岗实习等课程。根据实际情况在校内实训基地或校外实训基地开展教学，鼓励实施生产性实训。专项实训主要由专项专业技能训练等形式的集中实训环节实现，综合实训主要由专业岗位综合实训、生产性实训等形式实现。综合实训应与各级技能大赛接轨，精选 1~2 个综合项目作为竞赛项目方案列入培养方案。教学内容要有机融入技能抽查标准、职业技能等级标准等要求，充分体现"1+X"证书制度等上级文件的最新需要。

（5）个性发展课程

个性发展课程分为创新创业课程和第二课堂，探索多元化培养路径，满足学生个性化需求。

5. 全面推行线上线下混合式教学模式

适度加大专业总课时量，对非集中实训课程，探索设置一定学时为线上学时，减少线下课堂教学学时，推行线上线下混合式教学模式，推进以学生为主体、教师为主导的教学改革，增加学生投入学习的时间，激励学生刻苦学习。规范课程归口管理，按照课程性质与专业特色，进一步明确公共基础课、专业共享课，以及部分专业基础课和素质拓展课的归属，实施以课程承担主体牵头课程建设、教学安排和教学实施的制度，推动集中备课、模块化教学创新，鼓励"线上大课、线下小课"教学模式，不断提高教学质量。

（四）再造教学流程

随着信息技术日新月异的发展，学校国家级、省级、校级三级资源库的全面建设，使得教学流程再造成为可能。慕课等大规模在线学习课程的出现，使得原有的课程结构、教学方式受到很大冲击；智能信息终端的广泛使用，使得知识和信息获取的方式发生了很大的变化；平板电脑、Pad 等新的学习载体在学校领域的广泛使用以及微课程、翻转课堂等教学改革的推进，使得教学流程的改革成为亟待解决的问题。

1. 再造教学流程目标

（1）解决原来纯粹的线下教学弊端

将线上线下相结合，线上很多视频动画资源可以使知识学习变得更轻松更直接，甚至原来需要很长时间的理论学习变成一段很短的视频，让人一看就懂，一学就会。对线下、O2O、线上三种教学模式进行比较，在方式上，单纯的线下模式属于圈养，单纯的线上模式属于放养，而 O2O 模式属于牵养，在效果上，O2O 教学模式是最优的。

（2）解决资源库落地应用的问题

资源库的应用效果是检验资源库的唯一标准，教学资源库完成"能学、辅教"功能，利用 O2O 教学模式，资源库的学习中心支持学生网上自主学习、测评、论坛、讨论、通知等，方便教师根据需要搭建课程并组织教学，完善线上与线下学习过程的管理与服务，例如成绩管理、实训任务管理等帮助用户自主有效学习。

2. 再造教学流程设计

（1）教师角色再造

在传统的教学模式下，教师的教学限制在有限的范围之内，他们只对几十个学生负责。随着在线教育平台的兴起，一个教师的课程可以有成千上万，甚至几十万学生同时选修。教师自己单独承担这样的教学任务已经不太可能，需要形成一个团队来实施。这个团队中必然包括主讲教师、助教、教学设计专家、美工、数据分析师等，教师的角色也随之发生很大的变化。

（2）教学模式再造

口耳相传的教学模式，现在变成信息环境下的学习，学生原来只能被动地跟着一个教师学，现在可以选择自己喜欢的教师和相应的课程，而且能够实现真正的教考分离。这对教师的课程设计和教学流程的再造提出了新要求。原来在课堂上讲授新知识、课后做作业的模式，现在演变成课前自主学习新课程，课堂上就疑难问题展开讨论并完成相应的作业，课堂被翻转了，课程模式也被再造了。

（3）组织机构再造

由于课堂可以在在线学习平台上共享，使一些课程没有必要聘用那么多的教师来授课，相反辅导教师、数据分析师等的重要性却加强了，导致学校里教职工需求的重组，同时给组织机构带来新的变革。

（4）管理方式再造

原来的教育管理，是一种模糊的管理，随着信息资源的不断积累，大数据被深入分析和研究，隐藏在教学过程中的一些深层次的因素会逐渐被挖掘出来，帮助学校和教师找到教育教学改进的方向和路径。

3. 再造教学流程实施

（1）教学信息化在教学改革中的落地

在教学中大量运用教学信息化，通过线上学习痕迹的获取，对学生学习过程的浏览、考试、分组训练、上传学习成果等行为进行记录，对学生学习进行过程考核，同时在平台上完成各种测试，课程一结束就给出成绩。

（2）设计颁发课程证书

任课教师通过分析学生的学习行为，观测其观看视频、作业测验、提问讨论、访问浏览、考试、分组训练等内容的学习痕迹，其中各项要有相当比例的通过率，综合评定其线上学习工作量，设计60分及格线，若能得60分以上，颁发课程证书，课程证书由任课教师网上审定。如本课程为专业必修课，则可以用来兑换课程学习平时成绩；如本课程不是专业必修课（即选修课程），则可以用来兑换公选课学分或综合素质学分。

（3）探索资源库的运营

在资源库的应用中，探索采用积分制运营模式，给教师一个基础分，将他搭建课程、上传资源、批改作业、论坛回答、发布通知等计算一定分数，积分越高权限越大，可下载的权限就大，甚至进行全国排行榜，可以评选出全国最好的老师。将学生上传成果、论坛讨论、作业提交等行为计算一定分数，根据分数也给出不同的权限。

（五）重塑教学文化

教学是高职教育的重要活动，教学文化是一种从根本上揭示人才培养的理性思维，教学文化构建是高职教育提升人才培养质量的一项基础性的工作。基于高等教育普及化对高职教育教学的影响生成教学文化理念，并以重建师生对话、激活教学形式、创新文化理念为策略，构建高职教育新型教学文化，为推进高职教育高质量发展奠定基础。

1. 课程教学团队的传承与创新

（1）注重队伍建设，强调传帮带

从教研组到教研室，再到今天的课程教学团队，始终坚持以队伍建设为核心，加强团队精神和凝聚力，不断吸纳新人加入团队，以集体的力量托举新人，为新人的成长提供了沃土，也为教学小班化、尝试新型教学模式提供了基础。"送上马，扶一程"在湖南汽车工程职业学院课程教学团队不是一句空话，而是每位青年教师真切的感受，从进入团队的第一天起，跟堂听课、跟堂指导、一对一与多对一的教学培训和辅导、聘请资深退休教师听课指导、集体教学研讨、集体阅卷、推扶青年教师接受大任，这些优良传统不断在教学团队间继承和发扬，造就了团队内部彼此关注、包容、理解的良好氛围。老教师以身作则、言传身教，成为青年教师身边最好的榜样，青年教师成长为骨干后，又用同样的方式影响着后来者。

（2）锐意改革，持续创新

持续创新是教学团队的教学文化不断丰富、永葆活力的源泉。教学团队在不断探索和进取中前进。团队鼓励每一位成员钻研教学，在传承的基础上创新，形成个人特色，鼓励多样化发展。从早期强调的"理论结合实践，在实践中教学"的理念，再到近年团队从教学形式、教学内容、考核形式、教材教辅等各个方面进行持续改革和创新，适应人才培养类型的多样化，不断改进和革新教学方案，在教学改革和人才培养创新计划中勇当探路者。

2. 重建师生对话

重建师生对话是教学文化的灵魂。教学不是简单的传递和灌输，教学过程不是单一的知识接受过程，而是一个知识建构、情感交流、道德发展、人格完善的过程。教师转变自己的角色和定位，鼓励学生自主学习。课程内容具有非常丰富的多样性和启发性，教师需要创造一种促进探索的课堂氛围，与学生进行广泛的对话。同时，在变革过程中认真地关注部分关键的细节，能够带来成功的体验、新的任务以及完成重要事情的喜悦和满意。更为重要的是，减少失败的次数和实现新的成功，能够带来教与学的再生，而这种教与学的再生在教师和学生日常生活中是极为迫切需要的。

3. 创新文化理念

创新文化理念是教学文化的根本。文化是具有生成性的，教育教学改革发展到一定阶段都会面临着文化的选择。对于职业教育而言，在国家层面上，大力发展职业教育和加快发展现代职业教育已形成政策共识并付诸实施，但在社会文化中"高职教育是本科高校的'压缩饼干'""职业教育是二流教育""职业教育是失败者的收容所"等谬论依然存在，使包括高职教育在内的职业教育得不到全社会的广泛接受和心理认同。其中，高职教育教育教学方面存在的问题是一个重要的因素，而这也要归咎于对高职教学及高职教学文化研究上的欠缺，为此，必须认真思考高职教育的教学文化。与此同时，文化是自然和历史演进的，高等职业教育的培养定位是培养学生理解实用的理论，掌握精湛的技能，拥有创新的思维，培育良好的人格，锻炼健康的体魄。在这个过程中，通过关注学生的所说、所做、所想、所感，培养他们的抗压能力、沟通能力、团队精神。建构主义包括学习的情景理论和学习的活动理论。我国学者胡适从杜威那里所学到的就是从具体的情境去求取那一点一滴的进步，而湖南汽车工程职业学院"基于需的学"和"基于需的教"也正是在创新师生关系的指导下和情境中建构起来的。一方面，在现代职业教育视阈下，加快发展现代职业教育对学校新型教学文化重建形成挑战；另一方面，高职教育创新发展背景中，创新发展高职教育给学校新型教学文化重建带来了机遇。

（六）改革考核评价

学校在 2014 年明确提出构建"多维度、全过程、常态化"的教学质量诊断与改进机制，2015年建立基于人才培养工作状态数据的常态化周期性的教学工作诊断与改进制度，2016年开展"集聚优势、凝练方向，提高发展能力"等为重点的多维度的诊断与改进工作。学校成立了以校长为主任的内部质量保证体系诊改工作委员会，并专门成立了质量工作部，下设诊改办，配备了两名专门人员，正式启动了诊改工作。

1. 厘清工作思路

通过自学、到全国试点学校学习、参加诊改工作专题培训、省内兄弟院校交流、校内研讨等途径，厘清了工作思路：以质量文化建设为引领，以教学为中心、专业建设为核心，以目标体系、标准体系建设为诊改试点工作的起点，以课堂教学改革为切入点，以考核性诊改制度的建设为抓手，以信息化智能平台建设为支撑，构建任务职责权限明晰、相互协调相互促进、持续有效稳定的"五横五纵一平台"的内部质量保证体系。学校诊改工作分以下几个阶段：a. 宣传发动、学习部署阶段（2016年6月—9月）。b. 组织实施阶段（2016年9月—2017年9月）。一是完善学校"十三五"事业发展规划；二是制定学校内部质量保证体系建设规划，制定完善包括规划体系、标准体系、制度体系、考核体系、监控体系等在内的内部质量保证体系；三是持续诊改；四是撰写《年度人才培养工作状态数据分析报告》和《年度人才培养质量年度报告》；五是撰写年度《内部质量自我诊断与改进报告》；六是开展新一年度内部质量螺旋循环的自我诊改工作。c. 总结复核阶段（2017年10月）。d. 持续诊改阶段（2017年11月—2019年11月）。

2. 完善考核性诊改制度

（1）建立了大督导制度

质量工作部对学校所有工作实现督导全覆盖，架构了教育教学质量、行政管理质量、后勤服务质量三位一体的质量保障体系，构建了由学校（质量工作部）、教学工作部（学生工作部）、二级学院三级教学（教育）质量监控体系，共同实施对教学（教育）过程的跟踪管理和质量监控。学校每月对二级学院的教育、教学工作进行量化考核，并分别发布教育、教学月度考核通报；对于项目建设等其他工作，也定期或不定期发布通报。

（2）建立了《专项通报》和《月度简报》相结合的督导通报制度

对于学校各项质量相关工作及时督导，即时通报，以提高督导工作的时效性；每月集中撰写一期简报，对当月各项工作进行点评反馈，所有通报纳入部门年度考核。

（3）建立了部门工作年度量化考核制度

由质量工作部代表学校对部门工作实行年度量化考核。分教学院系、职能部门、经济实体、基础教育学院等责任主体制定了差别性、个体化的考核指标体系；所有考核项目均有量化的考核细则，评价者有学生、专兼职督导、职能部门、上级教育行政部门、第三方等；所有考核情况全公开。

3. 开展自我诊断与校本评审

部署全校年度工作自我诊断与校本评审工作，学校领导班子带头，学校各职能部门、二级学院、专业群、专业、教研室、教师全面开展自我诊断。专业群撰写《专业群年度质量年报》，各职能部门（大部门）、各二级学院、教研室、专业和教师个人撰写《年度工作自我诊断报告》。学校领导班子每个人结合自己分管的工作和自身发展，撰写自我诊断报告，将由校长牵头做好评审论证；各职能部门、二级学院的诊断报告由质量工作部牵头聘请专家进行评审论证，并给予评分，纳入年度考核；各专业、教研室诊断报告的评审论证由二级学院组织实施，质量工作部全程参与；教师个人诊断报告的评审论证由各职能部门和二级学院负责，质量工作部抽查。评审论证后各自修改诊断报告，并按照改进措施实施整改，质量工作部进行督查。

4. 启动信息化智能平台建设

诊改工作需要大数据支撑，迫切需要建设校本信息化智能平台。学校结合新校区建设的契机，将打造一个以"手机为主体的移动终端+网络监控、智慧教室、智能交通等为主体的智能传感设备+师生服务为主体的智能卡设备"的物联网络和云计算服务为依托的校园综合管理平台，构建智慧管理、智慧教学、智慧生活三大功能应用体系，创造一个高效、智能、幸福的智慧校园，成为全国高职院校信息化建设的标杆，形成"混合云服务的高效智能化管理平台、校企共建优质资源的智慧教学平台"等成果。为有效推进诊改工作，学校决定在新校区建设到位之前，先期自行开发建设"校本教学质量监控信息平台""专业评估与诊断平台"。目前教学质量监控信息平台开发脚本已经基本成型，预计本学期内可以投入使用。教学质量监控信息平台将涵盖学校领导听评课、教学督导听评课、部门领导评价、学生评价等多主体评价，并能将即时性评价和终结性评价相结合，能与学校目前的教务系统软件对接，能对人才培养方案、课程标准等的实施等情况进行分析，自动生成评价报告和评价统计表等。

5. 大督导制度全面督查质量工作

学校的诊改工作以教学为中心、以专业建设为核心，以课堂教学改革为切入点，所以教学督导是重中之重。一是实行了学校（质量工作部）、教学工作部、二级学院三级教学督导，共同实施对教学过程的跟踪管理和质量监控。二是配备了专兼结合的督导队伍，以兼职为主、以专职为辅。三是采取了"全面覆盖、分系包整"督导方式。各教学督导对分派的二级学院对口听课，对50周岁以下的教师实现听课全面覆盖。每年听课 1 600~2 000 节次,样本量大且分布均匀,评价代表性强。四是采用科学方法统计数据,消除不合理因素,学校每月对二级学院的教学工作进行准确的量化考核,并发布月度考核通报。五是督导并举,强化导的功能。"严格地督、科学地导;善意地督、热情地导",听课后与任课老师认真交流,"科学、公平、公正、公开"地评价,确保"评价有依据,实施有记录,效果有证据,意见有质量",全面促进了教学质量的提升。六是横向五层面诊改。按照学校层面、专业群、专业、教研室、教师个人五个层面开展自我诊断,专业群撰写《专业群年度质量年报》,教研室、专业和教师个人撰写《年度工作自我诊断报告》。各专业、教研室诊断报告的评审论证由各二级学院组织实施,教师个人诊断报告的评审论证由各职能部门和二级学院负责。

(七)创新管理机制

1. 打造"三可视一精准"管理模式

"三可视一精准"是指:"学生成长可视、教师发展可视、学校办学可视和管理服务精准。通过"智课堂""微知库"等学习平台,综合运用人工智能、物联网、大数据等现代信息技术,引导教师个性化教和学生个性化学。一是汇聚全校各类数据。经过数据深度治理,根据教学、管理、服务的需要构建运算模型进行计算,运用数据治理结果实时监测内部质量体系运行情况,提供可视化处理结果。二是数据支撑教学诊改。根据内部质量保证体系的建设要求,按照学校、教师、学生、专业、课程五个层面,分类汇聚质量运行状态数据,实时监控质量状态,分别按照达标、向好、向差、预警四种状态可视呈现,精准推送相关人员。三是实时评价课堂教学。智课堂上线之后,与智慧教室相配合,做到伴随采集教学数据、智能分析教学过程、精准评价课堂效果,下课即可获得课堂评价指标。四是不断促进学生成长。开放的课程中心,丰富的学习资源,促进了自主探究、小组学习、合作学习、分享学习,帮助学生实现"要我学"向"我要学"转变,人才培养质量稳步提高。

2. 探索内部治理结构新途径

以"大部制"改革为突破,切实完善内部治理结构,扎实推进学校治理体系建设。一方面,以专业群建设为线索组建教学单位。着眼汽车专门院校建设目标,按照"一体两翼"专业布局战略,根据汽车智能制造与服务、新能源与智能网络汽车专业群建设需要,重新组合宝马、保时捷等 7 大校企合作项目及各类汽车专业教学资源,组建了车辆工程、车辆运用、机电工程 3 个二级学院;根据财经类专业群、信息类专业群建设需要,调整优化了经济贸易、信息工程 2 个二级学院。另一方面,以提高效益为原则整合部门职能。成立综合管理部、发展规划部、合作交流部、教学工作部、学生工作部、后勤服务部、发展保障部七大部门,各部门职能得到较大整合,组织结构得到优化,扁平式的组织结构使得信息沟通和传递速度比较快,部门之间及部门内部在人员的管理与调配上更加灵活,从而提升了学校的整体工作效能。

3. 建立健全"校企双主导"长效运行机制

与广汽集团、中车电动、华为集团、新道科技等知名企业合作,校企共建二级学院,建立健全"校企双主导"长效运行机制,打造了面向学校、政府、企业的多元化产学研合作体系,实现企业培训中心进校园、企业真实项目进课程,企业技能大师进课堂。2020年4月,"用友·新道财经商贸学院"挂牌成立,12月,"鲲鹏产业学院"挂牌成立。鲲鹏产业学院人才培养合作覆盖计算机网络技术、大数据技术与应用、软件技术、移动互联技术与应用、信息安全与管理等专业,将建立鲲鹏课程培养体系、鲲鹏人才认证体系和鲲鹏人才培养基地,将鲲鹏课程导入人才培养方案、大学生实习实训和实验室建设,通过鲲鹏训练营、鲲鹏企业实习/实践、师资培养、鲲鹏职业认证等方式,共同规模化培养符合鲲鹏计算产业生态培育与发展的高水平技术技能人才,每年培养规模不少于100人;将开展创新创业活动,通过联合组织参与各类创新创业讲座、轮训、竞赛等形式,提高师生创新创业能力;将建设高校鲲鹏信息化示范点,逐步实现 Intel 芯片向鲲鹏芯片架构转移,树立国内自主可控高校应用样板,逐步实现高校信息化国产安全可控替代,打通人才培养与需求"最后一公里"。

四、实践效果

(一)实践成果

1. 生产性实训基地增多

合作企业为学校共投入5 000余万元,校企共建的校内生产性实训基地由1个增至10个,实践教学条件不断优化,生均设备值由3 888元增长至11 410元。

2. 订单式培养比例增大

专业订单培养由537人增加到1 632人,订单培养的比例从17.8%提升到31.5%。同时,成果学校与北京汽车、有道汽车试点现代学徒制取得明显进展,共计培养规模达261人。

3. 队伍建设成效显著

汽车类专业群引进了国家教学名师、二级教授尹万建及国家职业教育名师张璐青，培养国家"万人计划"教学名师朱双华，引进教授3人、培养专业教授3人，新增名师工作室数8个；从企业聘请15名技能大师到学校创办大师工作室。目前，已立项国家级教学创新团队1个、省级专业教学团队4个，培育校级教学创新团队12个。

4. 课程建设有重大成绩

立项国家专业教学资源库3个、国家专业教学资源库备选项目1个，开发优质资源共享课47门、AR/VR仿真软件4套、数字博物馆1个、国际化教学标准2套、行业技术标准6套、培训标准17套。共开放在线课程384门，课程线上开课率达到100%，累计建设数字化教学资源2.6 TB，其中原创资源近2 TB。

（二）应用效果

1. 素质教育生根结果

全面落实立德树人根本任务，不断深化思政课改革和课程思政，系统推进"三全育人"，线上线下创新开展"思想导师制""535"德育序列化等校本素质教育，引导青年学生用初心砥砺信仰、用理论坚定信念、用实践增强信心，努力成为担当民族复兴大任的时代新人，广大学生爱国主义情怀更加深厚，思想道德品质更加向好，基本素养继续提高。2020年2月，疫情暴发后，通过微信公众号、辅导员工作群、班级群、家长群等多种渠道推送防疫知识，发布防疫安排，引导全体师生充分认识疫情防控工作的重要性、紧迫性、艰巨性，逐项落实疫情防控工作任务。据统计，全校有85%的学生参与社区或协助亲朋好友防疫，共有120名大学生志愿者主动投身湖南、湖北、重庆、陕西、山东、河南等多地的抗疫防控一线，涌现出了获得当地村委会书面表扬的刘志飞等一批先进典型。

2. 学生技能竞赛成绩优秀

不断夯实校、院、专业三级技能竞赛体系，为学生搭建技能成长与展示平台。2017—2020年，学生获国家技能竞赛一等奖11项、省一等奖28项，参加全省毕业设计抽查、专业技能抽查，合格率均为100%。

3. 学生就业质量不断增强

2020届毕业生总人数3 197人，初次就业人数2 839人，就业率为88.80%，超出全省职业院校平均就业率8.79个百分点，位居全省前列。学校连续三届获湖南省普通高等学校就业创业工作"一把手工程"优秀单位。近三年，毕业生进入500强企业就业人数逐年增加。2018届、2019届、2020届的毕业生到500强企业就业人数分别为816人、967人、1 005人，其中2020届进入500强企业就业的占当届毕业生的31.44%。陆涛作为高职院校唯一代表在湖南召开的全国政协教科卫体委"重大疫情下高校毕业生就业创业问题"调研座谈会做典型发言。

（三）示范推广

1. 服务湖南"走出去"战略

一是助力区域企业走出去。借助湖南省科技厅海智基地建设项目和 13 个汽车类校企合作项目等平台，构建起近 50 人的专门化汽车"智囊团"，服务区域内汽车产业，对接株洲中国·动力谷新能源汽车产业版块，输送技术技能型人才服务中车电动、时代电气、时代新材等汽车整车及零部件企业海外业务。二是助力湘品出海。借助海智基地项目开展国际化工作，参与中车电动售后服务能力国际化体系相关建设任务，参与中车电动 2020 年度新西兰、法国等海外项目相关维修技术资料翻译工作；主动对接动力谷管委会、株洲市汽车工业协会，筹建汽车技术技能人才国际化培养论坛，助力打造"汽车湘品"国际名片。2020 年为"湘品"出海搭建电商平台 45 个。

2. 开展了职教扶贫

成果学校与河北威县职教中心签订对口支援协议，在汽车专业设置、师资队伍培养、实训条件建设、教学资源共享等方面给予全方位帮扶。同时，积极参与武陵山（湖南）集中连片特困地区扶贫工作，对口帮扶靖州职业中专学校汽车专业群建设，引入北汽等校企合作项目 3 个，免费培养教师 6 名，捐建实训室 2 个，指导开发课程 7 门，支持建成省级生产性实习实训基地 1 个。

3. 在全国产生了较大影响

一是校企共同开发的 3 个国家级教学资源库、3 套仿真软件以及各类教学标准，已被国内近百所院校使用；二是与北汽合作出版的"产教融合（北汽 BEST）系列教材"被指定为企业培训教程；三是成果主持人作为全国高职院校唯一代表，在 2018 年教育部职业教育与继续教育年度工作会议上作《服务地方 抢抓机遇 奋力开创学院特色发展新局面》的典型发言，同时在 2017 年国家优质高职院校建设推进会上作《深入推进专业群建设 全方位服务汽车产业》的经验介绍，在职教界产生了较大影响；四是省长毛伟民、省委副书记乌兰、副省长吴桂英等领导在参观考察时对学校取得的成果表示充分的肯定。

4. 成果成效受到广泛关注

一是全国 60 多所兄弟院校来校交流专业群建设经验，其中烟台汽车工程职业学院、襄阳汽车职业技术学院、湖南电气职业技术学院等 18 所院校主动应用本成果，在专业布局调整、产教融合、人才培养等方面取得明显成效；二是成果学校承接中国汽车工程学会、机械行业学会等主办的全国和省级会议近 20 次，承办各类竞赛 10 多次，本成果在各次活动中推广都备受关注；三是项目组成员应邀在全国、全省其他会议上作专业群建设和校企合作成果推介 12 次，到省内外兄弟院校介绍经验 18 次；四是中国青年报、湖南电视台、中国日报网、中国教育网、新浪网等数十家主流媒体对本项目相关成果进行了宣传报道。

五、实践反思

（一）课堂革命要凸显时代性特征

特色发展需要在特定的时代背景下体现。工业 4.0 时代，新产业、新业态、新模式不断涌现，占据高等教育半壁江山的高职院校须紧随产业发展和政策指导，在人工智能背景下，不断提升信息化水平，培养大批复合型人才和跨界人才。湖汽职院应不断提升信息化水平，把信息化作为中国特色高水平高职院校建设的标志性工程和系统化抓手，在院校治理、教育教学、招生就业等领域充分发挥信息技术的价值，真正实现"互联网＋职业教育"。

（二）课堂革命要构建特色教学体系

教学是学校发展的生命线。经过长期的实践探索，我国职业教育教学体系虽日趋完善，但仍存在很多不足：教学模式上，普遍存在普通教育学科体系的教学逻辑；教学方法上，多数流于形式而缺少内涵；教学内容上，囿于产业技术的更新，往往容易导致"穿新鞋走老路"；教学评价上，片面强调教学的某一方面，全局性和客观性还有待加强。高职院校应构建特色教学体系，不断创新教学改革，建设"双师型"教师队伍，实施行动导向的教学方法，开发产教融合型教材，培养多样化生源的可迁移能力。湖汽职院应加强汽车特色高水平专业群建设，打造"特色湖汽"；促进跨界学习，实施"交叉递进"专业群课程体系；依托智能网联汽车产业，对标职业岗位群能力标准，优化专业群课程体系，以核心职业能力培养为主线，按照专业基础相同、专业技术共享的原则构建"交叉递进"的专业群课程体系。

（三）课堂革命要营建浓郁学校文化

课堂革命给学校文化的发展和更新带来了新的契机和挑战，冲击着校长、教师、学生的思想观念，改变着各利益主体的交往与行为，促使着学校从封闭走向开放。一个值得关注的文化倾向是，课堂革命重视教师的赋权感和专业能力的发展，强化所有成员分享共同的价值观和规范；强调校长、教师和学生之间的合作与交流，建立尊重、理解、友爱、信任、民主、平等的对话机制。高职院校课程文化与课堂教学文化在冲突与和合作中也越来越紧密地交织在一起。

(四)课堂革命要加强校本培训

教师在落实课堂革命、推进教育教学方面起着主导作用,教师的素质决定课堂教学及课程实施的状况和质量。因此,必须制定相关制度,采取切实措施,加强教师培训,提高教师综合素质,推进教师专业发展。教师专业发展是当前和未来课堂革命的一项重要而艰巨的战略任务,完成这一战略任务的一个重要举措是校本培训,校本培训既是教师培训制度的重要组成部分,又是大面积、高质量提高教师素质最有效的途径。